U0096194

古代歷史文化研究輯刊

三十編

王明蓀 主編

第 11 冊

清末民初日本清史專著要論
——稻葉君山《清朝全史》與三島雄太郎《支那近三百年史》比較研究

趙晨嶺 著

國家圖書館出版品預行編目資料

清末民初日本清史專著要論──稻葉君山《清朝全史》與三島雄太郎《支那近三百年史》比較研究／趙晨嶺 著 -- 初版 -- 新北市：花木蘭文化事業有限公司，2023〔民 112〕

目 2+190 面；19×26 公分
（古代歷史文化研究輯刊 三十編；第 11 冊）
ISBN 978-626-344-416-4（精裝）
1.CST：稻葉君山 2.CST：三島雄太郎 3.CST：清史
4.CST：比較研究
618   112010442

ISBN-978-626-344-416-4

古代歷史文化研究輯刊
三十編　第十一冊　　　　　　　　ISBN：978-626-344-416-4

清末民初日本清史專著要論
──稻葉君山《清朝全史》與三島雄太郎《支那近三百年史》比較研究

作　　者　趙晨嶺
主　　編　王明蓀
總 編 輯　杜潔祥
副總編輯　楊嘉樂
編輯主任　許郁翎
編　　輯　張雅淋、潘玟靜　美術編輯　陳逸婷
出　　版　花木蘭文化事業有限公司
發 行 人　高小娟
聯絡地址　235 新北市中和區中安街七二號十三樓
　　　　　電話：02-2923-1455／傳真：02-2923-1452
網　　址　http://www.huamulan.tw 信箱 service@huamulans.com
印　　刷　普羅文化出版廣告事業
初　　版　2023 年 9 月
定　　價　三十編 15 冊（精裝）新台幣 42,000 元
　　　　　　　　　　　　　　　　　版權所有·請勿翻印

清末民初日本清史專著要論
——稻葉君山《清朝全史》與三島雄太郎《支那近三百年史》比較研究

趙晨嶺　著

作者簡介

趙晨嶺，1978 年生，中國人民大學史學理論及史學史專業博士，文化和旅遊部清史纂修與研究中心文獻信息處（清史圖書舘）處長、副研究員，研究方向為歷史編纂學。曾入選文化部青年拔尖人才，參與國家古籍整理出版專項經費資助重大項目《清代教育檔案文獻》，任分卷主編，著有《晚清日本漢文清史專著舉要——增田貢〈清史攬要〉〈滿清史略〉比較研究》《晚清日本漢文清史專著要論——佐藤楚材〈清朝史略〉研究》《〈清史稿·本紀〉纂修研究》，發表《〈清史稿·天文志〉纂修考》等論文。

提　　要

　　1903 年，日本學者三島雄太郎出版了漢文清史專著《支那近三百年史》。1914 年，稻葉君山《清朝全史》日文版發行，同年即由中國學者但燾譯為中文在華出版。這兩部書是清末民初日本清史專著的代表之作。

　　本書首先將《支那近三百年史》的內容與 19 世紀七八十年代成書的增田貢《清史攬要》《滿清史略》、佐藤楚材《清朝史略》進行比較，分析其史學價值。之後從體裁結構、人物及形象刻畫、史事敘述、所涉清代典制、對華影響等方面對《清朝全史》與《支那近三百年史》進行比較研究。

　　通過分析比較可知，《支那近三百年史》和《清朝全史》雖然均有不少疏舛之處，但作為清末及民初日本學者編撰的章節體清史的代表作，都在歷史編纂學上有其開創性意義。在百多年來清史纂修與研究的學術歷程中，兩書和編年體的《清史攬要》、綱目體的《滿清史略》、紀傳體的《清朝史略》一起，構成了清史學科大廈上的基石，其作者和譯者的功績當為學界銘記。

前　言

　　本書為《晚清日本漢文清史專著舉要——增田貢〈清史攬要〉〈滿清史略〉比較研究》《晚清日本漢文清史專著要論——佐藤楚材〈清朝史略〉研究》兩書的續篇。愚意拙作「日本清史三部曲」，前書可簡稱為《舉要》和《要論》，本書則簡稱為《要論 2》。本系列的研究緣起及寫作目的已在《舉要》一書的《自序》及《導言》中說明。為省讀者翻檢之勞，再次陳述如下：

　　2020 年中，文化和旅遊部清史纂修與研究中心成立了清史纂修史工作組，我在組內的任務首先是深入瞭解百多年來的清史纂修史。在搜索資料時注意到國家圖書舘出版社 2008 年出版的《外國人著清史八種》，其中收錄了四種明治時期日本出版的漢文中國史讀物，包括增田貢《清史攬要》《滿清史略》、佐藤楚材《清朝史略》、三島雄太郎《支那近三百年史》。這些著作對研究清史纂修史很有意義，而長期以來學界的研究成果非常有限。

　　我在《舉要》中將上述圖書歸納為晚清日本漢文清史專著進行列舉，並首先對增田貢《清史攬要》《滿清史略》兩書進行了比較研究。《要論》中則對佐藤楚材及其《清朝史略》進行剖析，同時與編纂年代接近的增田貢兩書作了比較。

　　本書將對 1903 年出版的《支那近三百年史》和 1914 年由但燾譯為中文出版的稻葉君山《清朝全史》進行比較研究。這兩部書是清末民初日本清史專著的代表作，對中國的清史研究產生了深遠影響，希望本作能將相關研究再向前推進一步。

2022 年 9 月

目次

第一章　《支那近三百年史》述要

　　明治三十六年（1903），日本漢文清史專著《支那近三百年史》出版。其作者三島雄太郎，生卒年不詳，生平及其他著作亦不可考。本章筆者將從該書的內容入手，與 19 世紀七八十年代成書的增田貢《清史攬要》《滿清史略》、佐藤楚材《清朝史略》進行比較，分析其史學價值。

第一節　《支那近三百年史》的體裁結構及《例言》　　　　《總論》

一、體裁結構

　　2008 年國家圖書館出版社所影印的是群誼譯社 1903 年鉛印本，共有 140 頁。每頁 12 行，每行 28 字，如無小字註釋，每頁最多可印 336 字。書中在正文行間用句號斷句，其中有些錯誤，本書引用時所加的現代標點均為筆者所添。加上標點，《支那近三百年史》全書合計約 5 萬字。

　　從字數看，《支那近三百年史》的體量略大於《滿清史略》，大約是《清史攬要》的一半，《清朝史略》的六分之一。

　　從該書內容來判斷，《支那近三百年史》當屬章節體史書。

　　結構上該書共有四卷，前三卷將清朝歸納為草創時代、鼎盛時代和陵替時代。卷四無題目，其內容則是列舉了清朝的一些典章制度，在史書體裁上具有一定開創性。具體目錄如下：

　　　　卷一　　草創時代

第二十九章　風俗

第三十章　工商〔註1〕

二、《例言》

該書正文之前有一篇約二百字的《例言》，署名為「明治三十六年一月二日編者識」，當為《支那近三百年史》編著者三島雄太郎作於1903年初。《例言》分為四段，內容可謂是該書的凡例及序言：

第一段：「是書初脫稿時名之曰《清國史》，繼念清國云者，乃代名而非國號，且清國號且支那尤有異於前明，書中所述其密切之關係，蓋在漢族，爰易今名，明不為帝室作也。」《支那近三百年史》出版前原名《清國史》，作者為強調滿漢有別，貶抑「帝室」而突出清朝的漢族因素而更名。至於「支那」，在甲午戰後已成為日方對中國較為普遍的侮辱性稱呼。〔註2〕

第二段：「既不專為帝室作，則於社會之狀態，允宜特別研究，惟數百年前之真相，無由窺見，而已往之漢籍，莫或注意乎，是遺憾在所不免。」說明作者的學術興趣著重於社會史，但苦於缺乏史料，有些遺憾。從該書的第四卷可以看出作者在這方面的努力。

第三段：「紀年之例，名從主人，且書以漢文，本不為邦人設，故年號月日悉從其稱。」作者指出該書的紀年正朔沿襲其史料來源，並未統一。

第四段：「是書資料，多採諸北村三郎氏之《支那國史》，附識一言於此，以表謝忱。」〔註3〕北村三郎（1864～1943），亦即川崎三郎，名胤贊，號紫山，別號劍外。甲午戰爭爆發後，他曾作為日本《中央新聞》記者到朝鮮採訪，是1901年成立的日本軍國主義團體黑龍會創始人之一。著有《日清戰史》《世界百傑傳》等數十部戰史、傳記類歷史書籍。20世紀初其所著《埃及史》《土耳機史》《猶太史》《歐洲列國史》等書曾被翻譯成中文在華出版。

三、《總論》

《總論》位於該書第一卷第一章，近兩千字，可分為三部分。

〔註1〕殷夢霞、李強選編《外國人著清史八種》，第二冊，第423～425頁。以下僅註頁碼者，均為該書該冊；僅註冊數及頁碼者，均為該書。

〔註2〕參見楊愛芹《日本官、民使用「支那」一詞的特點及原因分析》，《河北師範大學學報》（哲學社會科學版）2007年第6期，第118～122頁。

〔註3〕第421頁。

作者開篇寫道：「至變者，支那之歷史也。至不變者，亦支那之歷史也。書契以來，溯自唐虞，為代二十四，為姓三十餘。合諸割據之雄，偏安之國，與夫五胡十國之雲擾，其間擁大號蹂萬眾者，蓋幾以百計。吾讀支那之歷史，如披萬千影畫，儵倏變幻，忽展忽收，世界歷史之奇觀，蓋莫是若矣。然斷代而鉤稽之，則又如埴在埏，百其物而一其形，幾無毫髮差，蓋二十四變，而迄清代之歷史，而其形則猶出於漢唐以來習用之模型也。必明乎是，而後可與言支那之歷史，而後可與讀清史。」〔註4〕三島雄太郎總述其研讀中國歷史的心得，認為清代歷史發展曲線有別於「漢唐以來習用之模型」。

第二段從清朝歷史演進曲線提出一個問題：「吾嘗謂支那一代史之定形，皆如行拋物線。以漢唐言，其拋物線上行短而下行長，上行之角度大而下行之角度小。以清例之，則自開國至乾隆時代，上行線也。至乾隆而達最高點。自嘉慶以後，迄於今日，下行線也。而其下行線之長短何如？角度何如？此今日之問題也。」〔註5〕以上為《總論》的第一部分。

《總論》第二部分詳述作者如何將清朝歷史分為三個時代：

> 由前之說，乃分清國史為三大區：
> 草創時代。自最初至康熙二十年。
> 鼎盛時代。自康熙二十一年至乾隆六十年。
> 陵替時代。自嘉慶元年至今。
>
> 草創時代，純乎滿洲種之特質，跨刀臂弓，鐵騎四突。其所謂君臣者，本不外家人主僕之關係。太祖太宗，乃以雄鷙之才長其曹。朱明不綱，邊帥非任，涓流浸灌，遂潰長隄。彼獷悍耐苦之民族，加羈勒而馳之，銳於干莫之發硎，誠健兒之快舉也。然其法制組織，究尚存野蠻風習，而家族政治，亦未全改革，故當時之歷史，除軍隊殘殺與朝臣閱爭外，他無足言也。
>
> 聖祖雄材大略，既親政，懲漢族之反側，與權貴之恣殘，知滿洲之風習，不足以治漢族，而尚武之精神，不足以維持平和也。於是一變其政策，官制、文教、禮法、刑律，一遵前明。一面優禮儒臣，以籠絡尚文之漢族，而一面仍用兵西北，以操練尚武之旗兵。於是國威遠張，四宇寧息，以大彼得東略之雄心，亦且廢然而返。世宗以綜覈

〔註4〕第 427 頁。
〔註5〕第 427～428 頁。

刻深之才繼其後，就成基而增繕之。迨乎高宗，而西藏新疆，悉隸宇內，聲威所及，西踰印度庫施山。龐大之帝國，於以完成。其高掌遠蹠，氣蓋一世之風烈，亦偉矣哉！高宗者，第二之聖祖也。

當此鼎盛時代，而歐西之風潮，日夜以東流，顧主力雄，國威振，彼來者亦無碩大之企畫，徒低首下心，以博什一之利。於是四夷效順之諛詞，洋洋盈耳。巡遊四出，而國庫餘銀，猶積二萬萬兩。其國力之雄厚，洵可驚焉。

然則自是而後，苟無歐勢之東侵，其或不至陵替乎？否。鼎盛者，陵替之母也。惟時外無所敵，內無所營，尚文之漢族，知奴顏婢膝之得計，而注全力於貢諛；尚武之旗兵，無所事事，而惟聲色輕肥相誇炫。而為平民者，一股於貢諛之漢族，再削於驕侈之旗兵，無所聊生，而外觀之華采與內容之腐敗俱極。積十八行省之不平，不啻徧地皆炸藥，惟俟火線之一發矣。陵替之兩原因，內寇與外交也。自嘉慶嗣位，雄偉之高宗祖，蜷伏草澤之鷙禽，乃相與刷翎振翮，引吭長鳴，而三省教匪起，寧陜等處繼之。竭祖宗之餘威，僅得鎮定。逮道光之季，而洪楊難作矣。

國力日絀，兵力日弱，朝政日腐敗，官吏日貪黷，而東來之歐人，其程度日高，其祖國日強，其願望乃日大，其不平乃日深，於是鴉片之戰起。英吉利鳴中外衝突之第一砲，而英法聯合之戰、安南之戰、臺灣之爭、伊犂之議、朝鮮之變、日清之戰、八國聯軍之戰繼之。自香港之割讓，而黑龍江以北，而烏蘇里江以東，而蠻暮，而江洪，而臺澎，而膠州灣，而旅大，而威海，而廣州灣，而東清鐵路所經地繼之。自鴉片之賠償，而十鎊萬與八百萬兩（英法聯合之戰），而五十萬兩（臺灣之爭），而五百萬兩（伊犂之議），而二萬萬兩（日清之戰），而四萬五千萬兩（義和團之戰）繼之。自五口通商，而沿海，而長江，而內地，而陸路，開埠積三十三。自琉球亡於日，而安南，而緬甸，而暹羅，而中亞西亞諸回部，而朝鮮，先後絕貢。重以民教之爭，迭為歐勢東侵之前驅，於是清政府之勢力，如滔滔狂瀾，日夜東去，不可復回矣。

此兩原因之原因，即其鼎盛時代也，以神功聖德之諛詞驕其

君，以太平郅治之吉語怠其民，由是上下蒙〔註6〕，無復顧慮。加
以凱歌迭起，告廟銘功日不給，而馬蹟所及，又曾無大邦。總此諸
端，乃養成其頑傲自大，重滯模稜之性質。嗚呼！亦清國之不幸
哉！〔註7〕

此部分行文汪洋恣肆，其中雖然在史實上有一些不夠準確之處，仍可謂
是作者史學思想的集中體現。三島雄太郎認為清朝「陵替之兩原因」，在「內
寇與外交」，又在該部分末段列舉了「此兩原因之原因」。

《總論》第三部分為結語：「頑傲自大，重滯模棱〔註8〕之性質，不僅見
於政治也。於凡百社會之情狀，莫不被此影響。腐敗之學風，錮蔽之識解，
陋劣之風俗，迂誕之典章，與夫拘滯之工，奸偽之商，殘酷悲慘、至無人理
之刑法，東西接觸以來，舉末嘗改良也。今者義和團之亂，正支那民族與清
政府之代表者也。以義和團之法術，代表支那民族之學識；以義和團之拳勇，
代表清政府之軍隊；以其組識〔註9〕，代表其官方；以其焚毀鐵路等事，代
表其政策；以其圍攻使館、懲治罪魁、賠償巨額等事，代表其外交手段。如
此民族，果可以處二十世紀之世界乎？恐今世紀之上半期，必有以解此問題
也。」〔註10〕作者對晚清社會的歸納與形容，或有過激之處，在敏銳地預言
了清朝行將滅亡的同時，其言語中似乎也有一絲威脅鼓吹繼續發動侵華戰爭
的意味。

第二節　《支那近三百年史》的人物及形象刻畫

不同於《清史攬要》《滿清史略》及《清朝史略》，《支那近三百年史》中
沒有眉批，不過書中亦有一些註釋和按語。按語在正文中標有「按」字，下文
可見實例。註釋的形式是以小號字在正文間雙行印刷，本書在行文中用括號表
示。為便於與上述三書進行比較，本節按照前著的格式，根據《支那近三百年
史》的內容，分析書中的人物及其形象。

〔註6〕恐有漏字，或為「上下相蒙」。
〔註7〕第428～431頁。
〔註8〕應為「稜」。
〔註9〕應為「織」。
〔註10〕第431～432頁。

一、《支那近三百年史》中的清朝皇帝形象

（一）清太祖努爾哈赤

該書稱清太祖之名為「努爾哈赤」：「顯祖長子曰努爾哈赤，即太祖也。」〔註11〕「清太祖名努爾哈赤，顯祖之長子也。以明嘉靖三十八年生。偉軀大耳，聲如洪鐘，騎射絕倫，英氣蓋世，號為聰睿貝勒。十歲時，母喜塔喇氏崩，繼母納哈氏撫之寡恩。年十九析居，受產獨薄。後顯祖知其有才德，復厚與之，辭不受。」〔註12〕顯祖即其父塔克世，「納哈氏」即納喇氏。

「明萬曆十一年……尼堪外蘭復結明兵，並害景祖、顯祖。於是起兵討尼堪外蘭，率甲十三，襲圖倫城，克之而歸，時年二十五。」〔註13〕「甲十三」當指努爾哈赤用其父祖十三副遺甲武裝的甲士十三人。《清史攬要》「遺甲三十副」〔註14〕數誤。

「萬曆二十一年，烏拉、哈達、輝發、科爾沁、錫伯、封〔註15〕勒察、洙舍里、訥殷、葉赫九部，見太祖有大志，恐其害已〔註16〕，謀窮滅之。於是合兵三萬分道來侵，軍於渾河北岸。兵士夜爨，火密如星，國人大懼。太祖酣寢達旦，詰朝率諸貝勒拜堂子（滿州〔註17〕祭天神之公所也）起行。至右〔註18〕呼山據險而陳，諭將士曰：『烏合之眾，其心不一，殪其前者，餘必反走。走而乘之，可大克也。』……是役也，斬級四千，獲甲仗千餘。軍威由是大振，遐邇懾服。」〔註19〕此述九部聯軍古埒山之戰，亦作古勒山，《清朝史略》則作「古呼山」〔註20〕。

「萬曆四十三年，明遣廣審總兵張承蔭巡邊，以通事董國珍來告曰：『汝所居界外地，皆屬我。今立碑其地，其柴河、三岔、撫審〔註21〕三路之田，汝勿刈穫。其收汝邊民還汝國。』太祖曰：『吾累世田廬，一旦乃令吾棄之。

〔註11〕　第 433 頁。
〔註12〕　第 437 頁。
〔註13〕　第 437～438 頁。
〔註14〕　第五冊，第 7 頁。
〔註15〕　應為「卦」。
〔註16〕　應為「己」。
〔註17〕　應為「洲」。
〔註18〕　應為「古」。
〔註19〕　第 439 頁。
〔註20〕　第三冊，第 64 頁。
〔註21〕　應為「安」。

是欲棄舊好，故為斯言耳。今既助葉赫，又令吾境內民所種禾稻勿刈穫而遷，
但不願太平，與我交惡。吾小國受小害，汝大國得無受大害乎？吾國民無多，
遷之甚易。汝大國能盡藏其眾乎？若構兵起釁，非獨吾國患也。汝自恃大國
兵眾，輒欲凌我，詎知大可以小，小可以大，皆由天意。設汝每城屯兵一萬，
汝國勢何能堪之？若止屯兵一千，則适足為吾俘耳。』國珍曰：『此言亦太
過。』遂去。自是明不侵清疆。」〔註22〕此段對話前述日本清史諸專著均未
載。

「……建元天命，萬曆四十四年也，太祖年五十有八。海西四國平其三，
惟葉赫恃明援，負嵎肘腋。明亦倚之為北蔽，屯重兵開原，備犄角。太祖謀
曰：『我都逼于遼瀋，將欲先圖葉赫，則恐明兵擣我虛，非大挫明兵奪其氣不
可。』於是按兵休士者二歲。」〔註23〕天命元年確為萬曆四十四年，《清朝史
略》「四十五年」〔註24〕說誤。

「天命二年，乃興兵伐明，以七大恨告天地。其文曰：『我之祖、父，未
曾損明之邊上一寸草土也。明無端起釁邊陲，害我之祖、父，恨一也。明雖
起釁，我尚欲修好，設碎〔註25〕勒誓，凡滿漢人等，毋越疆圍〔註26〕，敢有
越者，見即誅之，見而故縱，殃及縱者。詎明復渝誓言，逞兵越界，衛助葉
赫，恨二也。明人於清河以南，江岸以北，每歲竊踰疆場，肆其攘奪。我遵
誓行誅，明負前盟，責我擅殺，拘我廣寧使臣綱古里、方吉納，脅取十人殺
之邊境，恨三也。明越境以兵助葉赫，俾我已聘之女，改适蒙古，恨四也。
柴河、三岔、撫安三路，我累世分守疆土之眾，耕田藝穀。明不容刈穫，遣
兵驅遂〔註27〕，恨五也。邊外葉赫，獲罪於天，明乃偏信其言，特遣使臣遺
書詬罵，肆行凌侮，恨六也。昔哈達助葉赫二次來侵，我自報之。天既授我
哈達國，明又黨之，脅我以復其國，而哈達之人，數被葉赫侵掠。夫列國之
相征伐也，順天心者勝而存，逆天意者敗而亡。何能使死于兵者更生，得其
地者更還乎？天建大國之君，即為天下共主，豈獨主予一人而已。初扈倫諸
國合侵我，故天厭扈倫啟釁，惟我是眷。今明助天譴之葉赫，抗天意，倒置

〔註22〕第440～441頁。
〔註23〕第442頁。
〔註24〕第三冊，第71頁。
〔註25〕應為「碑」。
〔註26〕應為「圍」。
〔註27〕應為「逐」。

是非，妄為剖斷，恨七也。欺凌日甚，情所難堪。因七大恨之故，是以征之。』於是以步騎七百發興京，圍撫順，夷其城而還。」〔註28〕「七大恨」，《清史攬要》寫為「七大憾」而未書其內容，實發布於天命三年，「發興京」之兵當為「二萬」〔註29〕，並非「七百」。

記述薩爾滸之戰大勝後，書中寫道：「明逮楊鎬治罪，以熊廷弼代之。……明臣忌廷弼者，爭劾其不戰。廷弼乞罷，以袁應泰代之。應泰更事敏練，然非將才，招降蒙古饑人數萬，分處遼、瀋二城。清國亦厚撫遼人，於是降人、遼人皆為太祖之耳目矣。」〔註30〕「耳目」一事反映出弩爾哈赤對情報戰、諜戰的運用。

遼陽之戰後，「天命七年正月，……是月清軍攻陷廣寧城，遣官返〔註31〕后妃。二月，蒙古十七貝勒來歸，太祖曰：『爾蒙古人所持者念珠，所稱者佛號，盜竊之風不息，遂遭天譴。爾自亂其心，殃及於國，今既歸我，倘不悛舊，國法不汝貸也。』諭畢厚賜之。三月，太祖議曰：『遼陽太平久，已就傾圮，東南有朝鮮，北有蒙古，俱未貼服，必更築堅城，分兵守禦，庶得安意出征。』遂築城遼陽東五里太子河邊，遷居之，名曰東京。」〔註32〕「蒙古十七貝勒」指兀魯特部明安、諤勒哲依圖、索諾木等〔註33〕。

「十年，明天啟五年，三月，太祖欲自東京遷都瀋陽，貝勒諸臣諫曰：『邇者築城東京。今又興大役，恐我民不堪矣。』太祖不許，曰：『瀋陽乃形勝地，若征明，可由都爾鼻渡遼河，路直且近；若征蒙古，二三日可至；南征朝鮮，可由清河路進。』庚午，乃發東京，辛未至瀋陽。」〔註34〕都爾鼻位於今遼寧阜新彰武縣境內。

「天命十一年，清以明經略易與，而大舉興兵十三萬，號二十萬，以橫截山海關大路。崇煥與大將滿桂等刺血書，誓將士死守。明日大軍進攻，矢石如雨，崇煥發巨礮傷數百人。三日再攻再卻，圍遂解，焚軍餉及舟二千餘隻而還。二月至瀋陽。太祖自二十五歲起兵以來，戰無不捷，攻無不克，惟

〔註28〕第 442～443 頁。

〔註29〕第五冊，第 8 頁。

〔註30〕第 446～447 頁。

〔註31〕應為「迎」。

〔註32〕第 449～450 頁。

〔註33〕戴逸、李文海主編《清通鑑》，山西人民出版社 1999 年版，第 1 冊，第 242頁。

〔註34〕第 450 頁。

未下審遠縣城，不懌者數日。」〔註35〕此述寧遠之戰。前一年孫承宗被罷免，由高第出任遼東經略。袁崇煥時任按察使。「焚軍餉及舟二千餘隻」指覺華島之戰。

「秋八月，太祖崩，年六十八。先是孝慈皇后崩，立烏拉國貝勒滿大〔註36〕之女為大福金，容美而性不善。太祖恐其後為亂，遺詔使殉。四貝勒立，是為太宗文皇帝。太祖每有征伐，與諸貝勒適野，畫地而議，上馬傳令，上下等夷無甚異。以五大臣議政，十大臣理事，無反獄，無壅情，令簡而速，故事無不舉。臨敵凡一旗拒戰者，一旗內半卻走半拒敵者，亦如此。〔註37〕罪不貸親，功不遺疎，令信而必，是以能統一諸國，克明遼瀋及蒙古諸部落。興京內城居宗室勳戚，外城居宿衛親卒，此外遠近十餘萬戶，散處遼河東西，無事耕獵，有事徵調，勝則分俘受賞，各自為兵為餉，故兵費無不足。起兵二十載，遂建國基，又十載，王業大定。」〔註38〕「大福金」即大福晉阿巴亥，其殉葬為四大貝勒逼迫，並非弩爾哈赤遺詔。此綜述與《清史攬要》《清朝史略》文辭略異，其史源當俱為魏源《聖武記》。「臨敵凡一旗拒戰者，一旗內半卻走半拒敵者，亦如此。」此句語意不通，對照《清史攬要》中「臨敵七旗卻走，一旗拒戰，即以七旗佐領之丁給一旗。一旗卻走，七旗拒戰者，亦如此。」〔註39〕兩句當可補全。

（二）清太宗皇太極

《支那近三百年史》中未提皇太極之名：「太祖崩，皇太子即位，是為太宗。太宗恭孝仁惠，自幼為太祖所鍾愛。十月，太宗征蒙古喀爾喀、札魯特諸部落。天聰元年（明天啟七年），命大貝勒阿敏、濟爾哈朗等征朝鮮……其後太宗親征朝鮮，崇德二年，和碩睿親王多爾袞圍江華島，俘其妃子，國王李倧力竭請降。由是定朝鮮歲貢額數。」〔註40〕後世附會皇太極有皇太子之意，其實皇太極並無此名位。阿敏在四大貝勒中行二，此「大貝勒」當指四大貝勒而言，濟爾哈朗不在其列。

〔註35〕第 451 頁。
〔註36〕應為「太」或「泰」。
〔註37〕有闕文。
〔註38〕第 451～452 頁。
〔註39〕第五冊，第 11 頁。
〔註40〕第 452 頁。

「天聰三年，太宗諭外藩蒙古諸貝勒，使率兵擊明。太宗親取三屯營、漢兒〔註41〕莊、洪山等城。克遵化城、薊州城，進取通州，圍攻北京，尋破永定門南之兵，殺總兵滿桂、孫祖壽。又遣兵略通州，向永平進發。四年正月，攻克之。……太宗遷瀋陽城。五年八月，太宗親攻明大凌河城，克之，生擒監軍道張春等。……八年，太宗親征大同，略宣化城東南，克保安州。崇德四年，太宗遣和碩肅親王豪格等，略錦州、審遠。六年，諸軍圍錦州，以蒙古為內應。明總兵〔註42〕洪承疇率兵十三萬來援，太宗親統大軍禦之，大破明軍……擒洪承疇等。」〔註43〕洪承疇時任明薊遼總督，並非總兵。

「太祖時建國號曰清，改瀋陽城曰盛京。」〔註44〕此「太祖」當為太宗，書中未述皇太極之死。

（三）清世祖福臨

「世祖繼位，年甫六歲，其叔父和碩睿親王多爾袞攝國政。……世祖遂遷都北京，行即位禮，實順治元年十月也。」〔註45〕未述福臨之名。

「世祖在位十八年崩，年二十四。」〔註46〕未述其事蹟。

（四）清聖祖玄燁

「皇子即位，是為聖祖仁皇帝。」〔註47〕未述玄燁之名，亦未述幼年即位及親政之事。

三藩亂起，聖祖「且諭岳樂曰：『湖南一隅，為四方群冠〔註48〕所觀望，今荊兵未能渡江，岳州城堅難驟進，宜由袁州直取長沙。長沙一破，賊勢瓦解，荊州大兵，乃可乘機進擊。』厥後能挫三桂之鋒者，實本此策云。」〔註49〕事在康熙十四年。

「三藩既平，聖祖勵精圖治，一切內政，漸次改良。知漢族不能以武治也，於是力尚文教。復親至江南，籌治河之策，兼以鎮撫兵民。人心漸定，又患旗

〔註41〕應為「兒」。
〔註42〕誤。
〔註43〕第542～543頁。
〔註44〕第453頁。
〔註45〕第453～454頁。
〔註46〕第455頁。
〔註47〕第455頁。
〔註48〕應為「冠」。
〔註49〕第457頁。

兵之不用而驕惰也，遂乘噶爾丹之役以征之。」〔註50〕玄燁首次南巡在康熙二十三年。

「三十五年，聖祖興親征之師，命將軍薩布素率東三省兵出東路，大將軍費揚古等率陝甘兵出寧夏西，邀其歸路。聖祖親統禁旅，自獨石口出中路，皆北越瀚海，備歷艱苦。聖祖進至克魯倫河，噶爾丹聞之，拔營夜遁。聖祖親率前鋒窮追，西路兵要擊于昭莫多，破之。費揚古等從聖祖所授計，皆下馬步戰夾擊，賊眾皆潰，斬首數千級，殲其可敦（準部稱其汗妃之名）阿奴，獲牛馬器械無算。噶爾丹以數十騎遁。聖祖命費揚古留防科布多，護喀爾喀遊牧地。親撰銘，勒石于察罕拖諾山及昭莫多山而還。」〔註51〕此述昭莫多之戰。

「聖祖返，次歸化城，躬勞西路凱旋之師。厄魯特之俘彈箏而歌。有老胡工笳，兼能漢語，聖祖酌酒賜之，使奏技，音調悲壯，聞之不覺令人生感，其歌曰：雪花如血撲戰袍，奪取黃河為馬槽。滅我明王兮虜我使歌，我欲走兮無駱駝。嗚呼！黃河以北奈若何？嗚呼！黃河以北奈若何？」〔註52〕與《清史攬要》〔註53〕文辭稍異。

「聖祖既服西域，又定西藏，威振八荒。太祖帝業，至是大恢。」「聖祖時與俄國有交涉事件，其外交政策，頗得利益。……」〔註54〕「後聖祖崩，彼得亦死。此二皇者，其雄才大略相似，生同時代，各於黑龍江畔生一大關係。一則自北而盡力于其西北，一則在南，傾其鋒於西南。相對爭雄，終未披肝膽一面，豈非古于遺憾耶？」〔註55〕關於《尼布楚條約》的簽訂，詳見下文。作者對康熙帝和俄國彼得一世的比較，非常精彩。

第八章《聖祖之籠絡文人》論述：「聖祖之宏謨駿略，與漢武帝、唐太宗、元世祖在伯仲間。武功文治，卓絕于古，又優禮文人學士，巧結其歡心，假以獎譽，錫以恩寵，幾為前古所未有。康熙二十一年正月十四日，聖祖御乾清宮，宴內閣大學士、翰林學士等官九十三員。特飭群臣暢飲盡歡，不禁談笑。宴畢復命近御座前，賜以卮酒。其霑醉者，皆使內官扶之。明日，有《昇

〔註50〕 第 459 頁。
〔註51〕 第 460 頁。
〔註52〕 第 460～461 頁。
〔註53〕 第五冊，第 66～67 頁。參見趙晨嶺《晚清日本漢文清史專著舉要》，花木蘭文化出版社 2022 年版，第 67 頁。其中「此歌應採自徐珂《清稗類鈔》」一句，「應採自」當改為「亦見於」。
〔註54〕 第 461～462 頁。
〔註55〕 第 464 頁。

平喜〔註56〕宴詩序》，帝首唱『麗日和風被萬方』之句，集群臣於太和殿，傚柏梁體各呈詩九十三韻。六十一年，聖祖又宴滿漢文武大臣，及致仕斥退人員年六十五以上者三百四十人於乾清宮前，有御製七言律詩一首，與宴者命各作一詩紀盛，名曰《千叟宴詩》。」〔註57〕康熙六十一年千叟宴分為兩場，正月初二第一場賜宴旗民 680 人，初五日第二場賜宴漢民 340 人，合計 1020人。對此《清朝全史》中有準確的表述，詳見下文。

作者評論：「聖祖之所以優禮儒臣者，一則使倜儻有為、負氣魄膽識之士，隱戢其革命之思想；一則激發漢人忠君報國之天良。論其作用，無非調和滿漢人種。故既以恩禮結其歡心，又使從事《佩文韻府》《淵鑑類函》《康熙字典》等之大編述，俾懷才之士，矻矻終老，雖有英發踔厲之氣，半消磨於故紙堆中，無復向滿洲政府，蠢爾敵愾。是故始皇以劫火坑文人學士，聖祖以詩酒馭文人學士。其事殊，其術一也。」〔註58〕將康熙帝的文化政策與秦始皇比較可謂別出心裁。

「聖祖自幼好學，年五歲勤學不倦，讀書十行並下。自言十七八時，讀書過勞，至咯血不休，及耄猶手不釋卷。臨摹名家之手卷，多至萬餘，寫寺廟之扁榜，多至千餘，雖寒暑不能妨其專；北征度沙漠，南巡治河，雖卒役不能踰其勞。祈雨禱疾，步詣天壇，並醯醬齏鹽不御，年逾六十，猶扶病力行。凡前聖所稱至德純行，無一不備。上而天象地輿、曆算音樂、考禮行師、刑律農政，下至射御醫藥、奇門壬遁、滿蒙西域泰西之文字，亦無一不通，且創立新法，無不別啟津途。後來雖有高才絕藝，終不能出其範圍。清朝帝業之盛，實以聖祖為至極云。」〔註59〕除了末句的評論，此段內容與《清朝史略・聖祖紀》結尾相類，史源或當為曾國藩給《國朝先正事略》所寫的序言。

除了這些，前引《總論》中還有一段對康熙帝的刻畫：「聖祖雄材大略，既親政，懲漢族之反側，與權貴之恣殘，知滿洲之風習，不足以治漢族，而尚武之精神，不足以維持平和也。於是一變其政策，官制、文教、禮法、刑律，一遵前明。一面優禮儒臣，以籠絡尚文之漢族，而一面仍用兵西北，以操練尚武之旗兵。於是國威遠張，四宇寧息，以大彼得東略之雄心，亦且廢

〔註56〕應為「嘉」。
〔註57〕第 464～465 頁。
〔註58〕第 465 頁。
〔註59〕第 465～466 頁。

然而返。」〔註60〕「大彼得」即俄國彼得一世,亦稱彼得大帝。

（五）清世宗胤禛

正文中對胤禛的記述僅見於第九章《世宗平厄魯特高宗平準噶爾》:「世宗繼聖祖即位,雍正元年,青海羅卜藏丹津叛,誘致諸部落,自稱達賴渾臺〔註61〕吉,發兵擊不從己者,犯西寧,抗官軍。世宗乃命川陝總督年羹堯、四川提督岳鍾琪討之。……」〔註62〕作者對雍正帝的人物形象並未著力刻畫,《總論》中也只有一句:「世宗以綜覈刻深之才繼其後,就成基而增繕之。」〔註63〕

（六）清高宗弘曆

該書第九章中述:「世宗崩,太子即位,是為高宗純皇帝。」〔註64〕胤禛秘密立儲,弘曆並無太子的名位。

該章述及戰事時僅有「高宗聞之,決意由兩路出師……」〔註65〕一句描寫,第十章《高宗鎮定回疆及緬甸》中則有「高宗將軍命兆惠令隨伊敏圖〔註66〕率兵討之。」〔註67〕「高宗聞之,誅雅爾哈善及馬得勝以徇。兆惠將歸京,請留軍以終西事,高宗許之,命移師南進。」〔註68〕「事聞,高宗以額爾登額及總督鄂寧〔註69〕等不往救,皆誅之。既而緬人歸俘卒,乞罷兵。高宗不之許……」〔註70〕「三十六年,勅阿桂遣偏師擾〔註71〕緬邊,阿桂奏曰:『不若休息數年,外約暹羅,同時大舉。』帝以為非計,罷阿桂……」〔註72〕等幾處提及。

書中對乾隆帝的評價在前引《總論》中:「迨乎高宗,而西藏新疆,悉隸

〔註60〕 第 428～429 頁。
〔註61〕 應用「台」。
〔註62〕 第 467 頁。
〔註63〕 第 429 頁。
〔註64〕 第 468 頁。
〔註65〕 第 469 頁。
〔註66〕 文字錯亂。
〔註67〕 第 470 頁。
〔註68〕 第 471 頁。
〔註69〕 與《清史攬要》同誤。參見趙晨嶺《晚清日本漢文清史專著舉要》,第 106 頁。
〔註70〕 第 472～473 頁。
〔註71〕 原文誤加句讀。
〔註72〕 第 473 頁。

宇內，聲威所及，西踰印度庫施山。龐大之帝國，於以完成。其高掌遠蹠，氣蓋一世之風烈，亦偉矣哉！高宗者，第二之聖祖也。」〔註73〕「印度庫施山」即興都庫什山，亦作印度庫斯山。除了「第二聖祖」，《總論》中還有一句「雄偉之高宗」〔註74〕，可謂評價極高。

（七）清仁宗顒琰

該書第十一章《嘉道間川湖及回疆之亂》開頭敘論：「清自太祖至高宗，國運日隆，外耀威武，內敷文化，天下大治。迨乾隆末葉，內訌相繼，有白蓮教徒劉之協及貴州苗石柳鄧等謀叛。至仁宗時，群盜蜂起，不可勝數。故自康熙至乾隆，為清朝極盛時代，嘉慶以後，則漸衰也。」〔註75〕此外書中對嘉慶帝並未描述。

（八）清宣宗旻寧

該書第十一章中述：「仁宗崩，宣宗立……」〔註76〕，書中未提其名旻寧。

張格爾之亂，「帝命陝甘總督楊遇春馳赴哈密，會諸軍進剿」〔註77〕。對於敖罕，「帝命絕其互市困之。……帝使長齡檄諭敖罕，復許入貢通商，移喀什噶爾大臣駐葉爾羌，於是回疆之亂稍戢。」〔註78〕提及宣宗在西北的施政方略。

第十二章《鴉片之戰》中，作者只用「清國政府」「清政府」「清廷」表述，未直接提及道光帝。

（九）清文宗奕詝

該書第十三章《洪秀全之亂與曾國藩削平顛末》中述：「道光三十年，宣宗崩，文宗即位。」〔註79〕未提奕詝之名。該章對咸豐帝未多著墨，次章《英法同盟軍之戰》則有「帝后及諸親王大驚，俱避至熱河」〔註80〕的記述。

〔註73〕 第 429 頁。
〔註74〕 第 430 頁。
〔註75〕 第 475 頁。
〔註76〕 第 476 頁。
〔註77〕 第 476 頁。
〔註78〕 第 477 頁。
〔註79〕 第 482 頁。
〔註80〕 第 493 頁。

（十）清穆宗載淳

該書第十三章中述：咸豐「十一年，文宗崩，穆宗即位」〔註81〕。未提載淳幼年即位，但述同治三年事時指出「時皇太后垂簾聽政」〔註82〕。

書中未提同治帝親政，亦未述其病亡時間，第十六章《伊犁之爭》中只說：「穆宗（即同治）病篤」，「時穆宗已不能傳遺詔」。〔註83〕時為同治十三年。

（十一）「今上」載湉

該書第十六章中述：「穆宗（即同治）病篤，……遂訣議，以慈禧皇太后妹壻、第七親王（即醇親王）之長子，入繼帝位，即今上也。時帝甫三歲有半，入居養正〔註84〕殿，於是移政權於兩皇太后（慈安皇太后及慈禧皇太后）。」〔註85〕醇親王奕譞為道光帝第七子，並非「第七親王」。關於兩宮皇太后的人物形象，下文詳敘。

第二十章《改政之變》中述：「帝之承位也，西太后實主之，政權固悉在太后。帝既親政（光緒十六年〔註86〕），西太后窮極驕佚，慮帝之阻之也，嚴備之，凡左右侍臣，無一不伺太后指，帝實未得實力也。康有為既召對帝，諭以無權之旨，於是新進諸臣，亟謀翦除舊臣，以殺西后之羽翼，而伸帝權，於是衝突漸起。」〔註87〕西太后即慈禧太后。載湉親政在光緒十三年正月，其後慈禧太后又訓政兩年，方纔歸政。

關於戊戌變法之後的政治形勢：「帝既親任改政派，朝臣多不悅，而滿洲重臣尤深惡之。軍機大臣翁同龢，帝之親信重臣也，實左右改政派。西太后之耳目滿洲諸大臣懼，日夜謀諸后，於是以榮祿任北洋大臣，期以十月中，太后與帝閱兵於天津，欲因以行廢立。翁同龢力爭，帝悟，乃止。帝乃擢陸軍統領袁世凱為侍郎，欲借其兵力，以抵制榮綠〔註88〕。」當時主持小站練兵的直隸按察使袁世凱，被擢為工部右侍郎。

〔註81〕 第 487 頁。
〔註82〕 第 489 頁。
〔註83〕 第 495 頁。
〔註84〕 應為「心」。
〔註85〕 第 495 頁。
〔註86〕 有誤。
〔註87〕 第 513 頁。
〔註88〕 應為「祿」。

該章先記戊戌政變，之後繼述：「方事之急也，西太后與滿臣，倉猝無以處帝，乃幽帝，而矯以病徵醫於天下久之，復以廢立意，密詢各督撫。兩江總督劉坤一不從，各省紳商復聯電示意於政府，意乃寢，而帝權更無復存云。」〔註89〕書中對載湉形象的刻畫即止於此。

二、書中其他重要人物形象

《支那近三百年史》中，清初重要人物多爾袞之名僅出現兩次，前文皇太極、福臨形象中已述及。名將岳鍾琪之名出現五次，前文胤禛形象中可見引文。《清史攬要》中的重要人物楊遇春，其名在《支那近三百年史》中僅提及兩次，另一重要人物楊芳則並未出現。除了清朝皇帝中的太祖和聖祖，三島雄太郎刻畫較多的人物形象有以下幾位：

（一）吳三桂

吳三桂在書中的出場時間與《清史攬要》相同：崇德六年，「……洪承疇率兵十三萬來援，太宗親統大軍禦之，大破明軍。其將吳三桂等各逃竄，遂圍錦州，擒洪承疇等」〔註90〕。所用「逃竄」一詞貶義極深。

順治元年，李自成「使招吳三桂。三桂不從，乞援於清，從攝政王攻破自成。自成走陝西，清師入北京，進三桂爵為平西王」〔註91〕。未詳述吳三桂欲降李自成而因故反悔之事。

「康熙元年，吳三桂征緬甸，其酋莽應時執以獻，於是明亡。」〔註92〕執獻永曆帝的莽應時，亦作莽白。

隨後吳三桂之事集中出現在第五章《聖祖定吳三桂之亂》中：康熙「十二年，平西王吳三桂舉兵反，殺巡撫朱國治，飛檄遠近，自稱天下都招討兵馬大元帥，以明年甲寅為周王元年，鑄錢曰利用通寶，蓄髮易衣冠，復舊制，勢頗鴟張。三桂明人也，而以征明立功於清，位總督，已而以疾請罷，詔留之，進為王。自以為朝廷終不奪我藩，益固根抵〔註93〕，以沐氏舊莊七百頃為藩莊，與西藏達賴喇嘛以茶馬互市，廣徵關稅，榷鹽井，開礦鼓鑄，潛積

〔註89〕第 514 頁。
〔註90〕第 453 頁。
〔註91〕第 454 頁。
〔註92〕第 455 頁。
〔註93〕應為「柢」。

硝磺諸禁物,重歛士〔註94〕司,厚自封殖,散財結士,專制滇中,凡十餘年。水陸衝要,偏置私人,各省提鎮,多其心腹,常挾邊防以自重。撤藩令下,聖祖命徙之山海關外,於是決意舉兵反。」〔註95〕關於吳三桂起兵時的自稱,下一章詳述。他仕清後未任總督即封王,並無「位總督,已而以疾請罷,詔留之,進為王」之事。

在敘述數年戰事之後,書中寫道:「三桂既失陝、閩、粵三大援,又失江西,疆土日蹙,情見勢絀,尚自即帝位,改元昭武,抗官軍,勢日削,以康熙十七年病死。」〔註96〕敘事不如《清史攬要》詳細。

(二)林則徐

該書第十二章《鴉片之戰》中述:道光帝「……遂以林則徐總督兩廣,使與外人立禁售鴉片之約。十九年,林則徐抵粵,收英商鴉片二萬餘箱焚之,並絕其貿易」〔註97〕。

作者評論:「則徐之焚鴉片,禁英國貿易,千古之快事也。或病其無謀,噫是未深思耳。誠欲爭雄於列國交際之中,使徒優柔寡斷,不戰不和,徒示我弱,即招敵之侮耳。清政府之見及於此否,吾儕不知,然既專制一方,豈可無果毅之氣?則徐獨裁獨斷,犯難不辭,非其膽識勝人,安得辦此?使清政府有壯猷之元老,致果之疆臣,宮府一心,必能籌善後之策。奈何上無其人,則則徐果孤掌難鳴,終歸無用耳。」

於此,三島雄太郎進行了中日比較,發出感慨:「我日本維新之始,德川幕府對付外交,進退失據,徒拱手為彼之左右。安得以我訾彼則徐耶?!」〔註98〕

(三)洪秀全

該書第十三章《洪秀全之亂與曾國藩削平顛末》中述:「秀全於嘉慶十七年生於廣東,天資豪邁,軀幹魁偉,有才智。幼孤,及長苦學於四方,廣結同志。會粵人朱九濤者,倡上帝會,秀全及同邑馮雲山踵其後,秀全為教首。道光十六年,同至廣西,住桂平、武宣二縣間鵬代〔註99〕山中傳其教。桂平人曾

〔註94〕應為「土」。
〔註95〕第 455~456 頁。
〔註96〕第 458 頁。
〔註97〕第 478 頁。
〔註98〕第 480 頁。
〔註99〕應為「化」。

玉珩，家素豐，引秀全為師，訓其子弟。時秀全妹壻蕭朝貴者，武宣人也，亦家於桂平，與楊秀清比鄰。秀全得與秀清交，而桂林人韋昌輝及貴縣人石達開，先後附從，黨羽日眾。」洪秀全實生於嘉慶十八年。朱九濤實為湖南天地會首領，此「倡上帝會」及洪秀全到廣西時間之誤同《清朝史略》。韋昌輝是桂平人，並非「桂林人」。

「秀全慧敏，託名耶蘇教，目天父為耶和華，謂以耶蘇為長子，秀全為次子，故稱耶蘇為天兄。復焉與揚〔註100〕等互證其說，以籠絡人心，造《真言》《寶誥》等書，傳布四方。遠近壯士之思亂者爭歸之，〔註101〕無知民人，靡然向風，遂以倡亂。」〔註102〕《支那近三百年史》中均用「耶蘇」，而未用耶穌。

「秀全羅致群雄：楊秀清，性強悍，有智謀；韋昌輝驍勇，饒膽量；餘如洪大全、秦日綱、林鳳祥、何震川等，皆一時梟桀之輩。黨羽既集，資財亦富，隊伍軍械漸備，秀全以為天下可圖也，遂起兵掠鄉鎮，勢力日熾。」洪大全即焦亮。

「咸豐元年，秀全僭王號，稱太平天國，自為天王，楊秀清為東王，蕭朝貴為西王，馮雲山為南王，韋昌輝為北王，石達開為翼王，洪大全為天德王，文武各司其職，陷永安州，攻湖南北，軍威益壯。官軍無能攖其鋒者。」〔註103〕所記「天德王」傳聞同《清史攬要》。此段之後曾國藩出場，書中繼續刻畫的洪秀全形象詳見下文。

（四）曾國藩

該書第十三章中繼述：咸豐「三年，秀全沿九江而下，陷安慶、徽州等府，進據金陵。林鳳祥等亦率水陸諸軍陷鎮江、揚州，勢益熾。朝廷所遣諸大臣，喪師者多，李星沅旋沒，繼之者為周、賽、烏、向諸氏，然一挫于平南，再挫于永安，湘鄂衡皖漸次失守，逆焰鴟張莫能制。是非其將之智、兵之勇與利器之不足也，未養根本之素故也，而其後建根本之策者，則惟曾國藩。」〔註104〕「周、賽、烏、向」指周天爵、賽尚阿、烏蘭泰、向榮。

〔註100〕應為「楊」。
〔註101〕原文漏句讀。
〔註102〕第481頁。
〔註103〕第482頁。
〔註104〕第482～483頁。

「初，國藩以守制，在湖南湘鄉原籍。詔治勇鄉〔註105〕，國藩乃詳訂方略，練鄉勇為諸路倡。倣明戚繼光隊伍編制法，每五百人，擇誠樸之士率之，厚其糧餉，嚴整軍律，日事訓練。討衡山土匪曹戴，捕瀏陽徵義堂土匪周國愚等，皆平之。湘勇遂以勁旅聞。人才接踵而起，後皆以忠勇著於時。」「周國愚」實名周國虞。

「是時洪氏之勢張甚，連破諸州，圍南昌，深入腹地。臬司江忠源請援於湖南，國藩乃與巡撫駱秉章，檄湘勇二千、楚勇一千往救之，解其圍。是為湘勇破賊之始。」〔註106〕太平軍圍南昌在咸豐三年五月，八月圍解。

「國藩駐軍衡州，計洪軍已擾長江，非水師不能制其死命，遂建三省會勦議，治戰艦於衡、湘。時承平日久，人不知兵，水師尤為剏舉，眾相顧愕眙，國藩銳意規畫，設衡州、湘潭兩局，製造礮艦，苦心孤詣，規模秩然，如快蟹、長龍諸艦，極水戰之妙，於是募水勇四千人，分前、後、左、右〔註107〕十營，命揚〔註108〕岳斌、彭玉麟等分領各營，使第〔註109〕國葆等募陸軍亦十營，國藩自統兵發衡州，水陸夾江而下。」〔註110〕「三省會勦議」實為江忠源提出，《清史攬要》《清朝史略》均有提及。湘軍水師實設前、後、左、右、中五個正營，五正營之外另有五副營，如此共十營。

「已而湖北德安等諸郡縣悉陷，總督吳文鎔戰歿，官軍不振，洪軍從長江踞岳州，溯流至銅官港，逼長沙。其軍艦屯於靖港，國藩派勇前往接戰，而洪軍已由間道襲湘潭，將欲泝湘江以通兩粵、長沙間路。國藩乃整水師與揚岳斌、彭玉麟等往援，三日間焚賊船殆盡。湖南參將塔齊布克復湘潭，塔為國藩所特薦之士，性剛毅，耐艱苦，善以寡勝眾。自克湘潭，洪軍大挫，全楚官軍氣勢始振。未幾，楚南軍（彭玉麟及揚岳斌所統）克岳州，進破諸軍，水陸並捷，洪軍退入武昌。國藩又復武昌、津〔註111〕陽兩城，楚軍亦拔黃州府。」〔註112〕未明述湘軍靖港之敗。

「國藩以深謀遠慮制勝，官軍雖亦時敗，然士氣漸振，屢挫洪軍。……

〔註105〕兩字錯置。
〔註106〕第 483 頁。
〔註107〕有誤。
〔註108〕應為「楊」，下同。
〔註109〕應為「弟」。
〔註110〕第 483～484 頁。
〔註111〕應為「漢」。
〔註112〕第 484 頁。

五年二月，洪軍復陷武昌，巡撫陶恩培、知府多山等死之。副將王國才率師入援，不及，退守城外，收集潰兵。湖北巡撫胡林翼調諸路軍會于武漢，議復兩城。總督揚需防賊北竄，疏請巡撫扼漢川。林翼上方略曰：荊襄據東南形勝，江漢又荊襄咽喉，今漢陽既陷，北岸已梗，武昌失守，南岸又為所蔓延，急攻武漢，一城獲則兩城必復，乃能內顧荊襄，外遏上竄之路云云。朝廷嘉納之。」〔註113〕刻畫胡林翼形象的上方略事亦見於《清朝史略》。

「官軍勢漸壯，然洪軍之眾如故，秀全虎踞金陵，西控荊楚，北連青齊，地方數千里，帶甲數十萬，強酋悍將，碁布星羅，到處破官軍。」〔註114〕此段刻畫洪秀全形象。

「六年，北王韋昌輝殺東王揚秀清，昌輝復為洪氏所殺。初，秀清能以智謀籠絡將士，詭譎百出，堅忍馭眾以輔秀全，惟恃才而陰有自立意。故昌輝與石達開謀誅之。及秀清死，而軍中悍將無能馭之者，然勢尚不衰，復與官軍相持，互有勝負。」〔註115〕關於天京事變楊秀清之死，《清史攬要》中「秀全趣召韋昌輝、石達開，密圖除之」〔註116〕的記述當更為準確。

「十年，洪氏出奇兵，進擊淅〔註117〕江，陷安吉。巡撫羅遵殿等皆退守杭城，飛檄楚南乞援。賊軍偵得之，率精兵二萬，從安吉至武廉〔註118〕，築壘設營，以絕援兵之路。進窺杭城，乘曉霧至清波門下，以地雷轟之，城崩三十餘丈。遵殿力竭死，全局大震，降者響應。已而提督張玉良等率浙江六萬餘人圍杭城，鏖復之，洪軍遂退向餘杭。」洪秀全所派之「奇兵」為李秀成、李世賢部。

「未幾洪氏又遣兵圍丹陽官軍，大破之，提督張國樑陣亡，大臣和春受傷卒於軍。蘇州隊〔註119〕陷，巡撫徐有壬被害，於是賊軍乘勢諸路並進，連戰皆捷，陷城者數十。」〔註120〕洪秀全所遣圍丹陽之兵為陳玉成、李秀成部，攻占蘇州的是李秀成。

在記述上海、鎮江戰事（詳見下文馮子材人物形象）後，書中寫道：「其

〔註113〕 第484～485頁。
〔註114〕 第485頁。
〔註115〕 第485～486頁。
〔註116〕 第五冊，第180頁。
〔註117〕 應為「浙」，下同。
〔註118〕 應為「康」。
〔註119〕 應為「遂」。
〔註120〕 第486頁。

後官軍之雄將，有左宗棠、劉銘傳、曾國荃、鮑超等，皆國藩所拔擢也，各出兵討賊，大立戰功。」此述曾國藩識人之能。

作者回溯稱：「初，秀全自稱為耶蘇教徒，聲言將自立新政府，外人始而信之，繼見逆徒逼近上海，擅戮居民，抗禦外人，方知其為虛喝，乃漸袒清政府。」此為對列強干涉太平天國運動原因的分析。

咸豐「十一年，文宗崩，穆宗即位。同治元年，洪黨進擾上海，法國輪船開礮擊之，未退。當是時，美人華爾、英水師提督何伯、法水師提督卜羅德皆已整備礮艦。華爾遂與白齊文助曾、李以討賊。」〔註121〕李指李鴻章，其形象刻畫詳見下文。

作者專加按語述常勝軍：「華爾受曾、李信任，編制常勝軍，練兵士，屢破賊立功，洊擢清國副將。按：常勝軍俱係清人，惟將校聘外國人，每戰皆奮勇當先，功績頗偉，蓋為他日戡定發匪者之本也。未幾，華爾戰歿於慈溪，以白齊文統其軍，亦勇敢善戰。清人疵其品，旋褫職。（白齊文後至北京，對李氏訴不平，李不用，遂降賊。尋辭去，航日本，又返清，不得志而歿。）繼白氏以統常勝軍者，為英國工兵士〔註122〕官戈登。」〔註123〕白齊文之死事詳《清史攬要》。戈登時為英國工兵少校。

「戈將軍綽有武略，大為曾、李倚重。其馭軍極嚴，而運用最敏，蓋曾于本國屢立戰績，故就其所得於實驗上之智識，應用不窮，然其軍紀一仿華爾之例。」戈登此前曾參加克里米亞戰爭。

作者誇獎：「曾、李卓識過人，早知歐美利器之可用，且知其紀律嚴肅，規制精備，為中國所不及，遂倚常勝軍以剿賊。戈登遂得緣時立功。」

「洪氏驍將陳玉成等，雖以次成擒，然李秀成諸人，尚為秀全股肱，以謀略破官軍，軍威未挫，於是曾、李合謀，與劉銘傳、彭玉麟諸隊先後破賊，復諸城，扼洪軍咽喉，賊勢乃蹙。」〔註124〕書中於此方提及陳玉成和李秀成。

「同治三年五月二十七日，官軍圍江寧久，城且陷，秀全知勢不可為，仰藥卒。六月，大軍恢復江寧省城，擒李秀成等，亂始平。秀全自道光三十年起

〔註121〕第487頁。
〔註122〕應為「士」。
〔註123〕第487～488頁。
〔註124〕第488頁。

兵，初據永安，咸豐三年陷武昌，順流下長江，由黃州至安慶悉陷之，據江窞城，蔓延十六省，陷大小六百餘城，至是殄滅。官軍懸重賞購其屍，遺骸尚存，舉烈火焚之，以洩普天之憤。」〔註125〕作者於此綜評洪秀全，從用詞可見其否定態度。

在另一方面，三島雄太郎條分縷析地肯定太平天國運動的深遠影響：「洪氏之亂，於中國之文明，大有進益。其使漢人得志，而滿州〔註126〕華閥不能專美者，亦此戰之大結果也。此外又有四益：一使清政府於外交漸親；二使清國輸入外國利器及其兵制；三使上海之貿易場，大受刺激，遂致旅居外人，視前增多三倍；四促其社會上啟革命之思想，又使其國運轉移。苟他日得雄視宇內，則皆此戰爭之賜也。」〔註127〕從太平天國運動對辛亥革命的影響來看，作者的結論有一定的預見性。

作者對曾國藩的綜論為：「曾國藩常以隱患方長為慮，故云自強之道，貴銖累寸積，一步不可蹈空，一語不可矜張。其講學之要有三，曰製器，曰學校，曰操兵。故於滬局造輪船，於方言館之譯西書，未嘗不反覆致意。餘如練水師，操兵隊，選幼童肄業外洋，無非欲為自強之基礎。其生平制行甚嚴，威不外露，立心平恕，不求備於人，故其道大而能容，遇事以畏難取巧為戒，雖禍患在前，謗議在後，亦毅然為之，功則讓人，勞則歸已〔註128〕，故德之所感，部下化之，同寮諒之，各省官員從而慕之，其所以轉移風化者在此，所以戡定艱難者亦在此。至其知人之識，亦不易及，或邂逅風塵之中，一見以為偉器，或物色行迹之表，確然許為異才。平日之持論，常曰天下至大，事變至殷，決非一手一足所能維持，故其振拔幽滯，宏獎人傑，尤不遺餘力也。李鴻章、左宗棠及其餘中興諸將，皆經其陶鑄。又曰人才以培養而出，器識以歷練而成。故其取人也，苟於兵事、政治、籌餉、文學中有一節之長，無不加以獎借。是以俊傑之士，多樂為之用也。」〔註129〕此段中有部分語句與《清朝史略》中曾國藩附傳的評價〔註130〕相類。

〔註125〕　第488～489頁。

〔註126〕　應為「洲」。

〔註127〕　第489頁。

〔註128〕　應為「己」。

〔註129〕　第490～491頁。

〔註130〕　詳見趙晨嶺《晚清日本漢文清史專著要論》，花木蘭文化出版社2023年版，第272頁。

（五）李鴻章

李鴻章在書中的出場時間與前述日本清史專著相同：「是時巡撫福濟久攻廬州未克，翰林院編修李鴻章者，合肥人，天資英邁，有膽識，慷慨請行，率兵赴含山，遂克縣城，尋又移兵攻巢縣，時咸豐四年十二月也。」〔註131〕其後書中述太平天國後期戰事多為「曾、李」連用，前文已詳。

日軍首次侵臺之前，「（明治六年），……日本政府派參議副島種臣為全權大臣，與清政府理論。李鴻章答之曰：『臺灣東部，是我化外之民，伐之與否，一任貴國之意。』」〔註132〕所引之語並非李鴻章及總理衙門的原話原意。〔註133〕

書中述中法戰爭：「然法國兵機之精，殆非清國所能抗，特其政機，動為輿論所牽制，或進或退無一定勝算，以故佛雷政策之敗，早為李鴻章、曾紀澤諸人窺破，清國因以曠日持久，疲敝於海上，乘其敝而擊之，勢如破竹矣。」〔註134〕「佛雷」即法國總理茹費理。

作者述甲午戰爭的背景：「時銳意治兵，陸海軍備，歲費千餘萬，於是特置海軍衙門，以醇親王、慶郡王、李鴻章等領之，而陸軍數萬人，則悉歸李鴻章統轄。光緒十七年，命海軍提督丁汝昌，率戰艦巡洋艦六艘，東巡於日本。十九年，李鴻章大閱海軍於威海衛，有能戰之艦十餘艘，大耀軍威於亞東，於是日本朝野震悚，汲汲整軍不少怠。」〔註135〕此醇親王指海軍衙門總理大臣奕譞，慶郡王是會辦大臣奕劻。李鴻章陪同奕譞在威海衛大閱海軍和北洋水師訪日兩事先後發生在光緒十二年（1886，明治十九年），書中時間均誤。

關於李鴻章之死：《辛丑條約》「議既定，清政府不得已，一一諾之，於是李鴻章與慶親王，同為欽差全權大臣，與各公使逐項商確，議粗定，而李鴻章卒……」〔註136〕。慶親王即奕劻。李鴻章卒於光緒二十七年。

書中述科道制度時，指出「近來如李鴻章之威望，尚不克為其所彈」〔註137〕。第二十六章《兵制》中，提及「既而清國政治家，議改兵制。時李鴻章首先

〔註131〕第484～485頁。
〔註132〕第494頁。
〔註133〕詳見趙晨嶺《晚清日本漢文清史專著舉要》，花木蘭文化出版社2022年版，第156～157頁。
〔註134〕第506頁。
〔註135〕第509～510頁。
〔註136〕第522頁。
〔註137〕第540頁。

倡議，改軍隊為德國操……」〔註138〕。可見作者承認李鴻章是有威望的晚清政治家。

（六）兩宮皇太后

書中並未提及辛酉政變，首次出現兩宮皇太后是同治三年，「時皇太后垂簾聽政，論功行賞」〔註139〕。

同治十三年，「穆宗（即同治）病篤，親王及政府各大臣，會議定皇嗣。是議也，穆宗之叔父、〔註140〕宣宗（即道光）之皇子四人，及八王，實主之。時穆宗已不能傳遺詔，乃以群臣所議之得勅許者為遺詔，遂訣議，以慈禧皇太后妹壻、第七親王（即醇親王）之長子，入繼帝位，……於是移政權於兩皇太后（慈安皇太后及慈禧皇太后）。兩太后勵精圖治，已而東太后崩，西太后乃獨握政權。」〔註141〕「宣宗（即道光）之皇子四人」指皇五子奕誴、皇六子奕訢、皇七子奕譞及皇九子奕譓。「第七親王」稱呼不妥前已述。東太后即慈安太后，西太后即慈禧太后。

第十六章《伊犁之爭》中述：「當時英相格拉特士敦勸清政府主戰黨未宜開釁，備陳俄國於東方兵力與其制勝手段，使力主和議。北京主戰黨罷戰議英人所以周旋其間，力勸議和者，其故何在，故置不論，而和議之成，實在一千八百八十年九月十五日，兩宮太后于北京躬臨議會，西太后頒宣勅諭主戰各大臣曰：『干戈相見，勝負不可豫期，若我取敗，俄國必要求軍費。卿等當各以財產予之，以盡為臣之義務。』命李鴻章珥筆記之，於是李及各大臣皆變初衷，和約以定。」〔註142〕「格拉特士敦」即時任英國首相的格萊斯頓。此次和議英人戈登發揮了一定作用。該段所述兩宮皇太后言行未見記載。

第十九章《日清之戰》中述：「兩皇太后之聽政也，文宗子〔註143〕恭親王實司行政，既而西太后獨握政權，與恭王不洽，罷之，以今帝生父醇親王代其職。」〔註144〕「既而西太后獨握政權」，未述光緒七年（1881）慈安太后之死。恭親王奕訢實為文宗奕詝之弟。「今帝」指光緒帝載湉。

〔註138〕 第551頁。
〔註139〕 第489頁。
〔註140〕 原文漏句讀。
〔註141〕 第495頁。
〔註142〕 第497頁。
〔註143〕 應為「弟」。
〔註144〕 第509頁。

　　第二十章《改政之變》中述戊戌政變：「西太后與滿大臣，已決計去改政派，二十四年八月，榮祿託故急電徵袁世凱。袁既去，西太后自臨朝訓政，急捕改政黨。康有為、梁啟超，急行得脫，譚嗣同等六人殲焉。其餘漢大臣，自翁同龢以下，禁錮謫戌〔註145〕降革者，凡數十人，而改政黨所設施，則悉反之以復其舊。」〔註146〕作者未詳列戊戌六君子之名。翁同龢開缺回籍在百日維新之初，政變後被革職，永不敘用。

　　第二十一章《義和團之亂》中述：載湉「自廢立之謀阻，而帝位暫安，然西太后與政府諸臣，此念固未已也，而知其斷難於驟發，於是以端郡王載漪之子溥儁，為穆宗皇嗣，而載漪等諸宗室，乃預政權」〔註147〕。此即慈禧太后立溥儁為大阿哥事。

　　光緒「二十六年四月，義和團集北京之西南，所至焚教堂。歐美教士，或死或逃，各達知其公使，群詰責總理衙門。時廷臣意見各異，互懷觀望，乃依違答之，而榮祿、剛毅、裕祿等，陰為太后謀，欲倚義和團逐外人，以孤帝而翼后。五月之初，宗王及滿大臣，相與決撫議於後宮，端郡王實主之，而命剛毅、趙舒翹，招之於保定。」〔註148〕此述清廷招撫義和團是「榮祿、剛毅、裕祿等，陰為太后謀」，「宗王及滿大臣，相與決撫議於後宮」，分散了慈禧太后的決策責任。

　　「七月二十日，聯軍攻北京，二十一日陷之。西太后與帝，先於十九日西行矣。聯軍既入京，援出各國公使，搜剿義和團，分界管之，而一面仍調發軍隊，往攻保定，以窮義和團之窟。」七月二十日，八國聯軍攻破北京外城，次日攻入內城。

　　「聯軍之逼通州也，西太后大懼，七月十九日凌晨，率帝后、大阿哥及宗王大臣等，微服啟行，西北由懷來縣向宣化府。聯軍入京後，不得其行蹤，德法兵向保定躡之，不得，帝后遂由宣化至太原。未幾，復至西安駐焉。」〔註149〕慈禧太后等實於二十一日凌晨啟行。

　　「閏八月中旬，聯軍總統華德西，將援軍入北京，發兵攻保定，陷之。慶親王亦由行在回京。先是，西太后以李鴻章為全權大臣，議和約，至是亦至北

〔註145〕應為「戌」。
〔註146〕第 514 頁。
〔註147〕第 515 頁。
〔註148〕第 516～517 頁。
〔註149〕第 519 頁。

京,乃邀各國公使開議,猝不得要領,各國皆駐軍以待之。」〔註150〕「華德西」即瓦德西。作者並未明說「駐軍以待」的軍事脅迫意味。

「二十七年十月,和議成,聯軍退出北京,西太后乃率帝后王大臣發西安,取道潼關,至開封暫駐。十一月,遂由保定回鑾入北京。義和團之亂,至是始為結局云。」〔註151〕《辛丑條約》簽訂於是年七月,慈禧太后等從西安出發實在八月。

作者評論:「清政府之於外交,固未嘗有政策也,知目前之速結為可樂,後日之大憂,非所問也。西太后回鑾以來,懲前此之失敗,乃盡力結歡外人。各公使之受之者,亦漸忘其嫌怨,而教會恣橫之迹,亦漸顯於歐洲,自不得不稍斂戢。義和團之成效如此,然果能恃此以立國否乎?二十世紀云二十世紀云者,甯為紀年之名稱已也?」〔註152〕「盡力結歡外人」確實是慈禧太后此後外交政策的核心。

(七)馮子材

晚清名將馮子材在書中首次出現於咸豐十年太平天國戰爭中:「是時三吳郡邑相繼失守,惟鎮江、上海獨存。上海者,外國之士官及官軍所守,洪軍乘勝由青浦、松江進窺之,構怨于外國,卒以不克。鎮江雖屹峙江濱,三面受敵,潰兵未集,上下皆賊蹤往來,而坐守危城之馮子林〔註153〕,即後為廣西提督者也。子材能督禁旅以應諸軍,故兵氣頗振。」〔註154〕馮子材是廣東欽州人,生於嘉慶二十三年(1818)。道光三十年(1850)入天地會反清,次年即咸豐元年受招安,與太平軍作戰。咸豐六年賞色爾固榜巴圖魯勇號,十年奉命督辦鎮江軍務。同治初授廣西提督,三年賞穿黃馬褂,獲騎都尉世職。光緒元年任貴州提督,七年回任廣西,次年告病還鄉。

馮子材在書中再次出現是光緒十年中法戰爭時:「法軍於福州獲勝時,納克列耳及米洛兩將軍所統陸軍,亦於廣西邊外連戰連勝,遂入鎮南關。清將楊玉科戰歿,董履高負重傷,諸軍皆潰。法軍遂據諒山,築砲臺於關外十餘里之文淵州,為堅守計。廣西聞敗,商民驚散,潰兵剽掠,避難者群向東走,

〔註150〕 第520~521頁。
〔註151〕 第524頁。
〔註152〕 第524~525頁。
〔註153〕 應為「材」。
〔註154〕 第486~487頁。

城已空虛，雖有籌備，然不足以禦法軍。先是，幫辦軍務前廣西提督馮子材，及廣西右江鎮總兵王孝祺，至龍州募兵未集，孝祺聞敗，即率數營赴關外，然既在諒山敗後，又因馮子材所統八營，尚在東路，駐紮該地者，僅中軍二營，光緒十一年（西一千八百八十五年）正月初一日，子材率一營至南關，約同孝祺欄[註155]集潰兵，急遣使於巡撫潘鼎新請率八營盡赴南關，不允。子材乃率所部出關督剿。初九日，鼎新聞南關之警，命返兵西援。子材即察地形，視要害，築長牆三里，以為廣西軍蓄軍之備，自以所部萃軍守之。適法軍封北海，斷廣西軍歸路，時廉州無將帥，[註156]請馮歸廉州。馮無東歸意，慨然曰：『我兵雖一營，然不得輕移他處。』二十七日，子材率兵破法軍。至二月初二日，法軍又來攻，子材擊之不走。初[註157]七日，法[註158]軍駐諒山者，悉疾馳入關，計有四種：一為法軍，二為阿爾塞軍，三為西貢客兵，四為安南兵。子材宣言於諸軍曰：『法軍再入關，有何面目見粵民？』孝祺遂率淮軍擊退法軍。初八日，又與法軍劇戰。子材督諸軍，號令嚴明，秋毫無犯。法軍雖精銳，然不能抗。十二日，清軍分三路攻諒山，敗法軍。於是去年以來清軍駐防之全境悉復。安南民人靡然響應，然子材心猶未慊，慨然有掃蕩北坼全境之志，將以二十五日率全軍窺北寧。適政府有停戰之令，子材乃解諸軍。時子材年七十，性剛毅。其臨軍也，短衣草鞋，躬先士卒，故士卒樂為之用。」[註159]馮子材號萃亭，故所部稱為萃軍。此戰敘事較細，人物形象刻畫突出，不過「年七十」當改為「年近七十」。馮子材因鎮南關大捷獲賞太子少保銜、三等輕車都尉世職。光緒二十九年（1903）病故，諡勇毅。

（八）劉銘傳

劉銘傳在書中被稱為「官軍之雄將」[註160]，同治初年太平天國戰爭中：「洪氏驍將陳玉成等，雖以次成擒，然李秀成諸人，尚為秀全股肱，以謀略破官軍，軍威未挫，於是曾、李合謀，與劉銘傳、彭玉麟諸隊先後破賊，復諸城，扼洪軍咽喉，賊勢乃蹙。」[註161]劉銘傳是安徽合肥人，生於道光十六年

〔註155〕應用「欄」。
〔註156〕原文漏句讀。
〔註157〕原文句讀誤。
〔註158〕原文句讀誤。
〔註159〕第 503～505 頁。
〔註160〕第 487 頁。
〔註161〕第 488 頁。

（1836）。咸豐四年（1854）自辦團練，九年從官軍克六安，獎千總。次年升都司。十一年，奉李鴻章命建銘字營。同治元年（1862）東進上海，攻佔川沙，升遊擊並賞戴花翎，復因克奉賢、金山衛功以參將補用，加驃勇巴圖魯勇號。二年以克江陰等功授記名提督，尋署狼山鎮總兵，又因克無錫等賞頭品頂戴。三年克常州，賞穿黃馬褂。追擊幼天王，擢直隸提督，銘字營擴充為銘軍。參與鎮壓捻軍，晉一等男爵。十年因銘軍譁變被革職鄉居。光緒十年（1884）命督辦臺灣事務，授福建巡撫。

中法戰爭中：「一千八百八十四年八月初四日，法國水師提督列司勃士率艦隊至基隆，致書其守將曰：『二十點鐘內，須將基隆讓與。』守將置不答，遂擊其礮臺，佔據之。時督辦臺防事宜劉銘傳聞砲擊基隆，大怒，率兵從法軍背後進擊，彈掠面而去。劉大言曰：『人自尋彈丸耳，彈丸決不能尋人。苟存忠憤之心，彈丸自能避我。』士卒聞之，奮攻法軍。法軍棄基隆，乘艦遁。後法艦雖常出沒基隆近海，然不敢登陸矣。」〔註162〕「列司勃士」，今譯利士比，海軍准將，法國遠東艦隊副司令。此處對劉銘傳的語言描寫非常生動。書中未述次年授劉銘傳為首任臺灣巡撫等事。

（九）劉永福

「劉永福者，舊為洪軍餘黨，當同治初，洪軍為清軍所追，時永福退入安南邊境，安南王不能禦，反遣使招撫之。永福乃率黨數千，約為王開墾天府鎮一帶山中之地，限三年後起租。永福有膽識，好納四方偉人，訓練壯士，使其地成巨鎮。其軍皆勇悍，蹴山超壑，捷如猿猱，以勁旅稱，所謂黑旗兵也。」劉永福，廣西博白人，生於道光十七年（1837）。咸豐七年（1857），起事反清，同治四年（1865），投天地會，建黑旗軍。六年率部入越南，九年應馮子材邀與天地會餘部作戰，清廷賞藍翎頂戴。

「法將利威爾軍至安南，入河內。安南守將，藉黑旗兵力抗之。利威爾奮勇禦擊，遂佔河內，時一千八百八十二年五月也。永福憤甚，悉銳助攻河內。利威爾欲解敵兵重圍，兩次出河內，雖於山西獲勝，旋敗死。孤拔繼之，率援兵攻山西（山西為東京城堡中最堅之城），連戰三日拔之。是時清兵已至安南，黑旗之勢亦張甚，大隊全在山西，故孤拔首攻破之。」〔註163〕書中未

〔註162〕　第502～503頁。
〔註163〕　第499～500頁。

述同治十二年黑旗軍擊斃法國海軍上尉安鄴的第一次紙橋之戰。「利威爾」
亦譯李威利、李維業，時為法軍上校，法國交趾支那艦隊隊司令，他率軍佔領
河內實在 1882 年 4 月，致其敗死的第二次紙橋之戰則發生在次年 5 月。稱
其「奮勇」似乎展示了作者的殖民主義立場。此東京指越南北部地區，即北
圻。

　　「山西城陷後，黑旗兵、清兵及安南兵，皆退至北寧，深溝高壘，養精蓄
銳以守之，法軍則駐守桑臺。光緒九年（一千八百八十三年）三月，法國援兵
至，其將布里耳〔註164〕強悍絕倫，率阿爾塞兵進發，分全軍為三隊，其二隊
米洛將軍率之，從河內進，一隊納克烈耳將軍率之，從海東進，以驅逐黑旗兵
及清兵，陷北寧城，尋據山西，佔興化鎮，以北寧大原為本營，直至諒山鎮全
破之，東京殆悉歸法人掌握矣。自是又攻擊順化府及其礮臺，佔之。所訂《順
化府條約》，安南雖陽受保護之名，而陰有屬邦之實矣。」〔註165〕光緒十年七
月清廷對法宣戰後，授劉永福記名提督，賞戴花翎。劉永福復因戰功，獲賜伊
伯德恩巴圖魯勇號，後於次年撤回雲南，十二年授南澳總兵。書中未述劉永福
後於甲午戰爭中赴臺抗日事。

第三節　《支那近三百年史》的史事敘述

　　為便於進行比較，本節將前著《舉要》及《要論》中關於史事敘述的框架，
根據《支那近三百年史》的內容和特點略加改易後，逐項分析。

一、關於明清易代史事

（一）明末農民戰爭

　　《支那近三百年史》中對李自成敘述較為凝練，僅一段話：「先是明政已
衰，四方群盜競起，米脂人李自成舉兵剽掠四方，已而陷河南，至荊襄，有眾
百萬，自稱奉天倡義大元帥。未幾稱王于西南〔註166〕，國號順，建元永昌。
拔太原，尋犯畿南，陷真定，聞明帝與后殉國，遂自稱帝，使招吳三桂。三桂
不從，乞援於清，從攝政王攻破自成。自成走陝西，清師入北京，進三桂爵為

──────────────

〔註164〕應為「耶」。
〔註165〕第 500～501 頁。
〔註166〕應為「安」。

平西王，下令使官民除服辮髮，悉遵清制。」〔註167〕約150字的篇幅，從「群盜」「剽掠」等用詞可見作者的立場。書中並未述及李自成的結局，亦未提及張獻忠其人。

（二）明清戰爭

1. 描寫戰爭的殘酷

天命六年渾河之戰，明軍「營中發火器，殺傷甚多。……是役也，明以萬餘人當清眾數萬，力屈兵覆，為遼左用兵以來第一血戰」〔註168〕。此處三島雄太郎與增田貢、佐藤楚材諸書用字略異，但觀點都沿用了魏源《聖武記》中的說法。

崇德「六年」，「時多羅饒餘貝勒等已入關，所向無敵，遂克兗州、順德、河間三府及八十八城，斬兗州府六王及宗室等。時值飢饉，民相食，加之流賊四起，土寇劫掠，民多棄鄉而去，其存者復為清軍所破。」〔註169〕多羅饒餘貝勒指阿巴泰，「六王」是魯、樂陵、陽信、東原、安丘、滋陽諸王，事當在崇德七年。

2. 關於清軍屠城

《支那近三百年史》中僅有一個「屠」字：萬曆十一年，圖倫「城中人遂殺阿太以降，成梁盡屠之。」〔註170〕所述為明軍李成梁部屠城，書中並未記清軍屠城之事。

二、關於清代起事起義

（一）清代民族問題，以關鍵字「苗」為例

「苗」字在書中僅出現數次，提及「貴州苗石柳鄧等謀叛」，「鎮箽黑苗吳承受等，亦興兵攻邊境」〔註171〕。後一事未詳。

（二）秘密社會的反清活動

1. 白蓮教

不同於前述日本清史諸專著，書中未提天地會之名，白蓮教則出現了兩

〔註167〕第 454 頁。
〔註168〕第 447 頁。
〔註169〕第 453 頁。
〔註170〕第 438 頁。
〔註171〕第 475 頁。

次。第一次在第十一章《嘉道間川湖及回疆之亂》：乾隆末葉，「白蓮教徒劉之協⋯⋯等謀叛」〔註172〕。

第二十一章《義和團之亂》中寫道：「義和團者，為白蓮教之一支，不軌之秘密社會也，近漸公行於山東，〔註173〕曲投世人意，乃假仇教以糾眾。毓賢撫山東，則獎助之於前，裕祿督直隸，又崇拜之於後，而北支那三省之地，莫不有義和團矣。」〔註174〕學界亦有觀點認為義和團起源於八卦教，而非白蓮教。

2. 天理教

第十一章《嘉道間川湖及回疆之亂》中記寧陝兵變後，繼述：「此後起兵者，為河南滑人李文成，及直隸大興人林清。文成倡天理教（即八卦教），聚眾散財，煽動愚民，黨羽多至數萬。林清家居京師，乃賄通內侍，約為應援，而自率其黨攻京城。未幾平。」〔註175〕三島雄太郎寫此段沒有照抄《聖武記》，天理教之名未出現增田貢、佐藤楚材般的錯誤。此處括註天理教即八卦教，學界亦有觀點認為天理教是白蓮教支派。

3. 太平天國

書中對太平天國史事的描述，前文洪秀全及曾國藩形象刻畫已引用。作者雖然評論「洪氏之亂，於中國之文明，大有進益」〔註176〕，但他對太平天國運動本身是持否定態度的。書中並未提及捻軍。

三、關於清代涉外史事

（一）書中歐美國家

1. 英　國

不同於前述日本清史諸專著，《支那近三百年史》中未提荷蘭史事。關於英國，該書《總論》中概述「英吉利鳴中外衝突之第一砲」〔註177〕，正文第十二章《鴉片戰爭》詳述之：「道光十四年，即西歷千八百三十四年，為英國勢力極盛之時。其外務大臣巴米司敦逞英邁之姿，思擴商權於亞洲，

〔註172〕第 475 頁。
〔註173〕原文漏句讀。
〔註174〕第 516 頁。
〔註175〕第 476 頁。
〔註176〕第 489 頁。
〔註177〕第 430 頁。

並以抑東印度商會通商中國之特權,乃以納培爾為貿易監長,使赴廣東保護貿易,且規拓口岸。清國政府初唯許各國商於廣東,且必依其規則,納培爾抵粵,以平等禮致書粵督。粵督盧坤不受,開議卒未洽。納培爾乃退至澳門,未幾死。於是英政府簡勇爵喬基牢平生繼其任,既至清國,即以鴉片躉船為互市之場,上其策於本國政府,謂當於廣東港口,任據一島。既而以船主愛里奧脫繼之,執平和主義,故於擴張貿易各事,仍依清政府之意云。」〔註178〕「巴米司敦」即巴麥尊,「納培爾」即英國首任駐華商務總監律勞卑,其抵粵在道光十四年六月,九月病故於澳門。繼任者先是德庇時,其後方由羅賓臣(即「喬基牢平生」)繼任。「船主愛里奧脫」即義律,他在道光十六年擔任商務總監。所述「東印度商會」即英國東印度公司。

「清政府雖嚴禁鴉片,然英商句〔註179〕通內奸,百計私售,鴉片銷路日益增,獲利日益厚。各國人復陰助英人力擴商途……」〔註180〕道光「十九年,林則徐抵粵,收英商鴉片二萬餘箱焚之,並絕其貿易。此信傳至英,眾議譁然未決,旋向清國開戰。二十年(一千八百四十一〔註181〕年)七月,派艦隊遠征,計軍艦五艘,㵀船三艘,運船二十一艘,掠舟山,封楊子江〔註182〕及閩省兩港,大破清軍。時林則徐已削職矣,而清廷處之夷然,英乃派全權大臣愛里奧脫直驅天津太〔註183〕沽口,與直督開議,連戰破清國砲臺。二十二年(一千八百四十二年)正月,始立和約,約尚未定,戰釁復開。清政府決計與英戰,於是英軍攻破虎門各礮臺,逼廣東。清政府復請和,許通商,而陰猶汲汲於備戰。於是英軍復破清兵,縱掠於廣東,索金六百萬元,以為交還廣東之費,且其財產及船舶之被毀者,皆別償之。」〔註184〕道光二十年約為 1840 年,並非 1841 年。「索金六百萬元」當為廣州的贖城費,本段三處「廣東」均應改為「廣州」。

「既而英國勇爵亨利柏蘭格及水師提督勇爵威廉哈加至,廢停戰之約,率軍艦九艘、輪船四艘、運船二十三艘、水師三千五百人北行略廈門、定海、鎮

〔註178〕 第 477～478 頁。

〔註179〕 通「勾」。

〔註180〕 第 478 頁。

〔註181〕 衍字。

〔註182〕 即揚子江,書中兩種寫法未統一。

〔註183〕 應為「大」。

〔註184〕 第 478～479 頁。

海及寧波而據之。清軍欲復寧波，戰未克，又襲定海、鎮海，亦失利。英軍乘勢拔乍浦，破吳淞礮臺，進據上海（後清人出三千萬元贖還之）。清政府所募大軍，均敗北。英艦突入揚子江，取鎮江，圍南京。清政府至是亦知英勢之不能抗，乃誠意議和，訂條約以了鴉片之戰。其最要之款，為開廣東〔註185〕、廈門、福州、寧波及上海五港，許英貿易，與香港界〔註186〕英等事。」〔註187〕「亨利柏蘭格」即繼任商務總監及全權代表的璞鼎查，「威廉哈加」即接替伯麥擔任侵華英軍海軍司令的巴加，書中未提侵華英軍總司令懿律和陸軍司令郭富。上海的贖城費為五十萬元，並非「三千萬元」。

關於太平天國戰爭，書中述及「英水師提督何伯」〔註188〕和「英國工兵士〔註189〕官戈登」〔註190〕事，前已引用。

其後述第二次鴉片戰爭，第十三章《英法同盟軍之戰》寫道：「先是，洪氏之亂，擾及廣東，西商常以武器軍需濟匪，遂致廣州之亂，人民死者以數千計，〔註191〕而各國領事，無力禁止之。會清國疆吏又失禮於外國公使，時英人欲振香港商務，乘機而入，欲使往來船舶得以自由，不課停泊之稅，又使清國商船，亦得掛英商旗號，清國官吏乃課重稅，嚴捕私販阿片者，然仍無效，乃復捕掛英旗之華船，撤去其旗號。事聞於英領事已克士，及香港太守喬柏林，乃索賠款。總督不許，英清之葛藤以生。咸豐六年（西一千八百五十六年），有美國軍艦為清國臺砲所擊，美國水師提督率軍艦阿姆斯脫郎直襲礮臺取之，以報砲擊之役，而英人不願如此平和了事，遂飛章達印度，請援兵，一面請本國政府之訓令，政府據《南京條約》，調其公使駐紮北京，復聯絡俄、法及合眾國，共謀基督教國公共之利益，於是歐美諸國，各派全權公使前往廣東，率同盟軍六千人登陸，攻取廣東省城，挾總督登艦。地方事務，佖〔註192〕使清國官吏處置，省中略靖。時同盟國公使與美、俄公使，同向清政府有所要索，紛紛致書，政府置弗答，背外國公使駐北京之約，託事拒之，於是同盟國

〔註185〕應為「州」。
〔註186〕應為「畀」。
〔註187〕第 479～480 頁。
〔註188〕第 487 頁。
〔註189〕應為「士」。
〔註190〕第 488 頁。
〔註191〕原文漏句讀。
〔註192〕應為「仍」。

艦隊合美、俄軍艦，直逼大沽，〔註193〕共進白河拔〔註194〕河口，拔其礮臺。
公使進至天津，清政府不得已，派員與外國公使開議，咸豐八年（西一千八百
五十八年），批准四國合立條約，許外國公使駐紮北京，未赴而退。」〔註195〕
「阿片」即鴉片。「掛英旗之華船」為亞羅號，清軍並未「撤去其旗號」。「英
領事巳克士」即英國駐廣州領事巴夏禮，「香港太守喬柏林」即香港總督文
翰，亦譯文咸、般咸等。「總督」指兩廣總督葉名琛。「有美國軍艦為清國臺
砲所擊，美國水師提督率軍艦阿姆斯脫郎直襲礮臺取之，以報砲擊之役」，未
見相關記載。

　　「四國公使之去也，清政府復繕大沽礮臺，嚴備同盟軍之來攻。初，批
准條約互換議定在北京，至是清政府命議約大臣赴上海，托故欲換約〔註196〕
於此，英公使勇爵湯姆司懷德（即威妥瑪）不聽，再進大沽口。時咸豐九年
（西一千八百五十九年）六月二十九日也。英軍為清軍所敗，士卒死者八十
九人，傷者三百四十五人。英受大挫，意極怏怏，於是與法人議，決意謝議
約大臣再率海陸兩軍進，隊艦運船，都二百餘艘，兵二萬名。」〔註197〕「議
約大臣」為大學士桂良、吏部尚書花沙納、兩江總督何桂清等人。第二次大
沽口之戰發生在 1859 年 6 月 25 日，咸豐九年五月二十五日，文中月日不
對。

　　「十年（西一千八百六十年）七月，英、法兩國全權公使至芝罘，開要
索之款，清政府構詭辯以答之，於是同盟軍進逼直隸海岸，將登陸直指北京，
軍於北塘河口（北河之北十英里），略大沽，徑趨天津，不一戰而降之。清政
府乃復主議和，然徒延時日，使不得要領。英、法全權公使遂罷議，進規北
京，清軍襲之，正接戰間，清國政府復派員來，以甘言請互〔註198〕換條約。
同盟軍再罷戰，遣哈雷柏克（即巴夏禮）與訂條約。清國外示優遇，陰設伏
兵。事覺，急退回，而其屬員忽被虜，解至北京，待之甚虐。同盟軍指揮官
皆憤清人之無信也，進軍大破之，長驅入都。帝后及諸親王大驚，俱避至熱
河，使皇弟恭親王議和。時清政府無人，且內憂外寇薦至，不能拒同盟國之

〔註193〕原文漏句讀。
〔註194〕衍字。
〔註195〕第 491～492 頁。
〔註196〕原文誤添句讀。
〔註197〕第 492～493 頁。
〔註198〕應為「互」。

要求,遂於禁城內批准條約,予十萬磅於被虜者及其家族,後以八百萬兩償同盟國軍費,種種無理之要求,無不許之。」〔註199〕巴夏禮上文譯作「巳克士」,並未統一。「被虜」的除了其屬員,也包括他本人。此段作者多從英法侵略者視角敘述,並未提及火燒圓明園等事。

第十五章《臺灣之爭》,述及「英國公使威妥瑪居間調停」事,值得注意的是,所用動詞為「命清國償金五十萬兩,互訂條約,事遂寢」〔註200〕。英國公使「命清國」,若非用詞不當,即是春秋筆法。

第二十章《改政之變》開篇為:「日清戰後,清國之腐敗益彰,德據膠州灣,英法侵蝕其西南……」〔註201〕,所述「西南」當指雲南、西藏。

戊戌政變後,「康有為之脫走也,英國軍艦威克司,實載之至香港,梁啟超亦於時走日本。清政府懸不貲之賞以購之,英日兩國乃援保護公罪之義,防衛之益周,且東西各報章,莫不左袒改政黨。彼頑錮政府,本疾視夫外人,至是尤銜之次骨,而所謂東西各國者,其實力若何,彼固未前聞(徐桐嘗語人曰:『世界安有許多國?大約俄羅斯、英吉利、法蘭西、日本則真有之,餘皆漢奸所詭造用以恫喝朝廷者耳。』所舉四國蓋嘗侵入清國者也。),是以急於一擊,曾不顧慮」〔註202〕。大學士徐桐,八國聯軍入京後自縊。

第二十一章《義和團之亂》中述:「時各國軍艦,雲集大沽,合英俄日法德美奧意八國,凡四十七艘。英將西摩為之長……」〔註203〕「西摩」通常譯為西摩爾。此外書中第四卷還有提及英國之處,下節詳述。

2. 法 國

不同於增田貢、佐藤楚材之書,《支那近三百年史》中的法國不再被混稱為「佛」。除了「英法」連用,法國在書中單獨出現最早是在「同治元年,洪黨進擾上海,法國輪船開礮擊之,未退」,此處提及「法水師提督卜羅德」。〔註204〕

關於中法戰爭,書中專設第十七章《安南之役》,開篇曰:「清法之役,由法國欲實行一千八百七十四年之約,故派兵遠出,而清法之交涉,因由之

〔註199〕 第 493 頁。
〔註200〕 第 494 頁。
〔註201〕 第 513 頁。
〔註202〕 第 515 頁。
〔註203〕 第 517 頁。
〔註204〕 第 487 頁。

－36－

起。其結局至以安南為法國屬邦，然就戰事觀之，法不得謂之獲勝也。要之是役固非大戰，然於清國近世史，則殊有緊要關係，故記之。」〔註205〕之後記述劉永福及黑旗軍，前文已詳。「一千八百七十四年之約」指 1874 年第二次西貢條約即《法越和平同盟條約》。

「當東京葛藤之起，清國以法之舉動為非，李鴻章與法公使布烈開議，不得要領。布烈為法政府召還，以脫利克公使代之，與李開議於天津，仍不洽。一面由清國公使曾紀澤，在法京與法相佛雷開議。紀澤以機敏之才，雄辯卓論，毫無所屈，並聲言法國若侵安南，清國唯知有戰而已。清政府既以全力治軍備，復有黑旗兵互相應援，彭玉麟及張樹聲亦各南下，爭安南之宗主權。費如許經營，法軍尚長驅陷山西，拔北寧，愈逼愈進，而未能奏效。」〔註206〕「布烈」即寶海，「脫利克」即德理固。

「先是清政府醇王恭王，意見相岐，東京戰事，朝議有二講，和黨主恭王，主戰黨屬醇王，兩不相下。至是恭王及軍機諸大臣均罷職，李鴻章與法國艦長非爾尼議平和條約六款。其要旨為不能償法國出兵東京之軍費，及廢去保護安南與東京宗主權，東京疆域，依天然之界而定，開法國貿易於雲南及其鄰省，清兵撤退東京云云。此約於清國毫無所利，其故因未能抗法軍兵力，而致此耳。於是依《天津條約》而行，〔註207〕法軍奉命佔據諒山，〔註208〕而清軍之駐紮諒山者，突襲擊法軍。此報達法國，法政府責清國失信，索賠款二千萬磅，否則開戰，且遣公使北上，召集軍艦。此清法戰釁之原因也。」〔註209〕「非爾尼」即福祿諾。對於開戰原因作者全從法方視角敘述。

之後述及劉永福和基隆戰事，前文已詳。「是時孤拔屬意福州，率軍艦五艘，泊於軍機局之對面，合其餘各艦都十四艘，而清軍艦泊福州者，僅九艘耳。八月二十三日晨，孤拔率精銳軍艦及猛烈水雷艇二艘，擬轟毀清國軍艦。午後法艦威塔然砲擊清國第一等軍艦楊〔註210〕武，沈之，乘機擊其餘各艦，一時共毀七艘，更破福建船政局，鏖戰三時許，自是羅星塔砲臺，及閩安、金牌諸砲臺，皆為所轟毀。孤拔如是苦戰，然法政府議論不一。孤拔不得志，徒游弋

〔註205〕 第 498 頁。
〔註206〕 第 501 頁。
〔註207〕 原文漏句讀。
〔註208〕 原文漏句讀。
〔註209〕 第 501～502 頁。
〔註210〕 應用「揚」。

於支那海上，後又據澎湖小島，以待本國政府之命。」〔註211〕所稱「水雷艇」
即魚雷艇的前身杆雷艇，此戰法軍僅失一艇。

繼述馮子材及鎮南關大捷，亦詳見前文。「先是孤拔以艦泊北海時，不行
其策，憤欲死，此時佛雷亦失國民輿望，不能久於其位。清法之間，遂立平
和條約，兩國全權大臣會議於天津，訂新約十款。其要旨無異去年非爾尼提
督與李鴻章所議之天津條約。蓋法自諒山啟釁，索償巨金，清國拒之，遂至
用兵，勞師傷財，受害不淺，而此約內不復論及償金者，可知其讓清一步矣。」
〔註212〕「佛雷亦失國民輿望，不能久於其位」指茹費理內閣的倒臺。

作者於此評論：「然法國兵機之精，殆非清國所能抗，特其政機，動為輿
論所牽制，或進或退無一定勝算，以故佛雷政策之敗，早為李鴻章、曾紀澤
諸人窺破，清國因以曠日持久，疲敵於海上，乘其敝而擊之，勢如破竹矣。
嗚呼！無鞏固主旨，無遠大長策，於諒山、臺灣、福州苦戰之結局，至於如
此，後之政治家，其亦引為殷鑒哉！雖然，為清國者，亦可危矣！」〔註213〕
三島雄太郎對法方政略戰略提出批評，並在稱揚李鴻章、曾紀澤見識的同時，
直言不看好清廷的前景。

3. 美　國

不同於增田貢、佐藤楚材之書，《支那近三百年史》中的美國不再被混稱
為「米」。書中述太平天國戰爭時，提及「美人華爾」〔註214〕。

第二次鴉片戰爭前，「咸豐六年（西一千八百五十六年），有美國軍艦為
清國臺砲所擊，美國水師提督，率軍艦阿姆斯脫郎直襲礮臺取之，以報砲擊
之役，而英人不願如此平和了事，遂飛章達印度，請援兵，一面請本國政府
之訓令，政府據《南京條約》，調其公使駐紮北京，復聯絡俄、法及合眾國，
共謀基督教國公共之利益……」〔註215〕此處合眾國亦即美國，而所述美國軍
艦事未見相關記載。此外書中多以「歐美」連用。

4. 西班牙

書中未述鴉片戰爭中的西班牙商船事，共提及西班牙兩次：「咸豐九年

〔註211〕第 504 頁。
〔註212〕第 505～506 頁。
〔註213〕第 506 頁。
〔註214〕第 487 頁。
〔註215〕第 492 頁。

（西一千八百九〔註216〕十九年），安南失歡於法國及西班牙，議款未就，法、西兩國聯軍攻安南，陷西貢。」〔註217〕咸豐九年實約為 1859 年，之後越南於 1862 年簽訂《同法國和西班牙的友好條約》即第一次西貢條約。

光緒「三年，訂駐外國公使章程，又設領事官於英領新嘉坡、日本諸港、北美合眾國諸港、西班牙屬喀巴布哇等處……」〔註218〕。「喀巴布哇」即古巴，駐古巴總領事設於光緒五年。

（二）部分周邊國家

1. 俄羅斯

書中俄國最早出現在第六章《聖祖平噶爾丹之亂》：「噶爾丹素倔強有勇略，於是率三萬騎入寇，沿克魯倫河而下，聲稱借俄國火器兵六萬，將大舉內犯。」〔註219〕此「聲稱」為虛張聲勢。

第七章《聖祖之外交》：「康熙廿年，俄國遣使來議約，聖祖固拒不允。先是俄派全權公使裴誇甫通國書，請議條約未允。至是執前議不移，俄乃遣軍略黑龍江畔。」〔註220〕「派全權公使裴誇甫通國書」當指康熙十五年米列斯庫使團來華事。

「聖祖雖知俄國疆域日闢，必為後患，以當時北邊有事，未遑遠征。至二十四年始討俄，以薩布素率精兵萬五千下松花江，溯黑龍江，圍俄軍于阿勒巴廩寨，即雅克薩城，破之。俄軍寡不敵眾，遂請和。薩布素乃俘俄人致之北京，且傳命毀其營，使戍兵悉退至聶爾琛司克（即尼布楚城），由是駐於艾琿城。俄將擔蒲經棄粮走。明年，聶爾琛司克戍將烏拉沙與卑通、擔蒲經共入阿勒巴廩修城堡，增兵勇，以防清軍再襲。薩布素聞俄軍再入其寨，出兵攻之。俄軍堅守不下，飛請北京援兵。聖祖發大軍應之。苦戰未決勝負，會飛騎由京至，曰兩國和議已成，宜復修好，於是各收兵還國。尋此和議所由來，蓋當時俄國欲拓邊境，遣公使威紐夸夫至北京，與朝廷議疆界條約，又遣副使洛甘諾夫贊之。時聖祖將率大軍征噶爾丹，遂亟應其請。」〔註221〕「擔蒲經」即俄雅克薩督軍托爾布津，「烏拉沙」即尼布楚督軍弗拉索夫。「卑通」即受僱於俄方的

〔註216〕應為「五」。
〔註217〕第 498 頁。
〔註218〕第 541 頁。
〔註219〕第 459～460 頁。
〔註220〕第 461 頁。
〔註221〕第 461～462 頁。

普魯士軍官拜頓。「威紐夸夫」即文紐科夫，亦作維紐科夫。「洛甘諾夫」即法沃羅夫。

「廿八年，清俄兩國議定新界條約，所謂聶爾琛司克條約是也。當時以內大臣索額圖為使，在京教士鄒比倫、培伊爾輔之，赴俄屬聶爾琛司克寨，與俄使締約。俄以蓋洛渾（舊譯作費耀多羅）與聶爾琛司克將軍烏拉沙（舊譯作額里克謝）與議。此條約清國頗占利益。何則？俄因是約撤黑龍江畔之堡寨，沿失爾哈河、阿爾功河，及格里必齊河，踰什塔乃什愛山，至疴歌德斯克海，舉其南之地悉歸之清國。且互市處惟限于恰克圖、堛爾巴爾集兩地，蓋屈於清廷之威也。」〔註222〕「鄒比倫」即法國人張誠，「培伊爾」即葡萄牙人徐日昇。「蓋洛渾」即戈洛文。《尼布楚條約》中並未規定互市地點。

「康熙三十一年，俄彼得遣特使至清，聖祖知俄使意有所不洽，厚遇之，使毋悖其意。當時彼得與中國交，陽示親睦，陰為兵備，屢將興師問罪，顧以波蘭、瑞典、土耳其之役，無餘力抗清，且相距遼遠，未遂厥志。迨康熙四十四年，彼得復遣其大臣伊司買洛夫與臺蘭穀來議改正條約，聖祖拒之，以虛禮周旋。俄使怫然，以為如是終無以致命，急告歸。北京俄公使乃牒請其代留臺蘭穀〔註223〕駐清，因繼前公使之志，迫清廷以改約。清政府以未奉上旨辭。至議通商，則曰貿易小事耳，兩國交誼，不係乎此。嗣後臺蘭穀以哀的美敦書致清廷，始允互市，然止於兩國境上，不得及他所。俄多方狡謀，皆不得逞云。」〔註224〕「伊司買洛夫」即伊茲瑪依洛夫，或譯伊茲麥洛夫。「臺蘭穀」即朗格，或譯郎克。二人出使在康熙五十八年，次年到達北京。「哀的美敦書」（ultimatum）即最後通牒，亦作哀的美頓書。

第十六章《伊犁之爭》：「光緒之初，伊犁民人藉端紛擾，俄國商民被害者眾。俄政府乘機使科哈夫士克將軍率兵鎮壓之，以恩威招撫土民。各路土民靡然從之，亂平。俄遂以保護為名，占據伊犁。先是，喀叶〔註225〕噶爾酋長阿古柏舉兵，各路不逞之徒，亦群起而抗清，勢頗猖獗，蓋陰受俄國將軍所嗾也。於是清政府簡左宗棠為總督，率兵討之。地方遼闊，饋餉不繼，然卒擊破之，逆酋授首，邊陲以戢。宗棠以喀什噶爾既平，欲乘勢規復俄所占之伊犁，清政府乃促駐紮邊境之俄官，將伊犁交還。開議數次，始由兩國全權使臣

〔註222〕第 462～463 頁。
〔註223〕應為「穀」，下同。
〔註224〕第 463～464 頁。
〔註225〕應為「什」。

於拉哇基議定交還條約。俄多所要索，清政府不允，當相持未下時，清國忽出奇計，召還使臣崇厚，下之獄。後由俄公使緩頰，始赦之云。」〔註226〕「科哈夫士克」即俄七河省省長兼駐軍司令科爾帕科夫斯基。「拉哇基」即雅爾塔的里瓦基亞行宮。

「清政府決意策廢拉哇基之約，以曾紀澤為全權專使，遣往俄京聖彼得堡，再與開議。未幾約成，其款係俄國交還伊犁，清國出償金若干。和平結局，於是伊犁之紛議始解。時光緒七年（西一千八百八十一年）也。當初開議時，俄國遣艦隊向支那海，使勒塞夫士克督之。此時清人亦日治戰備，已而俄國竟允所請，議論益囂。當時兩國礮彈不相接者，間不容髮。伊犁紛議雖平，而清政府仍不懈警備。勒塞夫士克將軍所統艦隊之離支那海也，亦益力于整頓軍務云。」〔註227〕曾紀澤於光緒六年六月抵達聖彼得堡，次年正月簽約。

關於《伊犁條約》的簽訂，「在俄國議論亦分二派，黑龍江總督考夫門將軍，主索清國賠款，以充造鐵路之用，而不宜開戰。蓋當時俄國不獨財政艱窘，且由歐俄至西比利亞之東方，運兵運糧，均有未便。允清國和平訂約者，亦以此故。」〔註228〕「考夫門」即考夫曼，其為俄國土耳其斯坦總督，或稱突厥斯坦總督，而非「黑龍江總督」。「西比利亞」即西伯利亞。

第十九章《日清之戰》中稱：「俄羅斯之東略也，意在得東亞之海權，既得烏蘇里河〔註229〕以東地，乃窺伺遼東。日遼〔註230〕之約成，遼東割，俄乃聯合法德以爭之。日本不得已，遂還遼東，而復得償銀三千萬兩。日清之戰畢，清乃與俄締密約，許俄人屯兵築路於東三省，以酬其策〔註231〕，而俄人之政策，漸底於成矣。」〔註232〕所述為三國干涉還遼及《禦敵相互援助條約》（又稱《中俄密約》）的簽訂。

第二十一章《義和團之亂》中稱：「端郡王之擅權也，排外之檄，瞬及東三省，黑龍江將軍壽山應之。時東清鐵路保護之俄兵，亦戒嚴以待，壽山遂攻

〔註226〕 第 495～496 頁。
〔註227〕 第 496～497 頁。
〔註228〕 第 497 頁。
〔註229〕 應為「江」。
〔註230〕 應為「清」。
〔註231〕 應為「勞」。
〔註232〕 第 512 頁。

哈爾賓〔註233〕（在吉林城之北，鐵路總跕〔註234〕在焉），並由愛琿攻入俄境，
俄人乃大舉敵之。」〔註235〕端郡王即載漪。東清鐵路，亦稱東省鐵路，由前
述《中俄密約》而起。

　　「俄之進兵也，東路由琿春，阿格司託夫將之；中路由三姓，薩哈陸夫將
之；西路由愛琿，克楷哥夫將之。東路中路，長驅至哈爾賓，西路則取道墨爾
根，節節進攻。七月中旬，遂陷齊齊哈爾，壽山自殺。俄軍大肆虐殺，黑龍江
一帶，本稱地廣人稀，至是幾無孑遺矣。」海蘭泡慘案和江東六十四屯慘案就
發生在此時。

　　「俄軍既克齊齊哈爾，乃合兵入吉林，轉向奉天，所過肆劫殺，哥薩克騎
兵尤殘忍，清兵官吏莫敢不奉命。時英德軍已於七月中旬陷山海關，而自關以
外，則悉入俄人手。俄置兵十八萬以鎮壓之，而挾盛京、吉林兩將軍，以號令
其所屬。」〔註236〕這兩段對俄軍的殺虐有所揭露。

　　「俄之據東三省也，脅盛京將軍增祺，與之訂約，陰聽俄人之節制。列國
之守天津也，陰與相持。天津既還，俄亦撤兵交還，然其保路權，與轄制權，
較前倍大，是為交還東三省之案。」〔註237〕增祺所訂之約為《奉天交地暫且
章程》。

2. 敖罕

　　書中未見浩罕之譯法，全書均稱該國為敖罕。第十章《高宗鎮定回疆及
緬甸》中寫道：乾隆「二十五年，和卓木棄城，驅人畜，踰蔥嶺西遁，欲投
敖罕之安集延。遣使往敖罕，不報，乃超〔註238〕巴達克山……」，「回部悉
平，王師凱旋。於是蔥嶺以西之布魯特、愛烏罕、博羅爾、敖罕、安集延、
巴達克山諸國，皆遣使來朝」〔註239〕。安集延為敖罕屬部，引文下半句把
兩地並列作為「諸國」不妥。

　　第十一章《嘉道間川湖及回疆之亂》中寫道：「……道光五年……敖罕之
酋亦率兵萬餘援張格爾，遂陷喀城，並陷英吉〔註240〕爾、葉爾羌及和闐。帝

〔註233〕應為「濱」，下同。
〔註234〕應為「站」。
〔註235〕第 519～520 頁。
〔註236〕第 520 頁。
〔註237〕第 524 頁。
〔註238〕應為「趨」。
〔註239〕第 471 頁。
〔註240〕漏「沙」字。

命陝甘總督楊遇春馳赴哈密，會諸軍進剿。已而伊犁將軍長齡、山東巡撫武隆阿等合軍會擊，大破之，擒張格爾，檻送京師。長齡檄諭敖罕、布哈爾縛獻逆裔眷屬，敖罕遣使來賀，然不獻逆裔眷屬。帝命絕其互市困之。道光九年，官軍敗績於卡外，喀城及葉爾羌被圍，焚掠回莊。帝使長齡檄諭敖罕，復許入貢通商，移喀什噶爾大臣駐葉爾羌，於是回疆之亂稍戢。」〔註241〕敖罕援張格爾在道光六年，張格爾送京在八年。敖罕兵圍喀什噶爾及葉爾羌在道光十年，次年道光帝諭示長齡許敖罕通商。

3. 日 本
（1）關於日本侵臺及相關談判

《支那近三百年史》中並未記載順治初年送還日本漂民事，亦未提及同治年間通好通交事。第十五章《臺灣之爭》中寫道：「同治十一年（明治五年），日本琉球藩民，遭風漂至臺灣東部一番地，土民暴殺之。明年（明治六年），小田縣民爾漂至該處，復遭凌虐，於是日本政府派參議副島種臣為全權大臣，與清政府理論。李鴻章答之曰：『臺灣東部，是我化外之民，伐之與否，一任貴國之意。』日政府乃簡陸軍中將西鄉從道為都督，興師問罪。清政府聞日軍進擊，移書拒之。駐清日使柳原前光君，與清國大臣往復辯論，事久未決。日政府遂以參議兼內務卿大久保利通為全權大臣，再至清國理論。」〔註242〕琉球難民遇害在同治十年，次年日本方設琉球藩。「小田縣民」即《清史攬要》所述「備中民」事。所引李鴻章之語前已述，此並非其原話原意。

「大久保之至北京也，將面謁清帝，清國藉詞拒之，乃與恭親王及各大臣開議，皆藉端不屈，和戰之論頻起。遷延久之，大久保將罷議奮袂歸，英國公使威妥瑪居間調停，命清國償金五十萬兩，互訂條約，事遂寢。大久保為人沈毅，臨事善斷，凡根盤節錯、人不能為之事，俱處之晏然，且精神益銳，把持愈堅，故於臺灣之葛藤，不肯苟且將事，務持大體，及英公使調停，相機應之，此葛藤之所以解也。和約既成，乃撤駐臺日兵。時同治十三年（明治七年，西曆一千八百七十四年）也。」〔註243〕此段敘事全從日方視角，其中「命」字之不妥前文已述。

〔註241〕 第476～477頁。
〔註242〕 第494頁。
〔註243〕 第494～495頁。

（2）關於日本逐步併吞琉球

《總論》中有「琉球亡於日」〔註244〕一句，並未詳述，正文中則稱「同
治十一年（明治五年），日本琉球藩民，遭風漂至臺灣東部一番地，土民暴殺
之」〔註245〕。日本自行設立琉球藩就在這一年，而事發實在前一年。最終日
本於光緒五年（1879）吞併琉球。

（3）關於甲午戰爭

第十九章《日清之戰》：光緒「二十年（西一千八百九十四年，明治二
十七）四月，朝鮮東學黨，作亂於全羅、忠清兩道，政府大擾，焚王妃閔氏
族。閔泳駿乞援於袁世凱，徵清兵。日本聞報，急派大鳥圭介率海軍馳入漢
城，橄軍艦兼程趨仁川，而陸軍則由廣島陸續前往。時清兵則駐於忠清道之
牙山。」東學黨起事於前一年，這年四月連戰連勝，五月日軍和清軍先後赴
朝。

「大鳥圭介以是否獨立國詰朝鮮，朝鮮政府，不知所答，電詢李鴻章。日
本人密斷其電線，報不達，則勉以獨立答。日人促其政府逐清兵，並要以供養
日兵，朝鮮人力拒之。」大鳥圭介光緒十五年任日本駐華公使，十九年兼任朝
鮮公使。

「時清國以東學黨既平，促日本撤兵，日本則逼朝鮮政府，令促清國撤
兵。各執《天津條約》為辭，議不決。會清國又執朝鮮為藩屬之說，日本乃
鳴其背約之罪，藉扶持朝鮮獨立之說，以發令宣戰。」〔註246〕所述為光緒
十一年《中日天津條約》中，朝鮮若有變亂重大事件，兩國均可出兵的條款。

「先是，七月二十五日，清國運兵船，將赴牙山，日本遊擊艦隊邀擊沈之。
二十九日，其陸軍攻牙山之清兵，大敗之於成歡。八月初一日，日本乃發宣戰
之詔，命陸軍大將山縣有朋，率第一軍入朝鮮。」豐島海戰在光緒二十年六月
二十三日（1894年7月25日），本段及下段時間為明治二十七年日期。

「清兵既敗於牙山，提督葉志超，退保平壤，提督左寶貴、衛汝貴援之。
九月十五日，日軍急攻平壤，力戰拔之，乘勝窮追，渡鴨綠江，侵入清境，
連陷遼東諸廳縣。當是時，清海軍提督丁汝昌，率艦隊十艘，護運兵船入鴨
綠江。日本海軍中將伊東祐亨，率艦隊十一艘邀之。九月十七日，兩軍遇於

〔註244〕第431頁。
〔註245〕第494頁。
〔註246〕第510頁。

大東溝外，劇戰二時許，清失四艦，而日艦之負重傷者亦三。然清艦自是不復出。」黃海大東溝之戰共約五小時。

「時清國海陸連敗，李鴻章駐天津調度，而日本天皇，亦移駐廣島以為策應，令陸軍大將大山巖，統第二軍趨遼東，陷旅順，更渡海入山東省，陷威海衛。」[註247] 旅順陷落在光緒二十年十月，威海衛陷落在次年正月。

「二十一年正月，清國餘艦屯劉公島，日兵海陸逼之，沈其三，虜其九，於是靡有子遺，而營口、田莊臺相繼陷。澎湖群島，又猝被奪於日軍。清廷大震，介美使求和，不可。二月，命李鴻章為全權大臣，赴日議和。……」李鴻章為全權大臣在正月，二月赴日。

書中述《馬關條約》要點如下：

一公認朝鮮為獨立國。

二割遼東半島，及臺灣、澎湖群島，以與日本。

三賠償兵費二萬萬兩。

四開沙市、重慶、蘇州、抗[註248]州四口，並准內河通航。

[註249]

作者隨後分析三國還遼及其影響，前文已述。

第四節 《支那近三百年史》中的清代典制

書中第四卷屬於專門史範疇，記述了清朝的部分典章制度，此為《支那近三百年史》較前述日本清史諸專著的創新之處。該卷共有九章，內容包括：文學，宗教，官制、民制，賦稅，兵制，海軍，幣制及度量衡，風俗，工商。以下分別論述。

一、文　學

第二十二章《文學》共分七段，其中一段誤斷，實有六段。首段為綜述：「清代文學頗盛，奇傑之士，彬彬輩出。其文章之勁拔鬱森，上凌唐宋。康熙、乾隆兩朝，又網羅漢人之飽學者，使從事於《康熙字典》《淵鑑類函》《佩文韻府》《大清會典》《四庫全書》等之大編纂，常優禮儒臣，文運日益昌，

[註247] 第 511 頁。

[註248] 應為「杭」。

[註249] 第 512 頁。

以故才人輩出,超軼前古。乾隆以後,漸與歐美各國通商,其政治經濟,往往相形見絀。外國學術以次輸入,遂為中國開新學界云。」〔註250〕作者將清代文學以乾隆為界分為前後兩個特點不同的階段。

次段列舉清代散文家:「古文之名大家,有韓〔註251〕、魏、廖、姜、汪、邵諸人。侯方域,字朝宗,著《壯悔堂集》,商邱人也。魏禧,字叔子,一字冰叔,寧都人也。廖燕,字柴舟,曲江人也。姜宸英,字西溟,慈溪人也。邵長蘅,字子湘,寓武進湘湟里。汪琬,字苕文,號鈍菴,長洲人也。汪嘗病明季嘉隆諸子,摸擬秦漢,文章大衰。侯於舉世昏迷之中,獨倡韓歐之學,以古文鳴於世,年三十七而卒。繼起者為魏冰叔,其文與朝宗相伯仲,世稱魏侯。侯以氣勝,魏以力勝,而廖以才勝。姜、邵亦俱工古文詞,邵之詩雄偉〔註252〕。汪之文界乎廬陵、震川之間,專以法勝,性喜獎借後學,常教之曰:『學問不可無師承,議論不可無根據,出處不可無本末。』其詩以餘力為之,贏秀有致。又有吳成佐、裴璉、魏際瑞、俞長城、尤侗、毛奇齡、陳廷敬、姚鼐、馮景、任兆麟、方苞、管同等輩,聲望亦頗著。」〔註253〕其中廖燕、吳成佐、裴璉、俞長城、尤侗、任兆麟六人未見於《清朝史略》。

第三段分述清代詩人:「至於詩詞名家,則有施、朱、王、龔、曹、袁諸人。施閏章,字尚白,一字愚山,宣城人也,文章醇雅,尤邃於詩。如:『秋風一夕起,庭樹葉皆飛。孤館百憂集,故人千里歸。嶽雲寒不散,漢雁去還稀。遲暮兼離別,愁君雪滿衣。』乃其傑作,王阮亭最愛之。朱彝尊,號竹垞,秀水人也。其詩體大思精,牢籠萬有,所著有《日下舊聞》四十二卷、《經義考》三百卷、《明詩綜》一百卷,恒自笑曰:『平生無大過人處,惟詩詞不入名家,文不入大家,庶幾可以傳於後耳。』王士正,字貽上,一字院〔註254〕亭,別號漁洋山人。其論詩上遡三百篇,下逮漢魏六朝唐宋元明之製,無不窮其派別。其精要見于論詩三十六絕句。凡所吟詠,浸淫於陶、孟、王、韋諸家者最為多。要之〔註255〕清朝詩人,或尚風格,或矜才調,或崇法度,唯漁洋獨主神韻。神韻得而風格、才調、法度悉振,實韓、蘇以

〔註250〕 第 527 頁。
〔註251〕 應為「侯」。
〔註252〕 似有闕文,未評價姜宸英。
〔註253〕 第 527～528 頁。
〔註254〕 應為「阮」。
〔註255〕 此處誤分段。

後第一詩人也。龔鼎孳，字孝升，別號芝麓，合肥人也，著有全集《三十二芙蓉齋稿》，調高詞婉，立意精絕。曹溶，字秋岳，別號倦圃，嘉興人也。其詩意匠深穩。袁枚，字子才，號隨園，錢塘人也，亦以詩文雄視一代。又如周亮工、惲壽平、高士奇、陳廷敬、徐乾學、宋琬、王士祿、吳雯、高詠、宋犖、潘來〔註256〕、汪楫、湯右曾、查慎行、吳士玉、李紱等，皆以詩鳴。」〔註257〕「陶、孟、王、韋」當指陶潛、孟浩然、王維、韋應物四位山水田園詩人。「韓、蘇」指韓愈和蘇軾。所述曹溶、周亮工、高士奇、王士祿、吳雯、高詠、宋犖、汪楫、吳士玉九人未見於《清朝史略》。

　　第四段分述史學家：「歷史名家，有顧、趙、錢諸人。顧炎武，字寧人，號亭林，性絕奇特，自幼潛心經史之學，明末奮欲有為，不得志，以窮約老，然其憂國憫民之志，未嘗少衰，足跡半天下，所至與賢豪交，考其山川風俗，疾苦利病瞭如指掌。其於史也，援古今證〔註258〕，議論卓越，往往有獨得之見。著有《日知錄》，經義、文學、官制、吏治、財賦、典禮、輿地等一一疏通其源流，考正其謬誤。趙翼，字耘松，號甌北，陽湖人也，學通古今，後出守粵徼，陳桌黔南，從軍於瘴癘之鄉，備嘗艱苦，中年引疾歸，優游山水間，以著書自娛。著有《甌北詩集》《陔餘叢考》《簷曝雜記》《廿二史劄記》等書。按：《廿二史劄記》，最為有益史學之書，其記載之傅〔註259〕，體例之精，議論之確，識見之宏，實為二千年來有數之文字。錢大昕，字曉徵，號竹汀，嘉定人也，著有《廿一〔註260〕史考異》，精確不刊。」〔註261〕趙翼亦字耘崧、雲崧。書中未述王鳴盛及其史學成就。

　　第五段談文學評論家：「批評大家有金聖歎。聖歎妙心俊腕，長於理解，一經抉摘，流麗奇特，出神入化。凡所批評，有《左傳》《國策》《莊子》《史記》及說部之《水滸傳》《西廂記》《金瓶梅》等書。嘗言畫咸陽宮殿易，畫楚人一炬難；畫千里舳艫易，畫八月潮勢難。其所評之書，皆有畫火畫潮之妙，而於《水滸傳》尤竭畢生才力，嘗自言曰：『天生絕筆，自有筆墨，未有此文，自有此文，未有此評。』又曰：『天下之樂，第一莫若讀書，讀書之樂，

〔註256〕應為「耒」。
〔註257〕第528～529頁。
〔註258〕兩字錯置。
〔註259〕或為「溥」。
〔註260〕應為「二」。
〔註261〕第529～530頁。

第一莫若讀《水滸》。」蓋於東西古今間，凡批評小說之大家，無能出其右者。」此段可補《清朝史略》之缺。

末段述晚清學術：「清代之文學，皆務述古，雖於一時彬彬稱盛，而當此競爭急進之世，實不能永保其國風。自外交失敗以來，東西文明，日以接觸，嚴復倡導哲學，李善蘭發明數理諸學。比年以來，崇尚編譯，游學之士，競求專門，歐西文明之潮流，滔滔灌入，雖尚少卓然成家者，而文學之面目一變矣。」《清朝史略》中清初數學家梅文鼎有傳，未記近代數學家李善蘭，而嚴復成名之時，其書已出。

二、宗　教

第二十三章《宗教》共有十餘段，依次詳述清代的佛教、道教、伊斯蘭教和基督教。

首段總論清朝的宗教政策：「中國者，自由宗教之國也。故清政府於喇嘛教、佛教、道教、回教及天主、耶穌等教，苟其無害於民，皆不為之制，且視各宗教殆如便於治國者，雖從來慓悍殺伐之蒙古人，其君長爾躬信喇嘛教，編入回教徒於八旗，命僧道掌朝廷祈禳之事，遇之甚厚。而其最所崇奉者，莫如儒教，無論滿漢人，皆無能越其範圍。蒙古人除嫡嗣外，自餘概為喇嘛教徒，其宗規嚴戒殺伐，古來強悍之風，賴以稍戢。」〔註262〕

關於藏傳佛教：「喇嘛教有二派，一曰黃教，一曰紅教（即佛教〔註263〕）。紅教以釋迦牟尼為祖，周末始由印度入西藏〔註264〕。後有巴斯發者，興紅教行於西藏、蒙古、滿洲，漸及直隸、山西、陝西、甘肅、四川各省。清帝所崇者為黃教，其教創自宗喀巴。宗喀巴一名羅卜藏札克巴，明永樂間生於西寧衛。在西藏甘丹寺得道，成化十四年示寂。初，喇嘛教徒皆服紅綺禪衣，遵印度袈裟之舊制，紅教專持密呪，其流弊遂以吐火吞刀等事惑俗。宗喀巴初修紅教，既而有改革之志，乃會眾黃其衣冠以自異，於是始稱黃教。又遺囑其二大弟子，使累世呼畢爾罕（譯言化身）轉世，演大乘經。其二大弟子，一名達賴，一名斑〔註265〕禪，皆臨死指示其再生之所，果有其徵，神通自在，弟子迎取而立之，故常輪迴無已，不昧本性。達賴斑禪二人，易世互為

〔註262〕第531頁。
〔註263〕誤。
〔註264〕誤。
〔註265〕應用「班」，下同。

喇嘛教師。紅黃二教，其所異者，紅教在娶妻傳子，黃教不娶妻，唯以化身轉世傳燈而已。」〔註266〕佛教由釋迦牟尼於公元前 6 世紀至前 5 世紀創立於古印度，在公元前後傳入中原，傳入西藏當在 7 世紀中葉。「巴斯發」當即為八思巴，亦作巴思八，其為藏傳佛教薩迦派（花教）第五代首領，紅教則為藏傳佛教寧瑪派。宗喀巴所創之黃教為藏傳佛教格魯派。

　　「凡喇嘛教徒，道行並高。轉世者稱胡圖克特，使達賴及斑禪證之，分掌教化。達賴及胡圖克特示寂時，於世中尋已轉世之呼畢爾罕，由向之達賴喇嘛所囑拉穆吹忠者，設法降神其體，指出呼畢爾罕所在，訪求迎歸。乾隆帝斥其妄，謀改革之。設一金瓶於布達拉大寺中，又設其一於北京雍和宮，將所報出呼畢爾罕數人之名字誕辰，納於瓶中而掣之，使為定制。喇嘛之中，有札薩克喇嘛、副札薩克喇嘛、閑散喇嘛、德木齊、〔註267〕格思規等名，又有加國師、禪師等號者，分駐各蕃地及蒙古部落，而青海之察罕諾們汗、庫倫之擇卜尊丹巴，北方之掌印札薩克大喇嘛，皆為胡圖克特而最有威權者，然皆不得不隸屬達賴、斑禪二喇嘛。達賴喇嘛居西藏布達拉，斑禪喇嘛則居札什倫布。」〔註268〕「胡圖克特」即呼圖克圖，亦作胡土克圖。「呼畢爾罕」即呼畢勒罕，亦作呼必勒罕。「拉穆吹忠」，亦作拉莫吹忠，是藏傳佛教護法神白梵天的代言神巫。「擇卜尊丹巴」即哲布尊丹巴。

　　關於漢傳佛教，書中述論：「佛教之東漸清國也，始於後漢，至唐宋而益盛，元明漸衰，至清而敗壞尤極，蓋其布教任自由而無牽制，然比之喇嘛教則甚檢束。乾隆五年制曰：今後各省，不許創建寺廟，舊有者頹敗之後亦勿許修繕。又乾隆三十九年制曰：凡孤子及年未滿十六歲者，不許出家，其少年之果無父兄者暫許之，然年至二十不願受戒者，及雖二十以內得自營生計而願還俗者，聽之不拒。又婦女年未至四十者，不得出家，唯四體偏廢，或五官闕陷，實無所歸者，暫許藉養餘生。且為僧者有規例，不得擅度人為徒，縱令定規雖合，必年逾四十，始許收徒一人，又不許集眾勸化。佛教之不振，於此見矣。」〔註269〕書中未述乾隆三十九年廢除了漢傳佛教的度牒制度。

　　「管領僧尼之官，有京內外之別。在京者曰僧錄司，有善世、闡教、講

〔註266〕第 532 頁。
〔註267〕原文漏句讀。
〔註268〕第 532～533 頁。
〔註269〕第 533～534 頁。

義〔註270〕、覺義諸名，〔註271〕在府州縣者，府曰僧綱司，州曰僧正司，縣曰僧會司，以任檢察各屬僧尼之責。」〔註272〕僧錄司之官名講經，並非「講義」。

　　作者評論：「中國僧侶學識，明經典者甚少，能講經教化人者，尤絕無之，故稍有學識者，皆不信佛教。以視各教之良否，不問可知矣。如大寺院，皆富有田產，緇流坐亨〔註273〕其福。其小者但將餘屋出質取值，或募化以贍其生。宜其漸就腐敗也。」〔註274〕其中有些偏見。

　　關於道教：「道教本於老子，故以老聃為祖，以清淨無為制欲養心為旨，本不以教名。至後世乃擬佛教，設偶像，奉玉皇而以老子配之，以三官（天官、地官、水官）為神，自是始為宗教中一派。其所說有修養、煉丹、符籙等術。修養者，覓名山深洞，離隔塵世，不與人事，練氣養神，可為上仙。煉丹者，〔註275〕以丹砂烹之，煉出天地精英，服之可以長生。符籙者，書神符貼門，或佩於身，或與病者焚服之，可避魑魅諸魔。如江西者〔註276〕之張真人，其祖道陵，為漢張良後裔，世為道教主，世稱之曰張天師。又北京著名道廟曰白雲觀，在西直門外〔註277〕，元太祖征乃蠻部時，聞長春真人有德，詔招之，後携歸置於燕。今尚存道教三千卷，皆彼徒所尊敬也。道士束髮于頂，着黃衣黃冠，不娶妻，不食肉。又別有伙居道士者，與道人無異。」〔註278〕白雲觀在西便門外，並非西直門。「伙居道士」亦作火居道士，指成家結婚的道士，並非「與道人無異」。

　　「道官亦有京內外之別，在京者為道錄司，有正一、演法、至靈、至義諸名，而左右二人。各省則府曰道紀司，州曰道正司，縣曰道會司，使道士恪守清規，違者懲之。」〔註279〕至義在明代名玄義，康熙朝避玄燁諱改。僧官亦分左右，上文未述。

　　關於伊斯蘭教：「回回教，即摩罕默得教，傳自回紇之地，因以為名。回

〔註270〕應為講經。
〔註271〕原文句讀誤。
〔註272〕第534頁。
〔註273〕應為「享」。
〔註274〕第534～535頁。
〔註275〕原文漏句讀。
〔註276〕應為「省」。
〔註277〕誤。
〔註278〕第535頁。
〔註279〕第535～536頁。

紇者,今土耳其斯坦也。〔註280〕元時從軍者來華者,回紇人居多,其子孫留華,世奉其教,且地勢東漸,故天山以南諸回部,及甘肅、陝西、直隸各省,其教獨盛。其在南方濱海各地之回教徒,乃因與阿剌伯人通商而徒〔註281〕居者。現除西藏、蒙古外,中國本屬各地,殆到處有該教之徒云。」〔註282〕「摩罕默得」即穆罕默德。回紇為維吾爾族的前身,其與突厥和土耳其並無關係。

「回教徒專奉《咕嘞經》,以七日為一周,每周必集寺廟中誦經禮拜。師皆清人。其宗規,死者以白布纏之,不用棺槨。其徒皆極親睦,雖未相識者,亦危急相援。覿面時各通以隱語,不與他教人婚,惡豬肉,行旅必携膳具,最喜清潔,不食常人之物。乾隆間,平定準噶爾後,以回教徒編入八旗者,蓋以其生性悍刻,屢抗政府擾民間而籠絡之耳。其子弟為官,則懸豬頭於門前三日,任同教者嘲罵之,而後始得食豬肉云。」〔註283〕「《咕嘞經》」即《古蘭經》,亦作《可蘭經》。

關於天主教:「天主教入中國已久。陝西省長安縣,唐之舊都也。近由地中掘出一碑,上鎸大秦景教流行中國之碑,乃唐德宗建中二年所建,距今凡一千一百數十年,足證此教唐朝已入內地矣。迄明萬曆間,歐人利馬竇航海至中國傳教,先於上海建天主堂,造十字街,今民間呼之曰觀星臺。當時徐光啟等信奉此教,請建天主堂於京師,且使教士研究天象。清朝亦仿前代例,用教士司欽天監歷法,且設勅建天主堂二所於京。邇來各省信者益眾。與法國訂約後,有保護教徒條約。西一千八百七十九年四月,羅馬府宗教總會,定傳教區域於清國全部,每區中設宗教小會,便於各地傳教。」〔註284〕大秦景教流行中國碑,明天啟五年(1625)在盩厔縣大秦寺舊址出土。唐德宗建中二年為約781年,距《支那近三百年史》成書時已超過一千一百二十年。「利馬竇」即利瑪竇。

書中記其教區為:

第一區 直隸省 滿州〔註285〕全部 蒙古全部

〔註280〕誤,可參見楊聖敏《歷史上維吾爾族與突厥及土耳其的關係》,《西北民族研究》2016年第3期。

〔註281〕應為「徒」。

〔註282〕第536頁。

〔註283〕第536~537頁。

〔註284〕第537頁。

〔註285〕應為「洲」。

　　第二區　　山東　　山西　　河南　　陝西　　甘肅

　　第三區　　湖南　　湖北　　浙〔註286〕江　　江西　　安徽　　江蘇

　　第四區　　四川　　雲南　　貴州　　西藏

　　第五區　　廣東　　廣西　　福建　　香港〔註287〕

　　作者對清代在華天主教和清政府都提出批評：「該教徒之在清也，常袒教民，動輒官民齟齬。清政府不設御之之法，故民人最惡外教。其入教者，多係悍惡之徒，賴教會為逋逃藪，得欺良民。民教屢不相安者，職是之故。其尤激者，遂成義和團之役。」

　　關於基督新教：「耶穌教初於瀕海各港傳教，漸及北京，徧布各省內地。數十年來，傳教者各由其便，建醫院，設育嬰堂，不惜資財，賑濟貧民，廣施善德。故入教者日眾。其傳教者均英美兩國人。此教不似天主教祖〔註288〕庇教民，故官民罕有齟齬者，然當猝焉爆發時，則清人不能辨別也。」〔註289〕新教傳教士以英美為主，亦有德國人。

　　作者在總結中認為：「耶穌教之撫育窮黎，感化凡民也，功亦甚偉。佛教志願雖較宏大，然至今日而腐敗已極。至於儒教，乃東洋一種哲學，不可以宗教論也。耶穌教之得廣其傳蓋非人力可禁，將來必能屹立於中國各種宗教之中，其勢蒸蒸日上矣。」〔註290〕

三、官制　民制

　　第二十四章《官制　民制》分為九段。首段比較明清官制：「清之官制，略與明同，其所異者，明則一人獨任，清則滿漢並置。蓋清由異族而起，統一中國，故京職無論堂官司員，率滿漢並置，以平政權。外官則否。其官名職制，多襲明朝之舊，至於輓近，漸有改更。」〔註291〕

　　次段分述清朝中央官制：「政府之參畫機務處，曰內閣，有大學士，分文華殿、武英殿、體仁閣、文淵閣、東閣諸名。次吏、戶、禮、兵、刑、工六部。吏部掌銓敘，黜陟中外文職。戶部掌天下田土、戶口、錢穀之政。禮部

〔註286〕　應為「浙」。
〔註287〕　第537〜538頁。
〔註288〕　應為「祇」。
〔註289〕　第538頁。
〔註290〕　第538〜539頁。
〔註291〕　第539頁。

掌吉凶五禮之秩序，及學校貢舉之法。兵部掌銓選中外武職，及整練軍備。刑部掌法律。工部掌天下土木之工。各部有尚書，秩從一品；左右侍郎，正二品。其屬有郎中、員外郎、主事等官。此外政府屬衙之重者，有理藩院，掌內外藩蒙古、回部民政，所置官與六部同，而漢人不與。〔註292〕他如都察院，掌察覈官常，整飭紀綱，設左右都御史，秩視尚書，左右副都御史，位正三品；如通政使司，掌傳遞天下奏章，官名通政使，位正三品；如大理寺，掌平反重辟，官名大理寺卿，位正三品；如翰林院，掌國史圖籍、著述編輯等事；如太常寺，掌守壇壝廟社，以歲時祭祀；如鴻臚寺，掌朝會、祭祀、燕饗之儀；如太儀〔註293〕僕寺，掌均一牧場賞罰；如光祿寺，掌辦大內羞膳，及燕饗所用物品；如國子監，掌教國子及俊秀之士；如欽天監，掌測重之職，占天象以授人時。」〔註294〕作者未述僅授給過傅恆的保和殿大學士。翰林院掌院學士為從二品，太常寺卿為正三品，太僕寺卿、光祿寺卿為從三品，鴻臚寺卿、國子丞為正四品，欽天監監正為正五品。

第三段解釋官制名詞並述官制之變：「六部、都察院、通政使司、大理寺，名九卿。刑部、都察院、大理寺，名三法司。有軍國大事，則命九卿、科道會議。科道屬都察院（指六科給事中及十五道監察御史），給事中掌稽查庶政，監察御史掌糾彈奸邪，條陳治道，是曰諫官。凡朝政之得失，無不可言。職重權大，歷朝皆倚之以洞開言路，通達下情，故以敢廷諫為盡職。近來如李鴻章之威望，尚不克為其所彈。又有軍機處者，雍正時始設之，其大臣以大學士及尚書、侍即〔註295〕充選，領以親信親王，辦理軍國大事，以防機謀外洩，實今日政府重要之地也。自設軍機處，而內閣之政權遂移。總理各國事務衙門者，專管外交，咸豐之末，與歐美各國通商始設之，以恭親王奕訢、大學士桂良、戶部左侍郎文祥為該衙門大臣。其司員由內閣、部院、軍機處各司員中挑選，滿漢各設八員為定額。（尋釐訂《總理衙門章程》十條。）至光緒元年，始簡侍郎郭嵩燾為駐英公使，陳蘭彬為駐美公使。三年，訂駐外國公使章程，又設領事官於英領新嘉坡、日本諸港、北美合眾國諸港、西班牙屬喀巴布哇等處。事務日繁，同衙門之大臣常不下七八名，司員漸增，遂以總辦章京六人、幫辦章京二人、管英章京二人、管俄章京六人、管美章

〔註292〕原文漏句讀。
〔註293〕衍字。
〔註294〕第 539～540 頁。
〔註295〕應為「郎」。

京七人、管海防章京四人、司務章京六人,分掌事務。其公使有頭、二等之別,定例頭等以一、二品官充之,二等以二、三品宮〔註296〕充之,三等以三、四品官充之。其參贊宮〔註297〕、翻譯官亦分三等,而領事官有總領事、正領事、副領事之別,皆由總理衙門簡放。又當設立該衙門時,以侍郎崇厚為通商大臣,駐紮天津,使管理牛莊、天津、登州、芝罘各處通商事宜;以江蘇巡撫薛煥為欽差大臣,使管理廣州、福州、廈門、寧波、上海及長江三口(漢口、九江、鎮江)並潮州、瓊州、臺灣、淡水諸口通商事宜。是實今南、北洋大臣之濫觴也。總稅務司亦屬總理衙門,掌全國海關稅務。十九港海關,各置稅〔註298〕稅務〔註299〕一員,係外國人幫辦,以下諸人均同,而隸於總稅務司。蓋此制度實清國文明進步之一大基礎,而中外國民所宜特加注意者也。」〔註300〕出於這一認識,作者對總理衙門介紹尤細。該衙門總辦章京實為滿漢各二人。章京滿漢各十,額外章京滿漢各八,分別在英國、法國、俄國、美國、海防五股及司務廳、清檔房辦事。

第四段簡述海軍衙門:「海軍衙門,掌南、北洋艦隊及福建、廣東艦隊事務,是亦清國文明之進步,所以擾破政府自來之頑夢者也。該衙門事務章程,昔經醇王奏准遵行,自日清戰後,艦隊全失,而此衙門遂廢。」醇王指奕譞。該書下文第二十七章專述海軍軍制。

第五段述地方官制:「各省之制,以總督為首,位正二品,統轄文武,管理軍民,大率二省例置一人,如浙江、福建,稱閩浙總督;廣東、廣西,稱兩廣總督。惟江蘇、江西、安徽,則三省置一總督治之,而直隸、四川,則一省置一總督。山東、河南、山西,不置總督。又有河道總督,專掌河工;漕運總督,專掌運糧。總督之下為巡撫,位從二品,總理教養刑政,每省置之,惟直隸、四川則由總督兼管。督撫統文武各官,其專制一方之權,甚重且大。次為布政使、按察使。布政使掌財賦,位從二品;按察使掌刑名,位正三品。又有糧儲、鹽法、兵備等道,世稱之曰道臺,位正四位〔註301〕。次知府(從四品)、知州(直〔註302〕州正五品,餘從五品)、知縣(京縣正六品,餘正七品)。府

〔註296〕應為「官」。
〔註297〕應為「官」。
〔註298〕衍字。
〔註299〕漏「司」字。
〔註300〕第540～542頁。
〔註301〕應為「品」。
〔註302〕漏「隸」字。

承省，州縣承府，直隸州不屬府，而承省，亦有領縣，施行民政。自道臺以下各官，有實缺、候補之別。實缺居官行職，候補者俟有缺出，督撫請於朝而授之，或逕委署某缺。候補多者，每班或數百人，甚有需缺數十年，而終不得真除者。又有委員者，由大吏隨事檄委，辦〔註303〕理庶務，多係候補人員。地方官概用幕友，輔已〔註304〕辨〔註305〕事。此清國官制之大略也。」〔註306〕歸納清晰，可謂簡而明。

第六段述法制，並論及土地所有制：「清國刑法，亦承明制。入關以來，定《大清律例》，號為精整完備。按：中國自古無創立法制之事，凡編新法，必依舊法增損。平時各地方政務官，有須釐訂新法及舊法者，條陳於朝，交各部核議，議決頒布，使試行之，確有實際而無窒礙，然後著為定例。此大較也。其由皇帝降制特決者，殊不數觀。故清之法律，半由習慣而成者。至土地所有權，上古在官，而耕耘則聽民為之，後生種種弊竇，遂為民有，而仍歲納其賦，至今尚仍之云。」〔註307〕

第七段述選官之法：「凡入官之初，欲由正途出身者，必經考試。考試之法，朝廷簡考官分赴各省，有主考，有學政。學政所取者，曰生員。擇生員之優者，升諸國子監，曰貢生。主考所取者，曰舉人。合各省〔註308〕舉人而試之於禮部，其考官曰總裁。總裁所取者，為進士。然後皇帝臨軒親試，而賜之出身，援〔註309〕以翰林、部屬、中書、知縣等官。凡貢生、舉人、進士皆謂之正途，其由他途入者有蔭敘、勳功及捐納。蔭敘由祖、父之蔭授官，勳功則於河防、軍務著有勞績者。捐納者，以質得官者也。」〔註310〕部屬指六部各司屬官。中書指中書舍人，從七品。

第八段探討晚清政體及民權：「總之清國治術，為各政體屬溷之制。觀於各省內治，與中央政府之政體，及官制相聯繫之處，可知其槩。凡歐美、日本人，皆目之為專制虛政，蓋實際則反之。試思人口四五億，而官吏不過

〔註303〕通「辦」。
〔註304〕應為「己」。
〔註305〕通「辦」。
〔註306〕第542～543頁。
〔註307〕第543～544頁。
〔註308〕原文誤加句讀。
〔註309〕應為「授」。
〔註310〕第544頁。

－55－

三萬人,何足以統治?蓋由郡邑鎮市,各有所謂董事者,辨〔註311〕理地方
各事,不受朝廷祿位。如地方上有所興建,則官吏必考察於董事,議定而後
行之。至於普濟堂、棲流所、育嬰堂、清節堂、醫院及天津廣仁堂(中分慈
幼堂、義學、農務局、工藝局、敬節所、戒烟處六所)等,亦各由地方董事
辦理。近年又創有改過局,以收養地方流泯〔註312〕,及犯罪之徒。餘如水
利、土工、救火會,冬防局,各郡邑皆備之。天津一縣,水龍局多至四十八
處。北京五城,亦各有數十處。南京救火會名亦甚著。又如裁判民人瑣事,
及地方兵備、醵貲練勇籌於餉〔註313〕富民等事,皆非董事不辦,故常與州
牧縣令,或督撫司道等評議政務。其民人之有參政權,及自治自由之要點,
已萌芽於此。又信奉各教,及著書刊行,亦概能自由。如回教、天主教信者
甚眾,朝廷無禁止之例。唯哥老會結黨謀叛,則嚴禁之。著書出版,凡非毀
謗政府者,絕不過問。是亦自由制度,能於實際上行之者也。」〔註314〕從
中可見清末新政之成效。

末段繼述晚清民政之進步:「輓近內政,漸見進境。驛務除民設信局外,
有郵政局,光緒四年創之於天津。是為各處郵局之起點。警察有保甲,運輸有
電報、有鐵路。電報亦始於光緒四年,今已貫通各省。此等進步,實速其全國
文明之影響,而日人所宜注目者也。」作者特別提醒日方對此加以注意。其實
晚清電報光緒三年首發於天津。

四、賦　稅

第二十五章《賦稅》分為十段。首段總述分類:「清國稅則分為四:一田
賦,二鹽課,三雜稅,四關稅。關稅又分為二:一為本國關稅(常關稅),一
為外國關稅(海關稅)。」

次段分述田賦:「田賦大略,約分為二:曰條銀,徵之於夏秋,匯解戶部;
曰漕粮,徵之於冬季,歲運京倉。有漕粮者唯八省(黃河以南及沿揚子江下
游之八首〔註315〕),其中四省許以銀〔註316〕代穀。此外各省,但徵條銀,地

〔註311〕通「辦」。
〔註312〕應為「泯」或「民」。
〔註313〕兩字錯置。
〔註314〕第545～546頁。
〔註315〕應為「省」。
〔註316〕原文多一句讀。

方官於衙中備一櫃收之，是為歲入大宗。」〔註317〕漕粮除了山東、河南、江蘇、安徽、浙江、江西、湖北、湖南八省外，還在奉天徵收。光緒二十七年（1901），漕粮一律改折，僅江浙兩省酌留一百萬石海運。

第三段分述鹽稅：「鹽為海濱鹹潮所產，清政府督商販賣，其課甚重，有私販者殺無赦。全國分為七道，界限頗嚴，此道所產之鹽，不得輸至彼道販賣。其辦法各道皆同，鹽務官設於附近產鹽之所。除沿海各省外，四川為支那七大鹽場之一，以供西部各地之需用。七道鹽課，歲額不下千餘萬兩，亦國帑一大宗也。」清代內地劃分為奉天、長蘆、山東、兩淮、浙江、福建、廣東、雲南、四川、河東、陝甘共計 11 個產鹽區，並非「七道」「七大鹽場」。

第四段分述雜稅：「雜稅之略，一田地房屋賣買契價，每徵百分之三；二澤藪所產薪柴蘆葦之稅；三牛馬牲畜之稅；四當鋪及各行牙貼稅。均歸地方官徵收解省，然大半中飽。」

第五段分述常關稅：「本國關稅，取之於商品物產，歷朝相沿，清亦因之，而分各關歲入為二：一曰正稅；一曰盈餘。俱有定額，每關設監督一員榷之。徵不及額，有干吏議，所虧之銀，仍限期追賠。」〔註318〕

第六段述釐金：「洪秀全之亂，各省添募練勇，餉無所出，於是關稅之外，重徵百貨。大率值百抽三或五，謂之釐金。水陸要隘，節節設卡，星羅棋布，無從飛越。雖取之錙銖，然積少成多，各有歲額亦不下千萬，而卡員巡役之侵漁不與焉。當時賴此濟餉，以平巨憝，厥後軍務肅清，率留為地方善後之用，至今始議及裁撤云。」〔註319〕釐金制度延至民國，至 1931 年方被國民政府取消。

第七段分述海關稅：「海關設于海港，徵收洋貨入口之稅，進額頗豐，實國計之最要者也。雍乾以來，即於廣東徵收外國船鈔，及貨物入口稅。至道光時，鴉片釁起，遂開五港通商。咸豐八年，又開長江三口。尋聘英人赫德總稅務司，經理其事。歲徵全額，除解部外，酌提數成，存儲各省，以供地方之用。」聘赫德為總稅務司在咸豐十一年（1861）。

第八段述俄商關稅徵收辦法：「此外由西北陸路而來之俄商，清國亦徵其稅。其法有二：經過張家口、北通州等處常關者，則常關徵之；經過天津及他

〔註317〕 第 546 頁。
〔註318〕 第 547 頁。
〔註319〕 第 547～548 頁。

海口洋關者，則洋關徵之。據《貿易易歷史》，康熙二十八年，領侍衛〔註320〕
大臣索額圖等，與俄國使臣卑爾士克等會於尼布楚，訂和約六條，即准於蒙古
之恰克圖、尼布楚兩市貿易，然彼此均不抽稅。同治元年，總理各國事務王大
臣，會同俄國駐京使臣的罕卑葛譯訂陸路通商章程二十一款，始徵稅如例。八
年總理衙門又會同俄國駐京公使獵拉丁格，改訂同治元年所議訂之二十一款，
復議訂陸路通商章程二十二款。光緒七年，使俄大臣曾紀澤，又與俄國首相哥
加葛，及駐清公使非勒，會於聖彼得堡，後改訂章程十有七款。」〔註321〕「《貿
易易歷史》」，未知其書，或有衍字誤字。《尼布楚條約》未涉及恰克圖貿易事。

　　第九段述海關稅額：「海關自聘英人赫德為總稅務司以來，稅額漸增。初
時歲僅四百萬餘兩，至光緒十六七年，增至一千三百萬兩，各關所支經費，尚
不在此內。」

　　末段述晚清外債情況：「清國無借內債之例。近六十年來，外債纍纍，而
英最鉅，還期甚促，息金平均八厘，他國亦多借入者。」

五、兵　制

　　第二十六章《兵制》分為六段。首段總述分類：「清之兵制不一，大端別
為三種：曰八旗，曰綠營，曰練勇。」〔註322〕

　　次段分述八旗：「八旗者，太祖所編之兵，分正黃、正白、正紅、正藍、
鑲黃、鑲白、鑲紅、鑲藍諸色，滿州〔註323〕本部之兵隸之。每旗轄以都統、
副都統。其旗籍與民籍不相混。旗人蓋世襲之軍也。總數三十一萬九百三十三
人。」

　　第三段分述綠營：「綠營者，全以漢人編成，各省督、撫、提、鎮之所轄
也。兵有口糧，糧有定額，總稱之曰額兵。其總數六十一萬九百三十三人，然
口糧太薄，大半老弱充數，軍紀懈弛，無堪〔註324〕臨陣者。」

　　第四段分述練勇：「練勇者，臨時招募之兵也。嘉慶初，征討川楚教徒，
因額兵不足，始募充之。及洪秀全之亂，江忠源募楚勇，羅澤南募湘勇，後胡
林翼、王鑫、曾國藩、李鴻章等又擴其規制，大亂賴以敉平。亂平後雖節次遣

〔註320〕漏「內」字。
〔註321〕第 548～549 頁。
〔註322〕第 549 頁。
〔註323〕應為「洲」。
〔註324〕原文句讀誤。

撤，然湘楚皖三軍，皆百戰勁旅，裁存之勇，其總數尚十萬餘名，實咸豐同治間第一軍隊也。自清法之役以後，新募者亦不少。此外又有遊牧勇、回勇、番勇。都陸軍總數，凡一百九萬七千二百七人。」〔註325〕增田貢兩書未提王鑫，《清朝史略》僅提其名，該書所述王鑫事補前述日本清史諸書之缺。

　　第五段述晚清兵制之變：「胡、曾二氏之募勇也，實變清朝二百年來兵制。至輓近又取法歐洲，其變更巨云。」

　　末段述晚清編練新軍：「清法之役，清國雖占勝勢，然其編隊之制，及所用軍械，遠遜歐洲之精。既而清國政治家，議改兵制。時李鴻章首先倡議，改軍隊為德國操，然未及全軍皆改也，惟屬於李麾下者改之而已。一千八百八十年以來，李軍所練德操之兵，已有一萬八千名，隊制全依德國。此新式兵，分駐天津及沿海各處，每營置統領，督率所部恪守營規。糧餉及一切軍需，皆由統領支放。每兵三名，僱炊夫一人、役夫二人。每騎兵一名，置馬三頭，僱馬夫一人以照料之。所持火鎗，皆係德制。平時馬褥及袴皆黑青色，頭纏黑布巾。新兵以十四小隊，合成一聯隊，亦倣德國式也。砲兵有野砲兵六大隊，山砲兵四大隊，皆用克魯伯砲。其野砲以蒙古產馬六匹曳之，馬上裝配各具均德製。山砲運以健馬四頭，坦路則用一頭。其彈藥初皆購自德國，今於上海廠製之。新式步兵砲兵，頗稱完備，惟騎兵尚未盡改良。其工兵亦倣歐式編成一隊。此德操之嚆矢也。自日清之戰以來，南京設有陸軍士官學校，以教陸戰，教師亦俱聘用德人。天津設有砲兵步兵射擊學校，而各省皆以次仿辦矣。」〔註326〕「克魯伯」通譯為克虜伯。南京的「陸軍士官學校」當指江南陸師學堂。

六、海 軍

　　第二十七章《海軍》分為四段。首段述四大水師：「清國海軍，分為四部：曰北洋水師、南洋水師、福建水師、廣東水師。北洋水師，今歸北洋通商大臣統之，南洋歸南洋通商大臣統之。閩、廣統於其總督，而辦法各異。」〔註327〕

　　次段詳述海軍衙門變遷：「自清法之役後，清國廣置軍艦，設海軍衙門，專任其事。光緒十〔註328〕年（西一千八百八十五年），設海軍衙門於北京，以

〔註325〕 第 550 頁。
〔註326〕 第 551～552 頁。
〔註327〕 第 552 頁。
〔註328〕 漏「一」字。

醇王為總辦，而李鴻章、曾紀澤副之。一切規制，全係李氏擘畫，即就李舊統
之艦隊，整刷一新。先是，李聘英海軍士官琅威理為顧問，至清法開戰，琅威
理辭職，尋為本國政府召還，遂聘美海軍士官希勃林代之為提督兼教習，訂約
三年。迨希氏辭歸，仍聘用琅威理。其後海軍之進步最著，各艦均有精良巨砲，
士官熟練水師者甚眾。迨日清之戰，將領失人，軍艦既殲，衙門亦廢，而軍港
次第割讓。今除朽敝狹小之艦不計外，僅有巡洋艦四艘，寄掟於楊子江口而
已。」〔註329〕海軍衙門實設立於光緒十一年（1885），奕劻、李鴻章為會辦，
善慶、曾紀澤為幫辦。「士官」在日語中就是軍官之意，琅威理時為英國海軍
中校。「希勃林」即德國人式百齡，僅在任半年就被解職，他並非「美海軍士
官」，而是已退役的德國海軍少校。

第三段專述砲臺：「改良海軍時，並改築海岸各砲臺，悉由歐美專家主持
工事。大沽砲臺最堅鉅，備巨礮六十餘門，自義和團之役，而立約折〔註330〕
毀，然各處砲壘之建築，要莫非歐式，處處設圓臺，堅固異常，如北塘、芝罘、
吳淞、寧波、廈門、廣州、福州、江陰、鎮江、烏龍山、江窜、九江、武昌等
處皆是。」烏龍山砲臺遺址在今南京棲霞區。

末段為史論：「清法之役時，清國武備，毫無可觀，因是屢遭侵侮。近歲
自日清戰後，始知軍政兵制，不可以敵歐洲強國，乃漸加改革。蓋外交之失，
實促其改革之機者也。」〔註331〕

七、幣制及度量衡

第二十八章《幣制及度量衡》分為七段，另附一對照表。

首段總述幣制：「清國貨幣，以銀兩為本位，銅錢為補助，金則用為器飾，
唯富民貯藏之，不以為幣也。銀錢以外，所通用者，有銀莊錢號發行之紙票，
計算及授受，頗稱便利。至於國家楮幣之制，初未之見，近年始立國家銀行，
發行紙幣。銀幣種類頗多，且權衡無一定之準，最不便於商業。故各開港場內
外，賣買所用，率皆以洋銀換算，或由外國銀行匯兌。其本國貿易，每用銀號
之銀票，錢莊之錢票，實用銀兩者，亦不多見。至於銅錢，僅買尋常日用之零
物而已。」

〔註329〕 第 553～553 頁。
〔註330〕 應為「拆」。
〔註331〕 第 553 頁。

次段僅一句話：「其無定形如此，然於商業上尚無滯礙之患者，由於版圖遼闊，政府不禁自造紙票故也。」

第三段述銀幣形制：「銀幣之類，有元寶銀、小元銀、方銀、京餉銀、松江銀諸名色，皆鎔成銀塊也。其通行無一定。近年兩湖江浙閩廣諸省，始鑄造銀圓。官吏侵蝕者多，往往雜有劣質，不能行於各省。」〔註332〕元寶銀是述其形狀，京餉銀是述其流向，松江銀是述其產地，不當並列。

第四段述度法：「度量衡之制，大都定自康熙朝。度法有營造尺、律尺、裁尺三種。以營造尺為官尺。凡定斗斛權衡之式，與步測里程，丈量田地，亦皆用之。較之明代遺法頗異。明分鈔尺、營造尺、裁尺三種，則以鈔尺為官尺，一名量地尺。明之鈔尺，視清之營造尺，短一寸九分。營造尺之八寸一分，即為鈔尺一尺，同於清之律尺。明代量衡之式，步弓之法，皆以此尺為度。度法已異，量式亦因之俱異云。」量法下段有述。

第五段主述衡法，兼及量法：「權衡者，據戶部所定，有權衡、秤、戥三種，通稱官秤，又有市秤、法秤，與官秤稍異。康熙四十三年，諭：『民間所用戥秤，雖輕重稍異，然不甚懸殊，惟斗斛迥然各別，爾後一斗斛之大小，以杜弊竇，地方人民，當一體遵行。』然卒未能齊一。」〔註333〕量法並未詳述。

第六段續述衡法：「雍正元年，始令戶部審定法碼輕重，由工部鑄造，頒之各布政使。其作偽而不符者議處之。又雜項銀以市平交納者，每千兩欠三十六兩，依庫平及官平折算兌收，是官平、市平並行也。納稅限用官平，其市平、錢法平猶未改古式。」〔註334〕「法碼」即砝碼。

末段述行平：「近來外國人與清國貿易，專用行平。行平者，非清國固有之制，自歐美人以清國權衡之制不一，始折衷而作此平。輓近清人所用者，種類尤多。茲以行平百而為率，比較各平，示其用途，以資考鏡。」

所附對照表內容為：

行平百兩　　　　　　　　（除布疋衣料外與外商買賣皆用之）
新行平九十九兩九四
關平一百五兩　　　　　海關納稅用之

〔註332〕第 554 頁。
〔註333〕第 555 頁。
〔註334〕第 555～556 頁。

公法平九十九兩五	（與外商買賣洋布衣料等用之，清人買賣緞疋亦用之）
錢平九十九兩二	（以錢買賣金銀及雜貨用之）
議法平九十九兩三	買賣豆穀用之
相平一百一兩	兵營中用之
天津紋銀平九十九兩	（閩廣等處清商船運貨物售於洋貨局用之）
庫平一百三兩二	各衙門用之
京市平九十九兩二	北京各種買賣用之
京二兩平九十七兩二	衙門賞金用之
曹平九十九兩五	上海等處金銀用之〔註335〕

八、風　俗

　　第二十九章《風俗》分為十三段，其中第十段後半部分當歸入第十一段。

　　首段述宗室、旗人、漢人之別：「清國人民族籍，大別為三，宗室、旗人、漢人是也。宗室以黃帶、紅帶分支派之親疏，設爵十四級，以馭親疏及有勳勞者。第一親王，第二世子，第三郡王，第四長子，第五貝勒，第六貝子，第七鎮國公，第八輔國公，第九不入八分鎮國公，第十不入八分輔國公，第十一鎮國將軍，第十二輔國將軍，第十三奉國將軍，第十四奉恩將軍。親王之世襲者，嫡子仍襲親王，餘為不入八分公。凡屬宗室，無論有爵及閑散，皆設官學教之。警察懲罰之典，治之於宗人府，不與齊民混。旗人者，分駐防、內務府包衣等。凡旗人悉隸各旗都統，禁越界經商及為胥吏之律。漢人則士農工商，皆無羈絆。此清國族籍異治之一斑也。」〔註336〕順治十年（1653）定宗室十二級爵位，乾隆十三年（1748）加不入八分鎮國公、不入八分輔國公成十四級。

　　次段寫作者對士農工商四民的看法：「士人談政理，講名教，有尋章摘句、竭畢生精力於無用之文者。至思想高尚、識見宏遠、足當創導扶持之任者，殊不多見。其業農工商之民，勤儉堅忍，長於貿易，熟於治生，惜商人騙詐成風，而農民猶未漓淳樸云。」其中不無偏見。

〔註335〕第556～557頁。
〔註336〕第557～558頁。

第三段談南北風俗:「風俗則南北各殊。南方之廣東,其民生性悍敏,無固陋之習,由早與外人交通故也。凡各省繁盛之地,概有粵人經商。南洋諸島,華商數十萬人中,粵人尤居大半。至於江淅〔註337〕,教化夙開,文風極盛,不乏志趣遠到之士,然硜硜守舊者,亦復不少。北方風俗,如京津等處,五方雜處,土俗概淳野。漠北之蒙古人,多慓悍成習。其西南深中山〔註338〕苗子、猺黎、猓人諸種,以土產為職業,其貿易之交通不廣。稍知向化者稱熟番,餘為生番。」〔註339〕「猺」「猓」用字反映了清代的民族歧視。

第四段述服制:「服制隨時尚,與人民等級而異,然常制概同,分上衣下裳,上衣如袍掛〔註340〕、馬掛〔註341〕、褙心等,下裳如褲及套褲等,皆分單、夾、棉三種,以棉布、獸皮、綢緞製之。華撲〔註342〕因貧富而殊,夏時富人多衣紗羅,其式袖窄,而前胸右側,由上至下,皆綴鈕扣。其袍下垂及踝,腰束以帶,帶上佩時表、扇套、烟袋之類。夏初秋末,朝廷發更冠服之令,於是百官換服,民亦從而效之。朝服繡飾極麗,上衣之色主用紺,胸背前後有所謂補服者,文武各殊。其章文職以鳥紀,武官以獸紀,錯金銀絲繡之。高等官以珊瑚及玉石所製之珠掛於項,垂諸胸前,珠數百有八顆。有軍功之武人,則朝廷賞穿黃馬掛〔註343〕以榮之。冠有禮式便式二種,禮式有涼暖之別。暖者以黑色氈毧製之,形圓而向上,頂上垂纓,中安頂子。頂有珠玉金石之別,大率一品用珊瑚,二品用花珊瑚,三品用亮藍寶石,四品用涅藍寶石,五品用亮白水晶,六品用涅白硨磲,七品以下用銅。又文官由一品至五品,武官由一品至四品,概可掛珠,稱之曰朝珠。有勳勞者,則涼暖冠頂上又皆得垂花翎、藍翎,翎以鳥羽為之。又有貂皮冠,文官限四品以上,武官限三品以上戴之。涼帽多以緯製,形如半毬。其婦人之裝飾,因地而異。束髮者明代之遺風也,面施脂粉,頭插金銀珠寶等件。幼女長髻垂辮,未嫁者前髮兩分,適人者剃鬢角開額,可一望而知。老年婦人,亦多戴花。男子概柁髮辮,與其服式,皆清朝入關以來著為令者。」〔註344〕實際上一品頂珠

〔註337〕應為「淅」。
〔註338〕兩字錯置。
〔註339〕第558頁。
〔註340〕應用「褂」。
〔註341〕應用「褂」。
〔註342〕應為「樸」。
〔註343〕應用「褂」。
〔註344〕第559～560頁。

用紅寶石，二品用紅珊瑚，三品用藍寶石，四品用青金石，五品用水晶，六品用硨磲。七品頂珠用素金，八品用陰紋鏤花金，九品為陽紋鏤花金，並非用銅。

　　第五段述留鬍鬚、指甲及纏足：「男四十歲以前留鬚者鮮，以指瓜〔註345〕之長為美觀。漢人女子皆纏足，自數齡時即緊裹之，以遏其長，殆如獸蹄屈曲，而弗良於行。滿蒙旗籍婦女，無此習也。」「弗良於行」確為纏足陋習的突出危害。

　　第六段述靴鞋襪褲：「履有靴鞋之別，以革布綢緞為之。靴長沒脛，鞋短才容足。底以氈或紙及布，最下一層覆以皮。負販多着草履。民概以露腰腳為賤，雖極寒之徒，冬夏亦着襪褲，北方農夫，即耕作時亦不脫去。」〔註346〕其中有中日對比的涵義。

　　第七段述房屋居所：「房屋亦隨貧富而異，其構造分瓦屋、木屋、土屋、舟居、穴居五種。瓦屋木屋，或一層及兩層，然非富戶不辦。土屋以土壘之，屋上亦被土，北方最多。穴居穿山麓累而成屋，山陝之民為之，蓋上古之遺風也。舟居者生長東南水鄉，浮家泛宅之徒也。」

　　第八段述居所佈局及治家之法：「宅以中央之室為主，周圍建各室，面南者為正房，東西兩室，稱東廂西廂。南方設大門，故由主屋略可見各室之布置。寢處必懸帳，富戶所用什器，有足稱者。房中之窗眼甚小，以紙糊之，或嵌玻璃，不甚通空氣。眷屬概團聚一家，安土重遷，成為習慣。男婦之別甚嚴，家政由家主總理，餘輩鮮能自由者。」〔註347〕所述「窗眼甚小」者多為更需要保暖的北方民居。

　　第九段論述作者眼中的清代中國婚姻及成人禮：「姻事清人所最重也，然有一定規則，牢不可破。男女青年論婚，父母主之，不能自由己意，一聽媒妁之言，及巫覡之所為。婦人則以柔順從夫，及侍奉舅姑為主。富人有畜妾數人者。男至十四五歲行加冠禮，女行加笄禮，〔註348〕然從事虛文，無實在之關係。」〔註349〕

　　第十段前半部分述喪禮：「葬禮亦甚重之，必擇風水適宜之地，以期子孫

〔註345〕應為「爪」。
〔註346〕第 560 頁。
〔註347〕第 561 頁。
〔註348〕原文漏句讀。
〔註349〕第 561～562 頁。

繁榮。墓積土作穹窿狀。每歲春秋二季，致祭墓前。服制最重者三年，然實二十七月而除。八旗人持服僅百日。已仕者服中罷官，謂之丁艱。」〔註350〕丁艱亦稱丁憂。

第十段後半部分及第十一段述飲食：「食品饒於味，甚濃厚，品類極繁。東南主食米，西北主食粟，及燕麥、蕎麥、高粱之類。蔬果甚多，肉以牛羊雞豚魚鳥為常饌。鴨亦肥美，養於川渠，得卵以人工孚化之。」〔註351〕「烹飪之法甚多，殆亦技藝中之一科。其烹法之妙，與法人相伯仲，駕英人而上之。北京地方，一日常食兩次，早膳十時，晚四時。外有所謂點心者，晝一二時用之。上等人每餐〔註352〕必四盤四碗，半屬豬羊魚肉，半為蔬菜。富人多食冰燕湯、蓮子湯、人參湯。旗人冬時多食牛乳。筵宴肴饌，尤極珍異，不獨質美，價亦甚廉。凡歐美文明各國所可得之物，中土皆有之。其於衣、食、住屋三者，蓋不亞歐人也，唯清潔遜之。」〔註353〕作者認為中餐烹調法與法餐相伯仲，超過英國菜。中國「衣、食、住屋三者」不亞於歐洲，只是不夠清潔。

第十二段述交通工具：「至於旅行，南方非由水路，則乘肩輿，車馬非所習也；北方非車馬即騾〔註354〕轎，乘舟亦非所習也。肩輿以竹製，二人昇之行，官吏用四人，貴官八人，天子則十六人。馬車以馬三四頭曳之，農車則牛馬騾驢雜用。」此處「貴官」指三品以上官員。

末段述節慶並闡發議論：「凡新年、歲暮、中元、上巳、端午等節，皆事鬼之期也。焚香爆〔註355〕竹，舉國若狂，而中元節尤甚，有所謂盂蘭盆會者。遊戲有風箏、競渡、象棋等事，演劇則窮工極巧，最為可愛。凡此種種，皆所以表着中國之美術學，而於風土人情尤有關係，足以覘其國勢強弱之原因焉。」〔註356〕作者將節慶習俗與中華美學相聯繫，視之為綜合國力的一部分。

九、工　商

第三十章《工商》為全書結尾，分為七段，包括該書結語。

〔註350〕原文漏分段。
〔註351〕原文分段於此。
〔註352〕應為「餐」。
〔註353〕第 562 頁。
〔註354〕原文句讀誤。
〔註355〕原文句讀誤。
〔註356〕第 563 頁。

　　首段述晚清外貿及中英商務關係:「商務為清人之所長,現與外國訂約通商者,凡十有餘國。其開港場以上海、漢口為全國命脈,占楊子江之咽喉,貿易極盛。從其全體論之,則輸入物以阿片、棉布為大宗,輸出物以絲、茶為大宗。各國商業之盛,首推英國。一千八百八十五年,英在清國及香港商務總額,達於一萬萬兩之數(約二千六百萬磅),殆二倍於其餘各國之總額。中國輸出英國貨物,凡百萬擔,合其餘各國,亦不過此數。其各國進口船數二萬三千艘,內英船共一萬三千艘。清國所收洋稅總額,英居十分之五強。」〔註357〕

　　第二段比較中美地緣,論中國商業前景:「美國亦商務極盛之國也。論東西兩半球,清美實占腴壤,其緯度相同,其位置亦相類,將來商務之進益,未可限量。清國商務,夙為世界上所注目,其於商業,可占全地球第一步位,歐洲識者已豫言之矣。」

　　第三段述農業:「中國農業,亦占優等。其最重為米、麥、粟等穀(價額歲約一兆二千億佛郎),此外有茶園、蔗園、桑園等,獲利尤厚(歲額無慮十八億佛郎)。良田歲穫四五次。耕耘之暇,兼事製造,若蔗糖、菜油、苧蔴、棉布及育蠶繅絲等務。民人多自製所植農產物,以販賣之於城市,月數次以為常。」〔註358〕「佛郎」即法郎,所用數據當為法國資料。

　　第四段列舉軍工企業:「其於工業,現尚未臻全盛。天津有製造軍械局二所,一稱河東機器局,一稱海光寺機器局,皆創於同治初年。江南機器局,在上海黃浦左岸之高昌廟左近,同治五年所設也。中有船廠、鎗廠、礮場,造砲架等廠,工匠千餘名,役夫二百餘人,洋人十名,每歲費用約六十萬兩。南京製造局,創於同治七年,製造克魯伯形小砲,及格林砲,並砲架、砲彈等。福州馬尾造船所,亦創於同治初年,特置船政大臣督之,凡工人一千四五百人,歲費約六十萬兩。」〔註359〕江南製造局創立於同治四年,同治六年由上海虹口遷至高昌廟鎮。金陵製造局亦籌建於同治四年,次年完工。「格林砲」即加特林機槍。

　　第五段繼續列舉工業企業:「餘如廣州有離明館大製造所,蘇州、杭州皆有繅絲紡棉局,甘肅蘭州府有紗羅製造局,湖北有績蔴局,吉林省有機器局,

〔註357〕 第563～564頁。
〔註358〕 第564頁。
〔註359〕 第564～565頁。

而上海尤夥。織造府屬內務府，設於蘇、杭及江寧諸處，因其地產絲最旺，綢緞最精也。又如礦業會社、採煤會社、鐵路會社，亦接踵而起，多聘用外國專門家以辦理之。」廣東機器局位於廣州文明門外聚賢坊。

第六段述礦業：「煤鐵金銀諸礦，各省皆有，惟概未開採。煤礦之最著者為開平，北京左近各山尤多，蓋藏之富，推為世界巨擘云。」〔註360〕開平礦務局在灤州（今唐山市），作者當時還不知道新疆、內蒙、山西、陝西等地煤礦儲量遠超直隸。

末段述鐵路，引出全書結語：「鐵道之大事業，尚未擴張，近來建築，以盧漢為一路，粵漢為一路，惟經營伊始，尚需時日。今宇內眼光，咸炯然注射於清國，競事造鐵路、開礦山、設製造場等務，用其民之力，而博本國之大利，於是俄建東清鐵路，將底於成。夫振興百務而用外國資本，則其勢力必漸盛，而於國防及政事上，益宜注意。今將進中國於富強地位，廣開內地鐵路，誠為利便，然而近世歐洲各國，母財日增，生產力愈厚，所苦者國小地狹，無復有興業之廣場，惟以中國為東洋大陸，物產殷賑，殖民之機，狡焉思啟。中國人民，苟非幡然改弦，力圖自振，準以物競爭存之公例，恐未足與歐洲各國，並峙寰中也。此則西望鄰邦，而遙祝其努力前途者爾。」〔註361〕三島雄太郎具有強烈的憂患意識，在《支那近三百年史》的結語中從日方視角向中國提出了祝願。

〔註360〕 第 565 頁。
〔註361〕 第 565～566 頁。

第二章 《清朝全史》述要

　　《支那近三百年史》出版九年之後，民國建立，清帝退位。民國三年
（1914），日本學者稻葉君山用日文寫成的《清朝全史》由早稻田大學出版部
出版，「這是清亡後第一部全面反映清史的著作」[註1]，同年即由中國學者
但燾翻譯後在華出版。2006 年，上海社會科學院出版社將該院圖書舘所藏中
文版《清朝全史》影印再版，本書所引用者即為該影印版。

第一節 《清朝全史》的體裁結構及《原序》《弁言》

一、體裁結構

　　《清朝全史》影印版每頁 15 行，每行 35 字，如無小字註釋，每頁最多可
印 525 字，全書合計約 60 萬字。原書用句號斷句，其中有些錯誤。本書引用
時所加的現代標點均為筆者所添。

　　《清朝全史》敘事較詳，其體量是《清朝史略》的兩倍，《支那近三百年
史》的字數甚至不到該書的十分之一。

　　《清朝全史》的體裁與《支那近三百年史》相同，亦為章節體史書。

　　結構上，該書分為 84 章，各章題目如下：總說、明代對於滿洲之策略、
女真種族之遷徙、女真叛服之大略、馬市問題、明與女真之交涉、清朝之祖
先、努爾哈赤勃興於建州、金汗國之創業、明國之內政紊亂、奪取明國之遼
東、太祖死於瘡痍、第一次朝鮮戰役及其經過、太宗伐明、金國諸王之不和、

〔註 1〕朱滸《時代變革與清史研究的成長契機》，《歷史研究》2020 年第 1 期，第 15 頁。

內蒙古之合併、漢人之來歸、太宗改國號、國史編纂及文館之設立、第二次
朝鮮戰役及其歷史、與明國之對戰、闖賊李自成、太宗之死及皇位承繼、明
國亡於流賊、北京遷都、明人恢復事業之悉敗上、明人恢復事業之悉敗下、
明末清初時日本之位置、睿親王之死、三藩之平定、臺灣入清領、創業期之
財政、康熙大帝、清俄關係之始、外蒙古之併合、剌麻教之利用、西洋文明
東漸、外人傳道事業之失敗、康熙朝之庶績、雍正帝禁抑宗室、顛覆清朝之
思想、滿漢思想之調和、雍正帝及其政績、清俄通商及恰克圖條約、擴大外
藩及治藩事業、盛運期之財政、文運大興及編纂《四庫全書》、乾隆帝及其政
績、嘉慶時之民亂、八旗生計漸窮、內外發生叛亂、新疆回教徒之騷亂、西
南最初與外國關係、乾隆帝與英大使馬加特尼〔註 2〕卿、廣東外國商館與公
行、拿皮樓〔註 3〕及其對等權之主張、英國之沈默政略及其放棄、鴉片問題、
欽差大臣林則徐及其政策、鴉片戰爭及其經過、學風詩文繪畫及戲曲小說之
變遷、太平軍之大起、曾國藩起湘軍、太平軍亂中之上海、平定太平軍、對
於曾國藩之評論、平定捻黨、滿洲之封禁破除、英法聯軍入北京、同治中興、
黑龍江之割讓、清國衰弱之影響與日本之關係、對外思想之不變（創設總理
衙門）、日本全權大使副島種臣之來聘、回教徒之擾亂、雅克布白克〔註 4〕之
叛亂、伊犁事件、喪失安南之宗主權及其影響、清日初期之關係、西藏問題
之發生、教案之頻起、清日俄三國之朝鮮角逐、革新及革命、宣統帝退位。

　　《清朝全史》各章之下均有數量不等的目，在正文中於段前加著重號表
示。如第一章《總說》下設 7 目：滿洲部族之概說、滿洲部族之自負、清朝
史之發軔、明朝邊備之破壞、滿洲部族之能力、種族觀念之調和、思想之變
遷與種族之自悟。最後一章《宣統帝退位》下設 10 目：俄國之占領滿洲、
日俄戰爭及影響、蒙古問題之發生、考察憲政大臣之派遣、立憲預備之上諭、
憲法大綱之發布、袁世凱之放逐、財政之窘迫、武漢之革命、退位之上諭。

　　一些章設有節，多用甲、乙、丙、丁表示，部分章第一節前亦有目。如
第七章《清朝之祖先》首列 2 目：李成梁滅阿台、建州女真之衰微，接著纔
是《甲　俄朵里城之地位及滿洲之國號》，下設 6 目；《乙　清朝祖先之世系》，
下設 3 目；《丙　寧古塔貝勒之分住地》，下設 3 目；《丁　景祖及顯祖之死》，

〔註 2〕即馬戛爾尼。
〔註 3〕即律勞卑。
〔註 4〕即阿古柏。

下設 2 目。

第四十五章《擴大外藩及治藩事業》，可能是因為分節較多，改用（一）
（二）（三）等序號表示。該章共分 14 節：承認西藏及達賴、青海蒙古之略定、
與準噶爾汗之戰事、平定準噶爾、駐藏大臣及活佛掣籤、平定回部、緬甸之服
屬、安南黎氏之冊封與阮朝之創立、兩屬之琉球、廓爾喀之歸服、土爾扈特之
來歸、苗疆之剿治、金川之平定、外藩政策及對於理藩事業之批評。

二、《原序》及《弁言》

（一）作者稻葉君山及其《原序》

稻葉君山（1876～1940），名岩吉，號君山，日本新潟縣村上市人。其父
是村上藩士小林正行，作者後從母姓稻葉。明治三十年（1897）入東京一橋
外國語學校學習漢語，1900 年留學北京，開始閱讀《清實錄》《東華錄》等
清朝史料，學習滿語，並在華北、華中等地遊學，曾在漢口的大阪商船株式
會社支店工作。回國後受學者內藤虎次郎（即內藤湖南）推薦入阪井重季中
將幕府。日俄戰爭期間任軍中翻譯。1905 年到中國東北實地調查，1907 年又
到北京、奉天等地考察。次年受雇於日本南滿洲鐵道株式會社，在其「滿鮮
歷史地理調查部」開始研究中國東北、蘇聯遠東及朝鮮地方歷史，參與編纂
《滿洲歷史地理》。1911 年發表論文《顛覆清朝之思想》，次年寫成《清朝全
史》書稿。此外還著有《滿洲發達史》《朝鮮志》《朱舜水先生傳》等。

《原序》約三千字，落款為「大正三年三月一日著者識於東京小石川原町
之寓廬」〔註5〕，即作者 1914 年 3 月 1 日寫於日本東京小石川區原町（今文
京區白山）寓所。其文共有四段，以下依次述之。

首段曰：「予不自揣，網羅愛親覺羅氏十二朝之大事，都為一書，顏曰《清
朝全史》。抑每紀一事，綜其始末，蒐羅剔抉，鉅細不遺，則非淺學故陋如余
者所能任矣！然則齗齗焉勞翰墨，災梨棗，是亦不可以已乎？曰否，余不得
已也。明治四十四年之春（宣統三年），友人有西浮大江北登長城而歸者，謂
禹域風雲急迫，鼎革之期，當在不遠。予感其言，曾著《顛覆清朝之思想》
一篇，投於《日本及日本人》雜誌。時初夏間事耳。迨至八月，始行揭載，
不幸拙稿之露布未及其半，而革命旗幟已飛舞於漢水秋風中矣！回憶明治四

〔註5〕稻葉君山著、但燾譯訂《清朝全史》，上海社會科學院出版社 2006 年版，上
　　　冊，第六頁。以下僅註上下冊卷次及頁碼者，均為該書。

十一年時，清國怵於日俄戰爭之已事，謂島邦獲勝，肇端立憲，因而上下一
致，熱心憲政，如飢者之索食，痿者之思起。政府亦公布立憲綱領，以平等
自由餉國民。顧余所聞中國政府之決策，由於考察本邦憲政某大臣之力，而
某大臣疏陳之意見，則我國朝野人士，又實相與上下其議論。余當時喟然有
感，曾寄一稿於《日本及日本人》雜誌，文曰《何哉所謂清國立憲者》。嗣
又有《警誡北京朝廷之輕躁》一篇公之於世，其大要曰：『此次之欽定憲法，
已伏永久紛爭之種子。回首西鄰，自茲多事，一切悲劇，皆循繞於欽定憲法
之一幕而生，而二三操觚者流，謂日本憲法實垂之範，不然則清國之立憲無
自而成，以此為日本憲法學者功，並謂清日之國交亦將由是而愈形親睦。嗚
呼？何其傎也。夫日本憲法為日本歷史之特產，他國不得擬，今清國憲法綱
領取則於我，削足適屨，而於彼之歷史事實，曾不一省視，吾恐國內紛爭之
種子自此萌，而大革命之慘禍，或亦將由此而促進也。』吾為此言，吾非謂
日本憲法家不當指導清國，特彼輩以萬世一系、皇帝神聖等項，博彼國宮庭
之歡，殊不值一哂耳。當時錚錚有聲之政客，盛稱清廷措置因應咸宜，以為
國會早一日成立，則紛爭永釋，萬年有道之基由茲而不拔，其於事情不亦太
遠哉？予非好為此吹求也，不見夫樂觀者之口沫未乾，而試問今日之域中，
竟是誰家之天下乎？」〔註6〕該書「愛新」「愛親」混用，「愛親覺羅」即愛
新覺羅。書中之第四十一章亦名《顛覆清朝之思想》。此段論及清末派大臣考
察日本憲政之失誤與清廷立憲失敗而覆亡的關係。

　　次段曰：「予之研究清史也，志在瞭解中國之情事耳，譾陋之才，亦自知
於學界無裨補。顧念中國之事相，不可徒為法理之解釋，而當孳孳於繁瑣之
事實與成例之分解。余不自揣，輒欲以特別之研究，豎觀察之基礎也。然則
余何以舍唐宋元明而獨取清代哉？區區微意，固自有在。中國伊古以來，以
外族主中華，惟元與清先後相望，而其統治得宜，享國歷年之久，則清室迥
非元之所得同日語。蒙古部族之源流，由來甚遠，迄於世祖，上襲成吉思汗
父子之威望，遠慴世界，故回其馬首而東，取宋人之半壁江山也，有如拾介。
清朝則大異是，其祖若宗之發揚，不能逾明代，仙女朱果，皆後世史家獻諛
之譚，羌無事實。予嘗於明治三十八年春，神武天皇祭日，從陸軍中將男爵
阪井重季之幕，解鞍於太祖崛起之興隆街。其地即所謂永陵者也。展謁愛親
覺羅氏之祖塋，登太祖老城，長空遙矚，天氣清新，風和日麗，李花漸綻，

榆柳繞舒，穆然想見興王之氣象。時復跨馬向永陵之西得得而行，過乎夏園，則廢垣頹址，觸緒愁人，風景不殊，舉目有山河之感矣。俯視馬蹄之下，淙淙不絕西流如注者，非蘇子河耶？仰觀煙筒山一望在目，巉巖欲墜，不猶昔耶？余於是有感於所謂寧古塔貝勒 Ninguta Beile 者。及縱覽峽谷，則鼠壤瘠土所在而是，益不能不疑彼等之先祖，何以竟攻取中國本部如反手也？予於是而始有研究清史之志矣。陳書發篋，積十餘星霜之劬勞，馬跡蛛絲，差得髣髴，貿焉殺青，但篇幅有限，不能臚列，以廣乞大方家之是正，為耿耿耳。大正二年十月印行之《南滿洲鐵道會社報告書》中，滿洲歷史第二卷《建州女真之本地及原住地》《明代遼東之邊牆》《清初之疆域及附圖》皆為余研究中之一部。世之君子，以觀覽焉。」〔註7〕稻葉君山考察永陵在 1905 年 4 月 3 日。大正二年為 1913 年，《清朝全史》出版的前一年。本段作者進行了清朝和元朝的比較，講述了自己立志進行清史研究的原因。

　　第三段稱：「宋人之漢族本位思想，入元代而中衰。及朱明興於南方，則河出龍門，又一瀉而千里。予以此說證之史事，歷歷不爽。舉彼以往，方之將來，若合符節，寧猶俟論？憶昔明治三十二年冬，余以貴族院議員野崎武吉之力，留學北京。瀕行，陸羯南君介余見副島蒼海伯爵。予自少即欽慕伯爵，恨不得一親光霽，以為人類之有蒼海伯爵，猶吾日本之有富士峯也。伯爵為使清之第一任大使，曾收兩屬之琉球，置為藩王。因征韓論不相容，與西鄉南洲，翻然掛冠下野。神龍見首，想望風采，余慕之敬之。嗟夫！『功高不言賞，賞重亦復辭。雖古知名將，何以能加之？隱居寫梅花，真成高士姿。使人時觀此，倍增貞白思。』非先生題湘軍名將彭玉麟畫梅之詩乎？『嗚呼岳公何早死？若不早死國之祉。中原可復敵可殲，王室豈至詠如燬？奸人誤國古來同，忠而得死不獨公。惟公之死尤慘怛，惟公之忠尤大忠。帝鑑孔彰靈在天，墓木南向非偶然。鼓厲天下忠義氣，後賢矩矱須前賢。千載之下欽高義，自東海來表敬意。維時十月天如拭，湖山呈送清明色。』非先生訪岳武穆墓述懷之作乎？余以無限之感慨，訪伯爵於府下千馱谷邸。初晤面，即詢伯爵曰：『聞閣下曩見李鴻章於天津，李頻歎國勢不振，閣下謂中堂誤矣！中堂既絕滅髮賊，而今日乃歎國勢之不振，夫亦晚矣！此言有諸乎？』伯爵曰：『然。余爾時尚諷李中堂謂日本比中國大，中堂色不懌，予曰敝國人口三千餘萬，貴國四萬萬，其為數甚相懸絕，而余之所以有此說者，敝國

三千萬人一心,而貴國四萬萬人四萬萬心也。孰大孰小,不言而喻。中堂乃
顧而言他云。』揣伯爵之意,以漢人如李中堂不能利用其可恢復之地位,徒
供滿人之驅使,故發為此言以針砭之耳,然近代中國人之思想,求如伯爵之
晶瑩純潔,豈復可得?惟是計較利害,揣摩禍福,利之所在,不惜棄其生平
之操守,故彼等行動,常出於吾人意料之外,豈非其國之民情習慣使然哉?
以余所聞,明治十八年,伊藤全權晤李於天津,某日,李告伊藤曰:『予之
與北京朝廷,猶之貴國往年幕府與京師。予於井伊大老,不能無一掬之同情。』
語終,憮然者久之。李為此言,寓意如何,惜今日已不能起此老於地下而問
之矣。予固不能信《勸學篇》所臚舉之清朝善政,然如《新政真詮》之所批
評,則又不免失之過酷。要之,外族入承大統,果為禹域蒼生之幸耶?抑李
鴻章一流人物,果能悉舉中國人之思想而代表之耶?此必不然者也。故所謂
漢族本位思想者,遂為中流之一柱,而三百年之間清朝歷代之英主賢相,汲
汲以融和此思想為急務,卒之滿漢齟齬之迹不可掩,演繹而成歷史,則吾今此
書之所為作也。」〔註 8〕陸羯南(1857~1907),日本明治時代報人及思想
家。副島種臣(1828~1905),號蒼海,該書第七十四章對其史事有詳細記
述。西鄉隆盛(1828~1877),號南洲,幕末政治家,書中對其事亦有提及。
伊藤指日本首相伊藤博文(1841~1909),井伊指幕末大老井伊直弼(1815
~1860)。《勸學篇》為張之洞所撰,《新政真詮》為何啟、胡禮垣所著。本
段作者談及諸多晚清政治人物的軼事,講述其貫穿全書的著書目的。

　　末段云:「予之研究清朝史也,史材所關,則文學博士內藤虎次郎之指示,
備極周詳,且彼以明治四十年七月,由朝鮮至滿洲,採訪軼聞,余實隨之,並
由北京赴盛京,游開、鐵。統計前後,雖祇半載,未可云久,然使予於清朝史
之研究,得增益其樂味與勇氣者,未始非此行之賜也。迄今思之,予等乘輕便
鐵道,由安東赴奉天,當黑坑嶺頂上汽車脫線,命繫懸崖,不絕如線,既而鈔
史於盛京宮殿,訪柳條邊牆於開原威遠堡外,尋李成梁看花樓遺址於鐵嶺,展
視太宗遺甲於黃寺樓上,拓遼陽剌麻墳碑而碑面沃水凍結,斑駁成龜文,蓺膏
粱火之,凍解乃得施墨。凡此事迹,今猶歷歷在心目中也。博士嗣後數有大
連、旅順之行,余未能追隨,深以為悵。明治四十一年以後,予受南滿洲鐵道
會社之命,探索滿洲歷史。其間辱文學博士白鳥庫吉君等之提撕,得至今日。
此又不能不特表感謝之忱者也。昔邵陽魏源著《聖武記》,付梓後閱二載,頗

覺舛疏，復行刪改。當重訂本發刊時，慨然曰：『學問之境無窮，未審將來心目又復奚似。災梨之悔，豈有既哉？』旨哉斯言！今予之著此，或取材於古人，或乞助於先輩，或參考於西籍，著錄所無，補以臆斷。大雅宏達，幸舉本書謬誤之處，不吝教正，固予之所祈禱不置者也。」〔註9〕白鳥庫吉（1865～1942）和內藤湖南（1866～1934），都是日本著名漢學家。關於稻葉君山「乞助於先輩」之處，王家範教授指出：譯者但燾云「是書援引官私文書廣博，取材旁及三韓（朝鮮）乃至西方文獻，且綜合矢野仁一《清朝史講義》、內藤虎次郎《清朝衰亡論》和《清朝開國史料》、煙山專太郎《俄國黑龍江史》、田中萃一郎《太平天國革命意義》等本國人專著」。「因此，稻葉專著雖出一人之手，實立足於前此日本眾學者清史研究基礎之上，非急就之章。」〔註10〕

（二）譯者但燾及其《弁言》

但燾（1881～1970），字植之，湖北蒲圻人。清末留學於日本中央大學法學院，1905 年同盟會在東京成立，但燾任該會司法部判事，給孫中山做過秘書工作。回國後歷任國會非常會議秘書長、參議院秘書長兼憲法會議秘書長、湖北省政府委員、國民政府文官處秘書、國史館副館長等職。著有《觀物化齋詩集》《觀物化齋讀書劄記》等，譯著除了《清朝全史》，還有《蒙臺梭利教育法》等。

譯者對清史素有研究，「但燾撰《黃黎洲》一文，刊於 1903 年 1 月《湖北學生界》創刊號，是目前所知的中國第一篇近代性質的清史論文」〔註11〕。後來但燾作為章太炎創辦的《華國月刊》主筆之一，陸續發表了數十篇史學論文。他長於制度史，「但燾獨辟蹊徑十幾篇文論〔註12〕以制度史為主題，從古代中國歷史中挖掘是時最亟待解決的制度問題，選取最典型的案例與朝代進行探討，以求得其精華以哺當世。其中有論及法制史、行政制度史、學制史等方面，其文至今看來都如醍醐灌頂，敏銳發現了古代人的智慧也預見了當代社會的一些問題」〔註13〕。

《弁言》約五百字，落款為「民國三年首夏蒲圻但燾識於歇浦寓廬」，即譯者 1914 年初夏寫於上海寓所。

〔註 9〕上冊，第 5～6 頁。

〔註10〕王家范《蕭一山與〈清代通史〉》，《歷史研究》2006 年第 2 期，第 155 頁。

〔註11〕何齡修《清史研究的世紀回顧與展望》，《中國史研究動態》2002 年第 1 期，第 2 頁。

〔註12〕兩字錯置。

〔註13〕華明月《但燾史學研究》，寧波大學 2018 年碩士論文，第 1 頁。

其文未分段:「中國立國甚久,史裁至備,源流派別可得而徵。一曰正
史,以別於稗官野乘。自漢司馬遷作《史記》,刱紀傳體,後世宗之者,凡二
十三家。一曰編年,以年為綱,庶事為紀。漢荀悅綜輯《漢書》成《漢紀》,
為編年體之嚆矢。一曰紀事本末,綜括一事之起訖,研究其治亂得失之原。
宋之袁樞,取司馬溫公《通鑑》,以一事為一篇,各詳其終始,嗣是以后遂以
紀事本末得名。近世國家於典章制度法令皆以有司典編纂之事,每一官署設
文史之科,日積月累,卷帙如毛,稍加鉤稽,便成史料(如各種案牘及考察
報告、統計、會議錄之類)。故於史官,獨從闕如,正史之稱,寂焉無聞,有
由來矣。在三派中,惟紀事本末差近,宇內文化日進,事物繁賾,逐事記載,
有待專書(如西力東侵史、萬國郵政制度之類)。此體可名為別史,而非所論
於通史。新史則兼三者之長而無其短,然吾於史戚尤喜讀外人所著者,以其
大公無我,舉凡族類之競爭,朋黨之蟠詬,民治帝制之是非,忠邪順逆之畛
域,皆如蚊蚋交鬨,曾不足當其一盼,用能據事直書,發為公論,取材六合,
垂鏡千秋,可謂盛矣。日本稻葉君山,研究清史凡十餘星霜,頃著一書曰《清
朝全史》,起於明末,訖於宣統,凡數十萬言,本末俱備,煥然大文,足備學
者觀覽。歲甲寅,余養疴滬濱,諸同志取而譯之,囑余訂正,因書所感,以
代弁言。」〔註14〕「後世宗之者,凡二十三家」,此當就廿四史而言,其實紀
傳體史書不止此數。甲寅約為1914年,即《清朝全史》出版之年。

「從但燾的弁言最後『諸同志取而譯之,囑余訂正,因書所感,以代弁言』
可知,此書的實際翻譯者並非但燾一人,至少翻譯者不止一個人,只是最後署
名為訂正者但燾。況且百萬字的譯本只花了短短兩三個月,一個人是難以完成
的,據『先生之譯定《清朝全史》亦媲景濂之修《元史》充總裁官』可知但燾
在其中既為翻譯者中的一員,也是最後的校訂者。」〔註15〕《清朝全史》的譯
本字數未至百萬,不過此結論當是符合實際的。

第二節 《清朝全史》的人物及形象刻畫

和《支那近三百年史》相同,《清朝全史》中也沒有眉批,而有一些註釋
和按語。按語在正文中標有「按」字,下文可見實例。註釋是以小號字在正文

〔註14〕上冊,第1~2頁。
〔註15〕華明月《但燾史學研究》,寧波大學2018年碩士論文,第25頁。

間雙行排列，本書在行文中用括號表示。為便於比較，本節按第一章第二節的格式，根據《清朝全史》的內容略作調整，分析其人物及形象刻畫。

一、《清朝全史》中的清朝皇帝形象

（一）清太祖弩爾哈齊

書中多用明代的貶稱「奴兒哈赤」稱呼清太祖，未用努爾哈赤，亦未用努爾哈齊，不過卻用過兩次弩爾哈齊。閻崇年老師指出：「書中列表記載清太祖的兄弟：弩爾哈齊、舒爾哈齊、雅爾哈齊、巴雅齊、穆爾哈齊。這說明《清朝全史》對清太祖的漢譯名，全書並未規範統一。」〔註16〕書中第一次用弩爾哈齊在此表前，「喜塔喇氏生三子，長為太祖，諱弩爾哈齊，以明嘉靖三十八年生。」〔註17〕可見稻葉君山認為弩爾哈齊纔是清太祖的真名。

該書第七章《清朝之祖先》，第二節「清朝祖先之世系」中第三目為「清太祖稱佟姓」，作者認為：「太祖意有所圖，故與佟姓通姻。或曰太祖贅於佟氏之家，亦未可知。太祖以此內可以誇視女真，外藉遼東之著姓，對於明人，亦甚有益。是太祖之稱佟姓，出於一時權宜之計，實可信也。」〔註18〕有研究者認為「努爾哈赤冒用漢姓佟氏，沒有根據，全憑想象而已」，「正確的表述應該是：努爾哈赤姓夾谷（夾溫），漢譯為童或佟，而不是漢姓為佟」。〔註19〕

第八章《奴兒哈赤勃興於建州》第一節《幼時之經歷及復仇》，下設兩目。第一目「太祖幼時」述：「太祖幼時，十歲失母，十九歲與諸弟共離父，因繼母納喇氏寡恩，分產獨薄。親上山採人參、松子之類，持往撫順市買〔註20〕之。此太祖少年之事，滿洲旗人之苦，至今傳之。當太祖少年時代，建州女真甚混亂，明思以兵力加於蘇子河之流域。因兵力之發展，撫順互市，大受其影響。今姑以萬曆末年之情狀推之，自直隸、山東而外，且有揚子江以南之商人，往來通商。太祖對於漢人之情形，多自撫順市上得之。萬曆十一年，彼喪其父祖，多寄生活於此。因是而聞見益廣，交結四方之士。幼時愛讀《三國演

〔註16〕閻崇年《清太祖漢譯名考》，見《北京歷史文化研究》，人民出版社 2012 年版，第 45 頁。

〔註17〕上一，第 81 頁。

〔註18〕上一，第 74 頁。

〔註19〕肖景全、鍾長山《清太祖努爾哈赤祖系與姓氏問題考論》，《東北史地》2014 年第 2 期，第 49 頁。

〔註20〕應為「賣」。

義》及《水滸傳》，此因交識漢人而得其賜也。彼之父祖橫死於阿台之亂，誠
為不幸，然明人以此之故，示以好意，對於建州而稍緩其警備，不可不謂太祖
創業之幸也。父祖二人為李成梁之前導，而彼戕於明兵，太祖以尼堪之構明
兵，傾力以討仇人焉。」〔註21〕弩爾哈齊幼讀《三國》《水滸》之事，見於明
末黃道周所編《博物典匯》。所敘「尼堪」即尼堪外蘭。

　　第二目「捕殺仇人尼堪」述：「尼堪居寨圖倫城，在撫順關外，既示太祖
以迫擊之不可緩，尼堪一時又得勢。就建州女真觀之，自二祖橫死，人心離
散，蘇子河下方今營盤西南地方勿論矣，居城赫圖阿拉地方，亦通款於尼堪。
其真偽雖不詳，然因明人有推尼堪為建州主長之說，同族寧古塔貝勒中亦欲害
太祖，以歸附尼堪。太祖觀取形勢，萬曆十一年，時年二十有五，以顯祖遺甲
十三副，掩擊仇人尼堪。尼堪探知，遁於甲板。八月又討甲板，又遁。時兆佳
城主李岱引哈達兵來侵。十二年春率兵征之，獲李岱。六月，克馬兒墩。九月，
率兵五百討董鄂部。十三年率步騎兵五百討哲陳部，今蘇子河下方。十四年七
月討尼堪於鵝爾渾城，尼堪逃走撫順，明人拒不納，遂被太祖捕殺。由以上事
實觀之，太祖起兵之始，掩擊尼堪，先挫其鋒，退更征服鄰敵於佟家江，經營
漸成，然後用兵於西方。兵數其始不過五百至六百之數，自捕殺尼堪後，復仇
之名著，所謂哲陳部及渾河部，此時殆歸其掌握矣。」〔註22〕「鵝爾渾」即鄂
爾渾，「佟家江」即佟佳江。

　　第二節《諸部之合併》分為六目：「董鄂部之來歸」「長白山東北之攻略」
「哈達及葉赫等來侵」「哈達及輝發之滅亡」「蜚悠城及烏碣巖之戰」「烏拉之
亡」。

　　第一目「董鄂部之來歸」中述：「萬曆十五年正月，太祖築城於呼蘭哈達，
即今煙筒山南岡也。清記錄以此地在嘉哈河與碩里口兩界中之平岡築城三
層，並建宮室。雖既備有巍然之宮闕，實為簡單之屯寨也。彼久欲統一滿洲，
非欲徒保興京附近之野而已。其目前所最患不足者，為兵、食二大端。彼之
國力，不足以略定葉赫及哈達，在西南方面，明之兵力，此時已據寬甸之平
野，是亦除結和好外，無他策也。十六年夏，蘇万部主索爾果，與其子蜚英
東共來歸。」「《實錄》記此歲之前後，太宗〔註23〕招徠各路，環境諸國，皆

〔註21〕上一，第81～82頁。
〔註22〕上一，第82～83頁。
〔註23〕誤。

－78－

削平之，國勢日盛，明亦遣使通好，歲以金幣聘問。」〔註24〕「蜚英東」即費英東。此「太宗」應為太祖，萬曆十六年約為1588年，皇太極生於1592年。

第二、三目述及九部聯軍來攻事，述太祖「安寢如故」〔註25〕，略同《清史攬要》。

第六目「烏拉之亡」中述：萬曆「四十年春，太宗〔註26〕聘蒙古科爾沁明安貝勒之女，至是而烏拉之前途可以決矣。九月，太祖親臨松花江奪取金州城，駐營其地。十月，毀敵之六城，移營於伏爾哈河之渡口。布占泰親率重臣乘舟而來請和，不許而還。四十一年正月，太祖又進大兵於烏拉，屠其城。卜占泰身遁至葉赫，國遂亡。」〔註27〕此「太宗」亦應為太祖。末句「卜占泰」即前句「布占泰」，相距如此之近而未作統一，實屬粗疏。

第三節《與明國之交涉》分為「都督僉事之任命」「棄地之賞」「廢絕朝貢」「六堡之退種」「交涉之經過」五目，第三目中述：「太祖從明廷意旨，以其女嫁兀兒忽太（吳爾古岱），自居於保護者之地位，而哈達之璽書，則由此時而沒入太祖之手矣。三十六年九月，彼乃與建州之璽書相混合，而上朝貢之途，此為第三次之朝貢。」〔註28〕「吳爾古岱」即烏爾古岱。弩爾哈齊朝貢事見於《明神宗實錄》者共有七次，此為第六次，是年十二月乙卯在京頒賞。

第四節《內政》分為「兵力之統一」「八旗制度」「滿洲文字之創制」「女真之風俗」「喇嘛教始來」五目，其中第二、四、五目與《支那近三百年史》中述及的清朝典制相關，下文詳敘。

第一目「兵力之統一」述：「兵力之增加，由於兵制之創定，太祖收董鄂部長何和里之部眾，雖擁大兵，當時尚無劃一之兵制。清記錄所述，當時有所〔註29〕牛錄者，每三百人置一牛錄，事在萬曆三十九年。此惟各人隨意用此名，不得謂為兵制之確定也。牛錄者，女真人凡出兵校獵時，不計人之多寡，各隨族黨，行至圍場，每人出箭一枝，十人中擇一人領之，不許離隊越伍。是

〔註24〕上一，第83～84頁。
〔註25〕上一，第85頁。
〔註26〕誤。
〔註27〕上一，第87～88頁。
〔註28〕上一，第97頁。
〔註29〕漏「謂」字。

曰牛錄額真。太祖雖設劃一之制度,然部下之進退,必不願委任於多數族黨,
此觀於寧古塔貝勒,多有謀害太祖之事而可知也。又太祖頗注意於弟舒爾哈
齊,彼以萬曆二十二年朝貢於北京,當寬甸棄地時,彼與兄共受明廷之賞,其
部下兵卒亦多,舒爾哈齊有此勢力,必思所以自謀。太祖對此有勢力之弟,有
所顧忌。明人記錄曾載彼殺弟而併其兵力之事。清朝唯紀舒爾哈齊於萬曆三十
九年卒,不言其詳,亦不明其死,此必因舒爾哈齊父子兵力強大,藉事為名,
以幽殺之者也。此於天聰朝所載阿敏罪案,可以證之。」〔註30〕《明神宗實錄》
中記載了舒爾哈齊三次朝貢,其到京分別在萬曆二十三年、二十五年和三十六
年。阿敏案詳見下文。

　　第三目「滿洲文字之創制」述:「女真字即金代所作之文字,行至如何程
度,殊不可考。金亡元起時,女真字失其勢力,此可知者也。滿洲致明代之
表文,主用女真字,附以漢文之對譯,此惟限於對朝廷之公文程式然也。至
其部族,普通用蒙古字為書信,而最覺不便者,即本國之語言,必翻譯蒙古
語是也。太祖此時所感之苦痛,以統率數多部落,必須文誥,此於傳達上殊
生不便。次則以民力發達,文字尤不可缺少,太祖雖自解蒙古文,又通漢文,
無如一般部民,多智慮蒙昧,不解理義。於是知最簡易之方法,在譯述漢人
典籍,以資民智之啟發,乃於萬曆二十七年,命額爾德尼巴克什、及噶蓋札
爾克齊創制國書。此時太祖方以建州都督而任龍虎將軍,然已著手於此,寧
不可驚異耶?太祖關於國字創造之意見,其言曰:『漢人讀漢文,凡不問習漢
字與否皆知之,蒙古人讀蒙古文亦同。今我國之語,必譯為蒙古語讀之,則
未習蒙古語者,不能知也。不若以我國之語,創制新文字。』額爾德尼等以
為難,太祖因諭之曰:『集蒙古字作之,其事不難。例如阿字下合一麻字,非
阿麻乎?(滿洲語阿麻 ama,父之義。)額字下合一墨字,非額墨乎?(滿
洲語額墨 eme,母之義。)以蒙古字合我國之語音,聯綴成句,即可因文見
義矣。吾籌此已悉,汝等試書之,有何不可?』於是遂創制國書。至太宗朝,
卓越之語學者達海出,一一加以整理,遂成今日之滿洲文字矣。太祖之制字,
純用蒙古字,蒙古語音與滿洲語音之差,不能嚴格區別。例如蒙古語 Kha.Gha.
音之宇〔註31〕母,滿洲語通用於 Ka.Ha.Ga.三音,然 Aga 雨字,與 Aha 奴僕
混同。Boigon 戶口之戶字,與 boihon 泥土之土混同。Haga 魚刺,與 Haha 男

〔註30〕上一,第 100～101 頁。
〔註31〕應為「字」。

子混同，頗多混雜。達海乃於十二字頭（前十二字母）加以圈點，以立同形異言之區別。又漢字之音，難以滿蒙字書之者，更增其文字，以兩字連寫，切成一字焉。又當時太宗朝之滿文，稱曰有圈點檔案。太祖朝之滿文，稱曰無圈點檔案云。達海實於滿洲文字之集成，可謂最有貢獻者矣。彼姓覺爾察，九歲通滿漢文義，弱冠草太祖詔令。彼奉命翻譯《大明會典》及《素書》與《三略》，太祖視之稱善。天聰六年病死，時年三十八，諡文成。」〔註32〕此段詳述弩爾哈齊在老滿文即無圈點滿文創製中發揮的重要作用，並述及達海與新滿文的創製。

第九章《金汗國之創業》，先設一目「奴兒哈赤之登汗位」：「建州女真，自統括於偉人奴兒哈赤之手，發達遂著，頻攻略四方，至儼成一女真王國之形勢，前節已略述之。建州在萬曆四十四年前後間，除自今開原附近以南遼河內邊，由連山關附近通鳳凰城一帶外，凡廣漠之南北滿洲沃野，已盡歸彼掌中。即朝鮮北部，亦遭建州之侵迫，而無力反抗其領內之女真人，至得命其送還於建州，惴惴焉惟恐危禍之及己。查此時兵力之實際，蘇子河谷，至少亦屯有六萬之精兵，諺所謂『女真不滿萬，滿萬不可敵』者，今見諸實事矣。當時明與女真之爭，已成不可解免之勢，不待智者而後知。萬曆四十四年正月，奴兒哈赤自登可汗之位，國號金國，建元天命。或以區別於前代之金，稱為後金焉。據《清實錄》所載：『春正月壬申朔，羣臣集殿前，分八旗序立。太祖陞殿，諸貝勒大臣率羣臣跪，八旗大臣出班跪而進表章。巴克什額爾德尼宣讀表文，尊上為覆育列國英明皇帝。於是太祖降御座，焚香告天，建元天命。以是年為天命元年，年五十有八』云。抑建元雖屬實事，而登皇帝之位，則殊近虛誕。所以無國號之記載者，則太宗朝編纂實錄時所塗抹也。越二歲即天命三年三月，奴兒哈赤乃對明而發宣戰諜〔註33〕文，於以下之數節略述之。」〔註34〕作者於此辨析了弩爾哈齊稱汗而未稱帝之事。

其下第一節《開戰之事由》，分為「七大恨」「取撫順」兩目。首目述：「天命三年（萬曆四十六年）春正月，黎明，有黃氣貫月中。其光廣二尺許，月之上約長三丈，月之下約丈餘。奴兒哈赤望之，謂左右曰：『天意已如此，汝等勿疑，吾計決矣。今歲必征明。』」弩爾哈齊以自然天象作為「天意」，當成其

〔註32〕上一，第 101～102 頁。
〔註33〕應為「牒」。
〔註34〕上一，第 105～106 頁。

宣傳手段。「二月,告貝勒諸臣曰:『予與明之釁,凡七大恨。其餘小忿,不可
殫述。』乃頒以兵法。四月六日,率步騎二萬征明,臨行書七大恨告天……」

在錄出「七大恨」內容後,作者指出:「本文以金文為原文,又譯為漢文,
以示滿漢人等。就七大恨論之,太祖以祖父之害為恨,已略述於前。明因彼之
祖父橫死,待彼以破格之禮遇,吾人平情而請〔註35〕,覺太祖利用祖父之死,
要求進其職位,巳〔註36〕而取尼堪於明人而誅之,是再無所用其嗟怨也。他六
恨各有情理,然以此為告天之大恨,為宣戰之一大理由,其不當也明矣。此等
交涉,為兩國交界上所不能免者。據明朝所傳七大恨之中,有『我等與葉赫及
朝鮮同為藩臣,厚彼等而薄我』云云一項。此項果有之否,今不能定。要之開
戰不能無理由,建州亦有所藉口而已,不必論其事實如何也。」〔註37〕「七大
恨」確有不同版本,多種記載的內容頗有出入。

第二節《薩爾滸山戰役》,分為「明之四路出兵」「太祖之判斷敵情」「太
祖之戰略」「朝鮮援軍之投降及劉綎之死」「戰役之結局及葉赫之滅亡」《御製
己未歲我太祖大破明師於薩爾滸山之戰書事》(乾隆帝)」六目。

第二目「太祖之判斷敵情」中述評:「據《清實錄》,……太祖曰:『明兵
之來信矣,南路有駐防兵五百,即以此拒之。明使我先見南路有兵者,誘我
兵使南也。其由撫順關西來者必重兵,急宜拒戰,破此則他路兵不足患矣。』
即刻率大貝勒代善等,統城中兵前行。……太祖僅以不足一千之殘卒,當寬
甸方面,即興京城之留守,亦不過數百老弱婦女。太祖自率八旗六萬之全力
西向,其智略明決,誠可歡賞也。又太祖能認間諜之報,設疑似之兵,如清
河路遂不交一兵而卻退之,又可想見其牽制之妙矣。」〔註38〕此「八旗六萬」
可改前一章「八旗六屬」〔註39〕之誤,詳見下文。

第三目「太祖之戰略」中述:「太祖率大貝勒及四貝勒等八旗,以同月同
日午後,至界凡山之東。四貝勒等建策,先兩分全軍之總數,一面在界凡山
吉林崖,救本國之守卒,一面充薩爾滸山之防備。太祖聞之曰:『不然,令以
二旗之兵援助界凡,以四旗先攻薩爾滸山大營。薩爾滸若破,界凡之明軍自
喪膽。』再令曰:『我二旗之兵,遙對界凡之明軍,俟我兵由吉林崖馳下衝擊

〔註35〕應為「論」。
〔註36〕應為「已」。
〔註37〕上一,第106頁。
〔註38〕上一,第111頁。
〔註39〕上一,第101頁。

時，併力以戰。』方略既定，八旗全軍，準備就緒。太祖乃舉六旗四萬五千之兵，直掩擊薩爾滸山之明軍。太祖精銳兵共四萬五千，薩爾滸大營明軍不踰二萬。以四萬五千戰二萬，既難對敵，而金兵諳地利，明兵不知情實。此所以不移時即破其營也。杜松接此敗報，界凡之攻圍軍大震，狼狽失措。太祖迅以致勝之六旗，及前遣之二旗，與山上兵前後相合，四面攻入，而衝杜松之陣。」〔註40〕四貝勒即皇太極。

第五目「戰役之結局及葉赫之滅亡」中述：「葉赫酋長當時有二人，長曰錦台什（金台失），居東城，次曰布揚古（白羊骨），居西城。太祖先鋒先圍西城，次親圍東城。金兵大呼薄城，勸錦台什降。答曰：『我非明兵比，我丈夫也，我肯束手降汝耶？』不屈。金兵攻之急，遂墮城。錦台什攜妻及幼子登高臺，金兵又圍之，呼曰：『汝降速下，否則進攻。』錦台什求與四貝勒（太宗）相見。太祖乃命四貝勒曰：『汝舅言待汝至即下，汝往彼若下則已，不下即以兵毀其臺。』〔註41〕……錦台什曰：『是特誘我下臺耳。我祖父世居斯土，我生於斯，長於斯，則死於斯而已。決不降也。』建州兵乃持斧即毀其臺。錦台什自縱火焚臺，屋宇盡燬。遂縊殺之。東城已破，大貝勒代善謂布揚古曰：『汝等吾之外兄弟也，汝等降則不殺。』盟畢出城。布揚古見太祖僅屈一膝，不拜而起。太祖親以金卮賜酒，彼仍屈一膝，微沾唇，又不拜而起。是夕，又縊殺之。」〔註42〕從中可見軍事政治鬥爭的殘酷性。

第十二章《太祖死於瘡痍》，分為「廷議之弊」「王在晉政策之評論」「袁崇煥與寧遠城之守備」「太祖負重傷」「太祖遺事」五目。

第四目「太祖負重傷」中述：寧遠之敗，「據清記錄，則此時損傷遊擊二人、備禦二人、兵五百，太祖謂諸貝勒曰：『予自二十五歲以來，戰無不勝，攻無不克，何獨寧遠一城，不能下耶？』不懌累日」〔註43〕。此備禦即前述牛錄額真，天命五年改名。

作者評述：「自古兵驕必敗，太祖之攻寧遠，實為疏忽。太祖兵法有曰：攻城必操勝算而後動，若攻之不能拔，反損兵氣。今一旦自蹈覆轍，此所以自誇勇智之太祖，不勝其悔恨之念也。彼欲醫此傷瘡，是歲七月，乃赴清河，浴於溫泉，乘舟而下太子河，派人召大福金來。福金者，后妃也。至距瀋陽四十

〔註40〕上一，第111頁。
〔註41〕似有闕文。
〔註42〕上一，第113～114頁。
〔註43〕上一，第137頁。

里鼇雞堡而殂，年六十有八。」〔註44〕此清河在今遼寧本溪。

第五目「太祖遺事」中述五事：「不飲酒」「舉賢才」「即位之訓言」「兵法及軍令書」「太祖朝之漢人」。

關於「不飲酒」：「奴兒哈赤平生不嗜酒，此於太宗誡侍臣語，引太祖行狀知之。」〔註45〕其實「不嗜酒」和「不飲酒」程度有別，標題不當。

關於「舉賢才」：「世所傳太祖訓言，不免稍出於後人之文飾，然彼抱名世之才德，固無疑也。嘗訓羣臣曰：『君為天所立，臣為君所任。國務殷繁，必得眾多賢才，量能而授職。天下之全才無幾，一人之身，有所知有所不知，有所能有所不能，故勇能攻戰者宜使治軍；優於經濟之才者〔註46〕可使理國；博通典故者可諮得失；嫻習儀文者可襄典禮。當隨地旁求，列於庶位。』又曰：『嘗聞古訓，心貴正大。予思心所貴者，誠無貴於正大。卿等薦人，勿曰舍親而舉疎，當不論家世，不拘門第，舉其心術正大者。其一才一藝之士，亦國家所需也。其人若堪輔弼大業，急宜顯陟。』」〔註47〕

關於「即位之訓言」：「天命元年正月，太祖即位，訓貝勒大臣曰：『聞上古至治之世，君明臣良，同心同濟，惟秉志公誠，能去其私，天心必加眷佑，地靈亦為協應。蓋天無私而四時順序，地無私而萬物發生。人君無私以修其身，則君德清明；無私以齊其家，則九族親睦；無私以治其國，則百姓乂安。是以萬邦協和，亦不外於此。為治之道，惟在一心。』又諭羣臣曰：『賢臣翊贊朝廷，必本忠誠之心，視國家如一體，質諸天地而無慚，蓋忠誠而慈惠，則利濟必周；忠誠而敏速，則庶務就理；忠誠而武勇，則克敵奏功。施之凡事，皆可勝任。若慈惠而弗忠誠，施與必不公平；敏達而弗忠誠，更張適滋紛擾；武勇而弗忠誠，輕敵寡謀，益取敗而致亂。才具雖優，動輒得咎。故明君治國，務先求忠誠之人而倚任之也。』又諭曰：『君德明則賢臣悅，君德暗則賢臣憂。人君智慮未周，必咨詢嘉謀讜論，聽而受之，然後稱睿哲之主。人臣有聞，即以入告，且盡言規諫，乃可謂忠誠。夫事方興而即諫者上也，事已定而後諫下矣，然猶愈於不諫。求忠誠於直言，有不裨益治道者乎？』又諭貝勒曰：『用人之道，宜因人用之。有善於征戰者，惟用以征戰，不可私自驅策。若機密之地，必擇謹慎端方者處之。辭命之任，必擇語言通達者委

〔註44〕上一，第 138 頁。
〔註45〕上一，第 139 頁。
〔註46〕原文誤加句讀。
〔註47〕上一，第 140 頁。

之。俱隨才器使可耳。』」〔註48〕這些引文工整文雅，確實經過了「後人之文飾」，被收入乾隆年間編纂的《皇清開國方略》中。

關於「兵法及軍令書」：「太祖之兵法書，據天命三年四月諭貝勒大臣之命令，可窺其兵法及軍令之概要。」〔註49〕隨後引述其文。後世清廷對弩爾哈齊諭旨及事蹟有《聖訓》《實錄》《開國方略》等書之編纂，並無「兵法書」之名。

關於「太祖朝之漢人」：「輔翼太祖之事業，稱開國佐命之功臣，費英東、額亦都、揚古利等，皆女真人之酋長也。至於范文程，則久參太祖帷幄，特宜注意。文程字憲斗，瀋陽人，本宋文正公仲淹後，少而穎敏沈毅，讀書通大義，諸生也。天命三年，杖策謁太祖於撫順。文程果為文正裔否？不能無疑，然頗通達政治。是時撫順之守禦李永芳降，尚公主。范、李二人為贊太祖開國廟謨之漢人之代表，但太祖尚不甚利用漢人者。此亦當時之情事，不得不然也。至太宗時則利用漢人之策盛行矣。」〔註50〕范文程「杖策謁太祖於撫順」事，前著已有考辨〔註51〕。

（二）清太宗皇太極

該書第九章《金汗國之創業》第二節《薩爾滸山戰役》，第五目「戰役之結局及葉赫之滅亡」中述：「錦台什求與四貝勒（太宗）相見。太祖乃命四貝勒曰：『汝舅言待汝至即下，汝往彼若下則已，不下即以兵毀其臺。』」〔註52〕錦臺什曰：『我未識甥面，焉能辨真偽耶？』費英東等曰：『汝視常人之中，有如我四貝勒魁梧奇偉者乎？汝國使者，必嘗語汝。何難識別耶？』」〔註53〕此段述及皇太極的形貌特徵。

第十三章《第一次朝鮮戰役及其經過》，首列兩目「太宗之繼汗位」「國步之艱難」，其中第一目述：「金可汗第一世奴兒哈赤死，第四子皇太極繼汗位，是為太宗。《清實錄》謂『我國向不解書籍文義，太祖初未嘗有必成帝業之心，亦未嘗定建儲繼立之議。後國運漸盛，講習文義，及太祖稱帝，閱漢文與蒙古文書籍，乃知漢之儲君曰皇太子，蒙古之繼位者，其音亦曰皇太極，

〔註48〕上一，第140～141頁。
〔註49〕上一，第141頁。
〔註50〕上一，第142頁。
〔註51〕參見趙晨嶺《晚清日本漢文清史專著要論》，花木蘭文化出版社2023年版，第151頁。
〔註52〕似有闕文。
〔註53〕上一，第114頁。

由是以觀,其命名之暗合,蓋天意已預定也』。然此語實後世文飾之辭,不足依據。蒙古著名俺答汗之長子曰黃台吉,稱台吉者不止此。黃台吉長子為扯力克台吉,其兄弟十四名,皆以台吉稱之。台吉者,太師之轉音。蒙古人愛用此名,由於習慣。其影響及於女真。太宗之名,太祖蓋採通行之名黃台吉以名其兒也。吾人所知者,太祖之父祖及兒孫,用蒙古名者甚多。例如肇祖孟特穆,即猛哥帖木兒之稱。充善之子稱錫寶赤篇古,錫寶赤,蒙古語鷹匠之意。父曰塔失,或即蒙古名太失(太師)之轉音。他如太祖外孫稱濟爾哈郎者,不遑枚舉。約言之,皇太極與黃台吉同一,台吉為太師之轉。其曰黃曰青,冠以種種之色者,又古來蒙古之習俗也。奴兒哈赤以可汗終,太宗又繼其汗位。其稱帝位,尚在此後九年。據《實錄》,天命十一年九月朔庚午即位,奉為天聰皇帝。是年丙寅,仍用太祖年號,以明年丁卯為天聰元年,時年三十五。」〔註54〕台吉或源自漢語「太子」,並非「太師之轉」。「錫寶赤篇古」,通常寫為錫寶齊篇古。

該章第一節《太宗之出兵朝鮮》,下設「太祖對朝鮮之希望」「光海君之密旨與姜弘立之投降」「太祖之求通好」「毛文龍據皮島」「朝鮮李适之亂」「金兵之入朝鮮」「問罪之書」「江都誓文」八目。第二節《和約以後之情形》,下設「中江開市之始末」「會寧開市之始末」「犯越問題」「放還問題」「禮幣問題」五目。其中均未著力刻畫皇太極形象。

第十四章《太宗伐明》,下設「太宗遣使媾和」「剌麻僧鎦南木座」「再敗於寧遠」「紅夷礮之威力」「袁崇煥殺毛文龍」「太宗行軍之路」「永平敗績」「征明軍之功過」八目。

第三目「再敗於寧遠」中述:天聰「元年五月,太宗乃西向寧遠。計當時兵數,三大貝勒之兵及御營兵三千,合之至少不下二萬。大貝勒望見城中有備,不戰。太宗乃顧侍衛諸將曰:『昔先汗在時,攻寧遠不克,我來攻錦州又不克,今若不勝此野戰之兵,如我聲名何?』乃進擊,破城外敵騎而薄城壁。……以死者甚多,遂不敢西行。……太宗乃退,再攻錦州南面,又不能拔,士卒損傷甚多。七月,金兵還瀋陽。」〔註55〕寧遠、錦州之敗使皇太極決心借鑑明軍,著力革新裝備及戰法,遂有下一目「紅夷礮之威力」。

第六目「太宗行軍之路」中述:「天聰三年十月(崇禎二年),太宗親率

〔註54〕上二,第1〜2頁。
〔註55〕上二,第26頁。

兵征明……大貝勒代善及莽古爾泰二人，以為『倘有軍拒我前進，則身且不能逃，若前進而侵明之邊塞，不達目的，糧匱馬疲，何以為歸計？縱得入邊，若明人會各路兵來圍，為之奈何？且我等入邊，若堵絕後路，從何歸國？不若退兵』。岳託、濟爾哈朗貝勒乃入見。太宗赤面默坐，意不懌，憮然曰：『可令諸將，各歸帳。我謀既隳，又何待為？』岳託曰否，乃勸進取。」〔註56〕「赤面」的描寫非常形象。

明崇禎「帝乃令袁崇煥督諸路來援之兵以當金軍。太宗進圍北京，時屯於南海子，獲明太監二人，使高鴻中、鮑承先等監收。二人遵太宗所授密計，坐近二太監，故作耳語云：『今日撤兵乃上計也。頃見上單騎向敵，有二人來見上，語良久乃去，意袁巡撫有密約，此事可立就矣。』太監佯臥，竊聞其言。數日縱太監歸，乃以所聞高、鮑二人之言，詳奏於崇禎帝。帝大疑，遂執崇煥而投之獄。祖大壽欲救解不得，率所部東出山海關。《嘯亭雜錄》云：『自本朝攻撫順後，明人望風而潰，不敢攖其鋒。惟巡撫袁崇煥，固守寧遠，攻之六旬，未下。高皇（太祖）怫然曰：何戇兒乃敢阻我兵？因罷兵而歸。故文皇（太宗）深蓄大仇，必欲甘心於袁。莊烈帝信此離間，乃立磔崇煥，而舉朝無以為枉者，殊不知帝之中間也。』」〔註57〕所述行反間計的經過非常生動。

第七目「永平敗績」述：「時金國諸將皆勸攻北京，太宗笑曰：『城中癡兒，取之如反掌耳，但疆圉尚強，非旦夕所能破。得之易，守之難，不若簡兵練旅，以待天命。』遂止弗攻，祭金太祖、世宗之陵於房山，降固安，屠良鄉，復趨北京城外，斬名將滿桂，轉略通州、張家灣及薊城。天聰四年，陷永平府，並拔灤州、遷安諸縣，但山海關以孫承宗移駐其地，終不得志。太宗留守備於永平、遷安、灤州、遵化四城，從遷安東北冷口關出，三月還瀋陽。永平旋為孫承宗所攻，守將貝勒阿敏逃歸，時距太宗退師僅二月。阿敏坐敗績之罪，遂幽禁之。」對此，作者在下一目中評論：「惟獨置永平之守備於孤懸之地，殊為可怪。阿敏之幽禁，冤矣。」〔註58〕認為皇太極是故意為之。

第十五章《金國諸王之不和》，下設「諸王之內鬨」「貝勒阿敏幽禁死」

〔註56〕上二，第29～30頁。
〔註57〕上二，第31～32頁。
〔註58〕上二，第32頁。

「莽古爾泰之謀害太宗」「三尊佛之帝位」四目。

首目指出：「吾人自此等諸點觀之，太宗即位，幾有名無實，實不外於四大貝勒之合議政治。據天聰元年一月記錄，金國寶位，非太宗所獨占，代善、阿敏、莽古爾泰三人，以兄行而列座於太宗左右，同受朝拜（凡朝會之儀例皆如此）。觀此則吾人所揣測者信非誣也。太宗在天聰朝，尚未占人君完全之實力，諸王暗鬥，久已相持。太宗內欲統御金國，對此等問題，自不得不大費躊躇也。」〔註59〕皇太極即位前在四大貝勒中行四，前文已述。

次目中論述：「平情論之，太宗使阿敏赴永平替代，固預知必有今日之事，但非有一時失四城之敗狀，則此一切罪狀，亦不能無因而提出也。且阿敏與太宗兄弟，自其父在太祖時代，已不相得，阿敏固早知不免於今日之事矣。阿敏之罪，無人為之疏辨，眾議皆曰當誅，太宗不忍加誅，遂幽禁之。……崇德五年十一月，遂飲恨而死於幽禁之所。」〔註60〕阿敏之父為舒爾哈齊。

第三目述：「莽古爾泰比太宗長五歲，又崛強不相下。太宗欲去彼，已非一日。此於天聰五年夏，太宗親取大凌河城時見之。貝勒岳託，一日請太宗莅其營，莽古爾泰與俱奏曰：『昨日之戰，我旗將領被傷者〔註61〕多，旗下擺牙喇兵，有隨阿山出哨者，有附達爾漢額駙營者，可取還乎？』太宗曰：『予聞爾所部兵，凡有差遣，每致違誤。』莽古爾泰曰：『我部落何嘗違誤？』太宗曰：『果然，是告者誣矣，予將親追究之。』莽古爾泰曰：『皇上宜從公道，何獨與我為難？我以皇上之故，一切承順，乃猶未釋而欲殺我耶？』因舉佩刀手摩之而睨太宗。德格類貝勒在坐阻止之曰：『爾此舉動大悖！』遂以拳毆之。莽古爾泰曰：『蠢物爾何故毆我？』遂抽刃出鞘五寸許。德格類乃推而出。太宗默然，遂不乘馬而入營。」〔註62〕莽古爾泰為滿洲正藍旗，岳託為滿洲鑲紅旗。述皇太極「遂不乘馬」，可見刺激至深。

第十六章《內蒙古之合併》，最後一目「林丹汗之死」中敘：「天聰八年東，太宗以大業漸就緒，乃錄太祖死後八年以來之大事，祭告於靈前。」引述祭文後作者指出：「觀此則太宗之得意可以想見。」〔註63〕

第十七章《漢人之來歸》，第三目「太宗與降將行抱見禮」中述：「……

〔註59〕上二，第 35 頁。
〔註60〕上二，第 40～41 頁。
〔註61〕原文句讀誤。
〔註62〕上二，第 41～42 頁。
〔註63〕上二，第 49 頁。

孔、耿二人入朝謝恩，太宗乃率諸貝勒迎於渾河右岸，至所設黃幄之中，太宗乃欲與行抱見禮。此禮為彼等女真人最高等貴族所行，蓋不外於親愛之意也。諸貝勒見之不懌。太宗曰：『昔者張飛尊上陵下，關羽傲上愛下，以恩遇之，豈不善乎？況元帥、總兵奪取登州，攻城略地，正當強盛，而納款輸誠，遣使者三，率其民而歸我，功孰大焉？朕意已決。』議定與兩將行抱見禮……」〔註64〕皇太極如此處理，跟孔有德、耿仲明帶來的精銳礮兵有很大關係。

第四目「太宗之襟度」中述：「太宗包容漢人之襟度，不獨見於孔、耿二將來歸之時。天聰三年，生擒明永平巡撫張春，其事之始末，吾人殊可驚異也。湯斌（文正公）關於此事所記有曰：張春，陝西潼州〔註65〕人，由舉人歷官僉事，備兵於永平。崇禎四年，太宗入永平，生擒春。妻翟氏，聞城破自殺。太宗重中國人，得中國人必令生致之。既得春大喜，欲官之。春不屈，太宗善遇之。飲食供張用具輿服，屏而不視，向西南正坐，哭日夜不絕聲。太宗更遣左右令為好語勞春，間自往拜之。春不動而罵以為常。乃令穴壁為牖，時屏車騎間行，從牖窺視。春正襟西南向坐，微知壁間有人，則大罵。左右或曰：『彼囚人也，安有萬乘而為囚人屈者耶？』太宗曰：『是何言？吾從史傳中見文天祥以為神人，今乃真得見文天祥耳。』始翟氏死，春不知，後有人來言，春乃設位而哭。太宗命以少牢往祭之，春吐而不受。又自為祭文，首記崇禎年號，使人書之。人有奏於太宗者，太宗曰：『是固然也，安肯用我正朔乎？且彼婦又安知我之正朔？』卒命書之。是時洪承疇亦留三年矣。始得承疇也，太宗亦善遇之，承疇不屈，最後意不能無動。太宗知承疇之才可用，嘗略得秀才數十人，命詣承疇。承疇試以文，第其高下，上之太宗。大喜，又命詣春，春叱之曰：『既讀古人書，奈何於此求試？去毋污我。』太宗聞之，益善之。春留九年，御其出關時之衣冠，至敝不肯易，坐必西南向。將死，太宗遣人問所欲。春曰：『若移我居遼陽，得近中國，則死無恨矣。』太宗將許之，左右皆曰：『彼居我國久，知我之要領，若有不測，不獨亡春也。』乃不許。居有頃，春不食而死。太宗曰：『我於春未嘗逆其意，獨奈何不聽其居遼陽乎？』遂葬於遼陽。」〔註66〕張春是陝西同州（今大荔）人，並非「潼州」。崇禎三年任永

〔註64〕上二，第 52 頁。
〔註65〕誤。
〔註66〕上二，第 53～54 頁。

平兵備參議，升參政，隨孫承宗收復永平後，加太僕寺少卿，候巡撫缺推用，並非「永平巡撫」。次年任監軍兵備道赴遼西解錦州之圍，於大凌河被俘，並非「太宗入永平，生擒春」。

第五目「得漢人之良導」中述：「汲修主人（禮親王）談太宗襟度有曰：松山既破，擒洪文襄（承疇）。洪感明帝之遇，誓死不屈，日夜蓬頭跣足，罵言不休。太宗乃命諸文臣勸勉之。洪一語不答。太宗乃親至洪之館，解貂裘而與之服，徐曰：『先生得無冷乎？』洪茫然，視太宗良久，歎曰：『真命世之主也。』因叩頭請降。太宗大悅，即日賞賚無算，陳百戲作賀。諸將皆不悅曰：『洪承疇僅一羈囚，何待之重乎？』太宗曰：『吾儕所以櫛風沐雨者，究竟欲何為乎？』眾曰：『欲得中原耳。』太宗笑曰：『譬之行者，君等皆瞽目，今得一引路者，吾安得不樂？』眾乃服。此等佳話，其事實殊為可信。觀前記孔、耿二將來歸時，獨排行眾抱見禮。參將審完我罵彼等在山東為無賴礦徒，若待之過厚，徒增長兇徒無忌之心，力爭以為不可。太宗竟不聽也。」〔註67〕代善六世孫，嘉慶朝襲封禮親王的昭槤，號汲修主人。

第十八章「太宗改國號」，下設「大清國號」「改號之原由」「關於大清意義之舊說」「金天氏與清朝」「滿洲國號係太宗之偽作」「大金之證據與文殊之由來」六目。清朝國號含義問題尚無定論。

在第十九章《第二次朝鮮戰役及其歷史》、第二十章《與明國之對戰》略述皇太極史事之後，至第二十三章《太宗之死及皇位承繼》述及他的身後事：「崇德七年（崇禎十六年）冬，太宗康健不似尋常，乃託遊獵而養病。翌歲，尚未復原。秋八月八日夜半，坐清寧宮之南榻，忽暴殂，享年五十有二。葬於昭陵，諡曰文皇帝，廟號太宗。彼所統御之過去二十年之成績，今將不出數月之久，放一大光輝於世界矣！惟急邊下世，無有遺命，未免惹起皇位繼承問題之混亂，為可歎耳。」〔註68〕皇太極實在位十七年，並非「二十年」。

該章以第三目「太宗朝之回顧」引出後三目：「漢民之保護」「國俗國語之保存」「太宗之性格」。

第四目述：「滿洲八旗之外，創立漢軍八旗，蓋以便明人之來降者，此意前已言及之。然太宗猶不止此。從來在國內之漢民，因與滿人住居同一村落，其利益不免有被擾於滿人之處。太宗乃命漢民與滿人分住。據太祖朝之制，

〔註67〕上二，第54～55頁。
〔註68〕上二，第104頁。

漢人每壯丁十三名，編為一莊。按滿官之階級，分與為奴隸。然此結果，徒足離叛彼等之人心。太宗乃於奴隸之數，加以制限，其餘別編為民戶，簡漢人之官吏管理之。按之太祖朝之例，太祖甚憎明朝之紳衿儒生，盡使拏捕而處之於死。嘗以種種之惡，皆出此輩，盡被屠殺。當時儒生之隱匿得脫者，約有三百餘人。此事實在太祖晚年。及天聰三年，太宗始行解禁，舉行儒生考試，即官吏登用之試驗也。考試之恩典，自太宗及八貝勒之包衣（滿洲語臣僕之意）以至一般滿蒙人之家奴，均得與焉。中式者則賞緞布，俱減免差徭（賦稅之一種）。太宗當時發一詔書，使國中儒生俱赴試，各家主勿得阻撓，若中式者，則對該家主當別補給人丁。總之太宗愛護漢人，漸漸抑制滿人，其實可認為比太祖朝進步也。」〔註69〕皇太極的民族政策相對開明，糾正了其父晚年的諸多弊政。

第五目述「國俗國語之保存」：「太宗愛護漢人，此政策果然奏功，明人之來歸者，前後互相接踵，第漢人之數，日見增加，而滿洲固有之風俗，亦不免漸次變化，太宗甚憂慮之。崇德元年冬，在翔鳳樓招集諸親王等，使內宏文院之大臣，讀《金史》世宗之本紀。」在引述與《清朝史略》中相類的太宗之語後，作者指出：「要之國俗習慣之固守，國語國文之保存及改良等，凡此關於文教之諸般設施，實發源於此等根本上之思想。他如細微之事，太宗亦未嘗加以變更，如吸菸視為蠻子（漢人）陋風，當時由朝鮮輸入之菸草（淡巴菰），力為杜絕，其需用及供給者，均處死刑。」〔註70〕「內宏文院」時稱內弘文院，避乾隆帝弘曆諱改。

關於皇太極的性格，作者認為：「《清實錄》敘太宗之性格曰：『上幼聰睿，秉性寬宏仁慈和惠而寡嗜慾。信法令，不殺而威。善養人，凡於國家有勤勞者，必賜衣物，略無吝色。各國新附之人之入見，必詢問其譜系，一如舊相識。天語藹然，雖桀驁暴戾者，無不馴服』云云。此記事原非尋常諛辭之類，以之比較太祖之性格，則彼有秋霜烈日之威力，此有春風和暢之溫情；彼則無論何人非壓伏之不止，此則無論何人皆有包含之宏量。蓋太宗朝上承開國之緒業，下啟一統之鴻圖，非因彼之卓越之性格有以致之乎？太祖解漢語漢文，太宗則不過會通蒙古字之外國文而已，然如中國之經史，則擇其傳奇、小說，翻譯國文，而勉強知其大體。至其四書五經七書之類，遼、金、元之

〔註69〕上二，第107～108頁。
〔註70〕上二，第108～109頁。

三史，併《三國志演義》等，在順治初年譯成者，大率著手於太宗朝。又太宗戒飲酒，其嗜欲之淡泊可見。其所歸依之宗教如何，雖難確言，然滿洲固有之教曰薩滿者，則觀之現存於清寧宮之祭器等可知。實錄又記云：『上自纘承太祖大業以來，勵精圖治，不耽佚豫，總攬國家之機務，從無倦容，夙興夜寐，勤求政務。』是可知寬溫仁聖之尊號，未必盡為愛新覺羅氏之私諡也。」〔註71〕「七書」指《孫子兵法》《吳子兵法》《六韜》《司馬法》《三略》《尉繚子》《李衛公問對》七部兵書。作者以「秋霜烈日」「春風和暢」喻清太祖、太宗，可謂神來之筆。

（三）清世祖福臨

該書第二十三章《太宗之死及皇位承繼》，第二目為「睿親王之擁立稚兒」，當時福臨確為「稚兒」，其形象刻畫要從親政開始。

第二十九章《睿親王之死》，第三目「順治帝親政」述：「自睿親王死後，北京朝廷之政權，遂一轉而為鄭親王一派所占有，至其施行之大政方針，亦未嘗驟改。帝即於此歲親政，別未置有輔政者。以年十三歲之君主，能攬軍國機務而無隔越者，惟彼得能臣如范文程、寧完我，如洪承疇、馮詮〔註72〕、金之俊，如魏裔介、魏象樞，皆能內外相應，削平四方者也。據世祖之傳贊，則以睿親王之施措，係倉卒成功，於明之弊政，未盡釐正，世祖親政之後，任法嚴肅，凡大臣專橫如陳名夏、譚秦〔註73〕、陳之遴、劉正宗之輩，無不立正典刑，以故人各知畏，夙弊盡革，以成一代雍熙之治。至明代宦官之弊政，世祖則以之存置於十三衙門之下，不為何等變更云。然世祖六歲即位，十三親政，二十四已殂落，其聰慧遂不能十分發露，惜哉！〔註74〕世祖死，第三子玄曄〔註75〕即位，時年僅八歲，即康熙帝（聖祖）是也。」〔註76〕鄭親王指濟爾哈朗。本段幾個人名有誤字，其中康熙帝名與增田貢及佐藤楚材之書同誤。

第三十七章《西洋文明東漸》，第八目「順治帝採用西法」中述傳教士湯若望：「相傳世祖對彼之隆遇，逾於恆格。召對不呼其名，用瑪法（貴叟之意）之滿語代之，得隨意出入內廷。又憐其孤獨，使之撫養一幼童為義孫。然所以

〔註71〕上二，第 109～110 頁。
〔註72〕應為「銓」。
〔註73〕應為「泰」。
〔註74〕原文漏句讀。
〔註75〕應為「燁」。
〔註76〕上三，第 55 頁。

待之如此周渥者何也？清廷之採用西法也，在於改正朔而新天下之耳目，非尊信天主教者。因而彼等尊信科學，亦非出於研究之結果。且彼滿人與西人，皆以夷種見薄於中國，遂鑑於漢人之偏見，力持公平之態度，奪漢人之官爵，加於西夷之首，而湯若望等，亦藉此以為正教發達之捷徑焉。是故耶穌〔註77〕會士餌中國人以科學上之新知識，為宏布宗教之手段，而朝廷則陽示崇尚宗教之名，陰收利用彼等之實已耳。」〔註78〕書中未提及佛教對福臨的影響。

（四）清聖祖玄燁

玄燁的形象首先出現在第三十章《三藩之平定》中：「……康熙帝乃使議政王貝勒大臣議之，尚持兩議未決。帝謂曰：『藩鎮久握重兵，如人體養癰，若不及早除之，何以善後？況其勢已成耶，撤亦反，不撤亦反，不若先發制之。』因立下移藩之令。」〔註79〕有學者認為「不撤亦反」並非康熙帝決意撤藩的原因。〔註80〕

「三藩之叛亂，雖歸滿清之勝利，然熟察康熙十四五年之情形，吳三桂若能善為指導，號令嚴明，一致進行，則鹿死誰手，正未易測，何期彼既假興明以為名，旋復食言而自帝，反復無常，奚足以收攬天下之人心？斷辮髮，易胡服，以號召漢人，法似稍善，但辮髮之令，本非漢人所悅，一時以斷辮髮易胡服為快，爭相響應者，實烏合之眾耳，而康熙帝之籌畫，吾人不禁歎賞焉。帝於中原要地，悉駐重兵，以備應援。如湖北有急，則安慶出兵，使河南之兵，移駐安慶，而更調他兵，駐屯河南；四川有警，則西安出兵，以為聲援，使太原之兵，移駐西安，而別調他兵，駐屯太原；又福建有警，則調江寧江西之兵，使赴閩浙，兗州之兵，移駐江寧，而別調軍隊，駐屯兗州。故敵兵雖眾，不能越湖南一步。復命兵部，於驛遞之外，每四百清里，置筆帖式及撥什庫，軍事郵信，異常迅速。五千清里之甘肅西邊，九日而達；荊州、西安，五日；浙江四日。每日接數百之軍報，一一應付，手批口諭，使之進討。此叛亂初起之時，帝年方二十，戰事告終，年僅三十耳。是漢人之中，雖有一代名將，如張勇、趙良棟等，然指揮之功，不得不歸之於帝。魏源論此次戰勝之原因曰：第一在不咎首唱撤藩之議者；第二在不從達賴喇嘛

〔註77〕應用「穌」。
〔註78〕上三，第165頁。
〔註79〕上三，第59頁。
〔註80〕參見侯楊方《清朝那些事：大清帝國的崛起與衰敗》，天地出版社2022年版。

之調停；第三在不寬宥諸王貝勒之罪；第四在能激勵漢人云。三藩平定，清帝國統一之業，始得告成。」〔註81〕魏源之論見於《聖武記》。

　　第三十二章《開創期之財政》，第六目「三藩叛亂與財政之得失」中稱：「康熙時代，內廷費用，其節省有出人意表者。故據聖祖所言，則宮中服用，以各宮計之，尚不及明代妃嬪一宮之數，三十六年間，尚不及當時一年所用之數云。康熙二十九年，帝以前明之宮殿樓亭門名，並慈寧宮、寧壽宮、乾清宮及老嫗之數目，宣示外廷，諭曰：『今者天旱，四方呼饑，本欲減少宮人及所用器物，奈未嘗有餘，故無從再減。爰飭羣臣察閱故明宮中用度。彼等尋奏曰：故明宮中，每年金花銀九十六萬九千四百餘兩，今悉充餉。每年自光祿寺送內使用者二十四萬餘兩，今僅三萬兩。每年木柴二千七百八十六萬餘斤，今僅六七萬斤。紅螺炭一千二百餘萬斤，今僅百萬餘斤。各宿〔註82〕之牀帳輿轎花毯之屬二萬八千餘，今俱不用。故明之宮殿樓亭門名七百八十六座，今則不及十分之三。至各宮殿之基址牆垣，輒用臨清，木以楠木，今則禁中修造，非不得已，僅用普通甎木而已。除慈寧宮外，〔註83〕乾清宮妃嬪以下，合計使令之老嫗、洒掃之宮女，僅一百三十四人，可謂至少，不特為三代以下所無，實為三代以上所未有。』三十九年九月，工部奏銷算雜工修理錢糧之際，帝曰：『一月以內之雜項，修理費銀至三四百萬兩，殊覺浮多。明季宮中一日之用，萬金有餘，今朕交附於內務府總管應付之銀，一月僅五六百兩，並一切賞賜，不過千金。以前光祿寺所用之銀，亦甚浮多，朕為節減大半。工部情弊尤多，嗣後凡應修理之處，宜以司官筆帖式奏請派出，每月支用銀糧，其詳細分晰，詳細造冊具奏。若三年之內，或有塌壞，應令賠修。如是則工程堅固，而錢糧亦不至妄費。』四十五年十月，諭戶部曰：『國家錢糧，理當節省，否則經費必至不敷。每年有正項之蠲免，有河工之費用，必大加節省，方有裨益。前光祿寺每年用銀一百萬兩，今僅十萬兩。工部一年用銀二百萬兩，今僅二三十萬兩。』是較之前朝，十省其九。及於末年，更為減少。光祿寺年用四五萬，工部年用十五萬餘。四十九年諭大學士曰：『萬曆以後，所用內監，有曾在御前服役者，故明季事蹟，朕知之最詳。明朝費用甚奢，興作亦廣。一月之費，足為今日一年之用。其宮中脂粉錢四十萬兩，供用銀數百萬兩。世祖登極，始悉除之。紫

〔註81〕上三，第 66 頁。
〔註82〕應為「宮」。
〔註83〕原文漏句讀，且不只慈寧宮，尚有寧壽宮除外。

禁城內之砌地磚，橫豎七層，一切工作，俱派民間。今則器用樸素，工役皆以現金雇用。明季宮女至九千人，內監至十萬人，飯食不能普及，日有餓斃者。今則宮中不過四五百人而已。明季宮中，用馬口柴、紅螺炭至以數千萬銀計，俱取之於昌平等州縣，今此柴僅供天壇焚燎之用而已。』據此則內府用度之節省，大略可見矣。」〔註84〕「紅螺炭」本作紅蘿炭，以硬木燒製。「……花毯之屬二萬八千餘」，當補全為「用銀二萬八千餘兩」方合其意。「明季宮女至九千人，內監至十萬人」，這個數據顯然沒有考慮到宮中的人口密度問題，誇大了許多。所述馬口柴長四尺許，兩端刻口，以繩縛之，故名。

第七目記述「康熙朝之蠲免租稅」具體數目，第八目述「會計檢查法亦漸就緒」：「康熙十七年，定各省擅動錢糧之處分，唯關於用兵刻不可緩者，則一面具題（即明記動支款項），一面動用。其有浮冒軍需者，以貪官論。二十三年，因督撫侵吞庫帑，特命廷臣詳議條件以聞。先是戶工二部，咨取錢糧二三十萬者，僅以咨文往取，並不奏聞，至四十五年，始命將咨取大小款項，月終彙奏。四十八年諭曰：『光祿寺歲用二十餘萬兩，工部自四十五萬至百萬兩，雖較前略省，然委官於未估計之先，領銀備用，浮支肥己，弊竇殊多。嗣後當十五日一次，將委官姓名及支給銀數上奏。又工竣銷算，有遲至十年十二年稽延作弊者，嗣後銷算有逾一年者，即奏聞罷斥云。四十八年以前，光祿寺供應宮中之用度，每年銀七十萬兩有餘，漸次節省，今一年僅需七萬兩。理藩院每年賞賜供應外藩賓客，需銀八十萬兩，今裁減浮費，一年止需八萬兩。戶工兩部，每年用錢糧過多，今十日一次，使將用過數目奏聞，所需錢糧，已為極少』云。其清釐內外財政，詳密如此，故五十年以後，五十二年，免天下明年之房地租稅一年，兼除逋欠。是年，又免山西、河南、陝西之西安等府今年之田租。五十四五年，再免直隸之田租，免各省屯衛之滯徵銀二百三十九萬。漕項銀四十九萬，則半除之。時太倉之粟有餘，詔以陳粟四百三十餘萬石，格外賞給官兵。五十七年，以西邊軍興，免陝西、甘肅兩省明年地丁一百八十餘萬。頻年供應大兵之地，屢有蠲免之事，而中央庫帑，亦未嘗甚形匱乏，但各省之虧空錢糧者，猶未能免。五十九年，定虧空錢糧之條例，然六十一年之諭，有『蕩平三藩之時，原任湖廣布政使徐惺用〔註85〕，所用兵餉，至四十餘年，尚未能清完』等語。由是觀之，則當時

〔註84〕上三，第94～96頁。
〔註85〕衍字。

之疏闊，可以推知。」〔註86〕湖廣布政使司康熙初年分置湖北、湖南，徐惺
為湖北布政使。

　　對玄燁形象的集中刻畫在第三十三章《康熙大帝》中，次目述其「幼時之
機略」：「順治六歲即位，康熙八歲即位，其事雖屬偶然，亦不得謂非朝廷之危
機，且順治遭睿親王死後之政變，而康熙亦有誅戮權臣鰲拜之事。鰲拜於世祖
之朝，屢建戰功，歷封公爵，方帝即位之初，內與大臣蘇克薩哈，同為輔弼大
臣，並加太師之號，彼恃帝年幼沖，專恣自肆，毫無忌憚。帝早知其橫暴，屢
欲乘隙殺之。康熙八年，帝年十六，託辭練習布庫之戲，招集內庭多數少年，
並於其中密選強有力者，以備萬一，而鰲拜尚未之知。一日如例入內，正謁康
熙，忽為布庫小兒所擒。鰲拜雖奸，然事出意外，莫可如何，十餘小兒，竟將
鰲拜送致外庭。元惡既誅，內外震懾。」〔註87〕和鰲拜並封為太師的是遏必
隆，並非蘇克薩哈。

　　第三目述玄燁「好學之天資」：「帝以誅戮權臣，發揮非凡之材能，而其
教育，專講宋學，尤宜注意。康熙師傅，諸人之中，當推河南湯斌為主，而
舉行經筵日講，以磨勵帝之德器者，當歸功魏裔介。此固非始於聖祖之時，
然得舉日講之實，則實由於帝之卓越之精力，與好學之天資。日講之始，隔
日一開，帝以人主臨御天下，未有不以講明學理為先務者，故隔日進講，尚
未滿足，遂令學士日日進講。帝嘗因修葺宮殿之故，移居於大內之瀛臺，諭
曰：『予當赴瀛臺，暫居數日，進講不可略有間斷，講官其日來瀛臺，如常進
講』云。三藩之亂，北京內外，無殊戰場。帝曰：『當此多事之時，乘間進講，
不誤軍事。凡精神工夫，若不間斷，裨益身心，良非淺鮮』云。翰林院答曰：
『機務繁重，請隔日進講。』帝不聽，曰：『軍事或數日一至，或數日連至，
不可以日限計，其仍每日進講，以慰朕惓惓饗學之意』云。由帝言徵之，則
帝於丁年，四書五經，既已熟讀，既而喜閱《資治通鑑》，《通鑑》詳於前代
得失，甚有益於治道云。帝十七八歲之際，以讀書過勤，致患咯血，而讀書
之事，猶不肯廢。蓋帝之好學，非以學問為塗飾耳目之具，實以學問為主權
者所必需也。至日講時刻，帝初以未明出御，聽各部奏事，既畢，始臨經筵，
中年以後，則先進講而後奏事，講官侵曉，即宜〔註88〕入內。」〔註89〕湯斌、

〔註86〕上三，第96～97頁。
〔註87〕上三，第98～99頁。
〔註88〕應為「宣」。
〔註89〕上三，第99頁。

魏裔介，《清朝史略》均有傳。玄燁讀書咯血之事，《清朝史略》亦有述。

第四目「內聖外王之學」論述：「帝對於講學之觀念，實欲將古人所稱天子之意義，加以學問，躬行實踐。帝以天子之位，為最高之名譽，居此位者，不可不有最高之德器，兢兢業業，不敢稍懈。彼對於羣僚，則曰：『尋章摘句，詞藻華麗，非帝王之本。』對於講官，則曰：『爾等以經書進講之時，莫非內聖外王，修齊治平之道。每講之時，必詳詢敬德。學問無窮，決非空言，惟當躬行實踐，庶於所學，方有裨益。爾等其無隱諱真義，以助予好學進修之意』云。康熙二十三年，南巡，泊舟燕子磯，夜至三鼓，猶不廢讀。侍講學士高士奇，請少節養。帝告之曰：『予五歲即知讀書，自八歲踐祚，輒以《大學》《中庸》之訓詁，咨詢左右，必求得大意，而後予心始覺愉快。日日讀書，必字字成誦，從不肯自欺。及四子書既已通貫，乃讀《尚書》，於典謨訓誥之中，體會古帝王孜孜求治之意，即欲使古昔治化，實現於今。及讀《大易》，觀象玩占，於聖人立教垂世之精心，予皆反復探索，必使中心理會，無纖毫扞格，深味古今義理，足以愉悅我心。予之不覺疲勞，以此故也，豈有他哉？』此種言論，有如出自醇儒語錄，乃竟出自奴酋愛親覺羅氏之兒孫，能不令人生意外之感耶？帝於歷代帝王之長短，知之既悉，對於明末諸帝，每鄙其不德，嘗曰：『予自沖齡，遇事好問，明時太監，予皆及見。明末之君，目不識丁，遇進講之日，垂幔聽之。事無大小，一任太監。生殺之權，歸於此輩，亦何足怪？萬曆天啟之時，亦何嘗不舉經筵，特存其虛名而已，果何裨實用乎？』」〔註90〕《周易》別稱《大易》。「明末之君，目不識丁」，當屬污衊之詞。

第五目述玄燁「提倡宋學」：「帝之學問，以實心求實理，得於宋學者實多。此非帝之創想，蓋當有明末葉，北方學者，咸排斥陸王學之空疏故也。吾人於湯斌學術，其影響於帝者，果有幾何，固未能確言，特彼之宋學，曾博帝之篤信，決無可疑。帝欲以一日之學，應用一日，一月之學，應用一月，故深望學問與實際不相背馳。帝解釋天時人事之關涉，亦必徵驗於實理。康熙二十八年，南巡，臨江寧觀象臺，顧學士李光第〔註91〕曰：『郭守敬儀器之不行於今，在不知恆星與天體共動而已。古昔史志之曆法，多不可信。如熒惑退舍之說，天象垂成之理，固有之，若果退舍，則後來推算，以何積算云？朱子學說，凡天文、地理、樂律、曆數，俱非泛然空論，皆能確見其所以。

〔註90〕上三，第100頁。
〔註91〕應為「地」。

予嘗細為尋繹，雖欲求毫釐之差，亦不可得』云。彼於康熙五十一年，尊崇
朱子之功，配祀聖廟，可證吾人想像之非誤。當時有一朝鮮學者，謂帝之尊
崇朱子，非真心信服，實一種權術而已。彼蓋察天下之人心，窺當時之趨向，
於是呼號天下，謂朱子之道，即帝室之家學。其實彼何嘗識朱子之學問，要
不過利用朱子學說，以鉗天下之口，以避夷狄之稱而已。試觀彼雖一面尊崇
中土儀文，而一面仍不改滿洲舊俗，果何為耶？以上評論，固未可盡非，蓋
事實上實有此種傾向也。於是抱反對清朝之思想者，並朱子之學術而詆斥之，
而阿附之徒，則皆潤飾考亭，以求仕官矣。」〔註92〕朱熹晚年於福建建陽之
考亭建精舍講學，宋理宗賜名考亭書院，後世即以「考亭」代指朱熹。

　　第六目述「西洋科學之尊信」：「熱心於窮理格物之康熙帝，僅僅支那固有
之學術，未能滿足，而當時舉居留北京之耶穌教士，研究科學，實以梅文鼎之
家學為基礎。文鼎於明末，與王錫蘭〔註93〕同以精於中西天文並算術音律稱，
有著述二十九種，七十四卷。他年帝所撰述之《數理精蘊》《曆象考成》《三角
形論》等，咸以此為基本。帝既就學於文鼎之孫穀成，康熙二十八年，復引耶
穌教士徐日昇 Pereira、張誠 Gerbillon、白進 Bouet〔註94〕、安多 Antonius 等於
內廷，使日日輪班，進講西學。彼等皆能深識滿洲語言，故教授測量法、算學、
天文、人體解剖、物理等學，不覺困難。其中張誠，則帝或旅行，必命隨從，
或每日，或隔日，必命進講云。帝之尊信西學，不以一己之耳目為滿足，且欲
應用於政治焉。帝嘗命南懷仁 Verbiest 創設偉大之觀象臺於北京，因此設備既
成，得頒《康熙永年曆法》。對於占驗風雷之事實，嘗曰：『予嘗立一小旗，占
驗風向，並命直隸各省，報告起風下雨之時刻，由是知北京起西北風之時，山
東起東南風。又攷驗雷聲，不出百清里以外，不如礮聲之遠達於二三百清里，
前於盧溝橋試驗，當時天津皆嘗聞之，此甚驗也。』由此察之，亦可略識帝之
性行趣味矣。」〔註95〕梅文鼎生於明末崇禎六年（1633），王錫闡生於崇禎元
年，他們都只能說是清初科學家而非「明末」。《梅勿菴先生歷算全書》中收歷
算書 29 種，共 74 卷，但這並非是梅文鼎的全部著作。「《三角形論》」全名為
《御製三角形推算法論》。白進實名 Bouvet。

〔註92〕上三，第 100～101 頁。
〔註93〕應為「闡」。
〔註94〕有誤。
〔註95〕上三，第 101～102 頁。

　　第七目「為公僕之康熙帝」中引述玄燁晚年之語後分析：「恐雖民主政治之首領，亦不敢以如此自信之談，公然宣示於人也。帝之治世，亙六十餘年之久，失政雖所不免，然通觀大體，則實能將其自信，日夜淬勵者也。若以帝之理想言之，則君主實一公僕，既有無限之責務，尤須不斷之努力。其勤勞程度，誠千百倍於常人。《明夷待訪錄》所載，原君之意義，得如帝其人者，庶幾近之。禮親王嘗語吾[註96]人曰：『仁皇（康熙）臨御六十餘年，凡一切起居飲食，均有常度，未嘗更改，雖酷暑燕處，從未免冠。』約而言之，帝實深明入關本義，而採取最良方法，以為支那保護者、平和保護者也。如是朝乾夕惕，不敢懈怠，欲使支那人所理想之君主，實現於一躬焉。帝以雄大之氣宇，與秀拔之智能，生平志願，大半告成。此實清朝光輝之事業，亦近世支那之最大事業也。」[註97]《明夷待訪錄》為黃宗羲所作。此禮親王指昭槤。

　　此外，第三十五章《外蒙古之併合》第十五目「康熙帝之對蒙意見」中述：「康熙帝之親渡沙漠討噶爾丹也，人皆疑其窮兵黷武。帝曰：『予之討噶爾丹，贊成者唯一費揚古。』可知當時議論，不好親征矣。帝當三藩之平定也，謂侍臣曰：『一勞永逸之計，不能不出以我之自斷。三桂之叛報至時，羣臣咸謂宜殺明珠、米思翰謝彼，藉弭此亂，朕斷斥其謬』云。帝今之對於噶爾丹，蓋又對於三桂之故智也。帝之行軍計畫，甚為雄大。與明永樂帝之討阿魯台比之，則永樂帝祇一路進兵，不能如帝之扼東西兩路，而自往中路親與噶爾丹交鋒也。帝為愛護支那本部，而懷柔外藩蒙古，又為外藩蒙古，而討滅噶爾丹。帝嘗嗤漢人之狹窄，評曰：『柔遠能邇之道，漢人不明斯義。本朝之不設邊防，恃以蒙古之部落為屏藩耳。』又曰：『修築長城，究屬無益。我朝施恩於喀爾喀，使之防備於朔方，較築長城為尤堅固也。』從此等言論觀之，帝初意即以蒙古為外藩，可了然矣。先是康熙三十年間，帝幸多倫泊，召集哲布尊丹巴呼圖克圖及喀爾喀之三汗、賽因諾顏部長、[註98]內蒙古四十九旗札薩克等，大行會閱之禮。土謝圖、車臣汗、札薩克[註99]仍留汗號，而諸部之濟農、諾顏，則改舊號，封以王公貝勒台吉之爵。各設札薩克，編佐領，一如內蒙古之制。」[註100]最初支持撤藩的大臣，除了兵部尚書明珠、

[註96] 衍字。
[註97] 上三，第 104～105 頁。
[註98] 原文漏句讀。
[註99] 漏「圖」字。
[註100] 上三，第 143～144 頁。

戶部尚書米思翰，還有刑部尚書莫洛。

　　第三十六章《剌麻教之利用》第九目「康熙帝對於呼圖克圖之關係」中述：「多倫諾爾會盟時，康熙帝升格根為大剌麻，任以喀爾喀之宗務管理，而最要者，則帝待彼以喀爾喀百官有司首班之禮是也。喀爾喀諸王暨諸汗，格根均紹介之以謁帝，而一一批評之。彼自此會盟後，直赴北京，一六九二年夏，從帝赴熱河。一六九三年至一六九六年之間，即噶爾丹失敗，喀爾喀人歸其故土之時，彼均冬寓北京，暑寓熱河，康熙帝之優待，可謂盡致。一六九三年帝病，彼為之祈福念經，俄而病愈，人咸以為靈。因此帝與格根，益加親密，召見時或與之燕談，出遊時或命之扈從。康熙三十六年，帝征噶爾噶〔註101〕凱旋時，格根奉帝命，出迎於張家口外之布爾噶蘇台，陪從還北京。翌年，彼赴北京賀新年，陪帝參觀諸寺，至旃檀寺，帝與格根並坐一席。諸此異數，於史上皆可特筆者也。康熙三十七年夏，彼又陪帝遊五臺山。翌年春，歸喀爾喀，因彼之兄土謝圖汗適於此時死，不能不赴弔故也。然康熙帝不欲格根久留喀爾喀，是年夏，格根再至熱河謁帝。其密切如此。帝之利用剌麻教，其政策之巧妙，為何如哉！」〔註102〕1692年約為康熙三十一年。「格根」即一世哲布尊丹巴呼圖克圖，幼名札那巴札爾，法名羅桑丹貝堅贊，蒙古語尊稱其為溫都爾格根（至上光明者）、博克多格根（聖光明者）。

　　第三十九章《康熙朝之庶績》，第四目「康熙帝之治河事業」中述：「康熙十六年，帝以靳輔為河道總督，專當治水之任。時淮黃兩河，四潰而不入海。從碭山至海口，兩岸決口至七十八所。洪澤湖之高家堰，決口至三十四所。翟家壩則成四道之河，清水潭則久成潰流之患，山陽、高郵、寶應、鹽城、興化、泰州、如皋七州縣，則成一片汪洋之湖，而溝口運河，卻淤塞而變為陸地。靳輔熟睹此形勢，知溝口以下不濬築，則黃淮二水無所歸；清口以上不鑿引河，則淮水之流不暢；高堰之決口不盡封塞，則淮水派分，無刷河之力，黃河必納淮，而下流之清水潭亦危。且於黃河南岸，不築隄防，則高堰危險；北岸不加防閑，則山東必受衝激。故築隄岸，〔註103〕疏下流，決塞口，但有先後而無緩急，今不為一勞永逸之計，屢築屢氾，安有所底止耶？奏上，帝頗然之。靳輔之治河也，幕僚陳潢之勞苦，亦不可沒。彼亘八年之

〔註101〕應為噶爾丹。
〔註102〕上三，第151～153頁。
〔註103〕原文漏句讀。

久，從徐州至海口，兩岸施隄，修築決潰之歸仁隄，改運口，復河道，又欲從高郵城東經興化白駒場而至海口，築長隄二。然此提議，未得直隸巡撫于成龍等之同意。御史郭琇又劾之，遂遭罷免。然彼去後，卒不能成功，則稱彼為潘季馴以後之一人，亦非過譽也。帝對於治河之態度，始終未變。康熙二十三年以降，六次南巡，詳觀黃淮兩河之形勢，任張鵬翮為河道總督，一一親指授之。帝平日以河務、漕運及三藩，為聽政以來之三大事，書之於宮中柱上云。潰決之患不改，河費亦日見加。帝末年所費，約五十五萬兩。」〔註104〕潘季馴，明嘉靖至萬曆朝治河能臣。

該章以第八目「皇位承繼之紛爭」，引出次目「皇太子被廢」：「帝冊立王子允礽為皇太子，事在康熙十四年，清朝立皇太子自此始。當時太子年齡不過二歲，帝年不過三〔註105〕十餘歲，定太子以固國本，不能不疑其過早。且合嫡庶計之，帝有三十五子，兒孫眾多，固人生幸福，而亦不免有不肖子在其中。據吾人觀之，帝之教養皇儲，亦既不一其方，舉碩儒熊賜履，當輔導之任，帝巡幸時，常使之附隨，俾知民間之疾苦，與地方之利弊。太子戴不世出之皇父，固非不肖，自經義文學以至騎射，靡不一一通達。康熙三十五年，帝討噶爾丹於漠北時，太子為北京留守，聽視朝政，世稱其賢，乃忽變為驕抗之態度，不幾使人疑其為狂疾耶？太子之兄有允禔，弟有允祉、允禛〔註106〕（雍正）、允禩、允禟、允祥、允禵，彼等視太子之驕慢，殊不滿意，遂各結黨引類。太子亦植黨羽，以講自保之道，然自被種種之陰險手段，為廢止太子之運動，而太子之惡聲亦多，遂蹈自暴自棄之行為而不顧。據康熙帝所言，太子弟〔註107〕允禔，則兇頑愚昧，弟允禩則奸詐陰柔，頗不傾信彼等之言，然皇太子之黨與如內大臣索額圖等，密謀大事，遂發表廢太子之上諭焉。」〔註108〕雍正帝名胤禛，登極后令兄弟改名中之「胤」為「允」以避諱，書中述及康熙朝時均不當改，尤其是「允禛」，實為極大之硬傷。

第十目則直接以「康熙帝痛哭仆地」為題，次目敘「諸王之朋黨」，第十一目「皇太子再廢」述及玄燁的身後事：「帝於廢太子之時，約六日間，未嘗安寢。執允禩時，至欲親引佩刀以誅允禵。據帝所言，五十年間包容之事殊多，

〔註104〕上四，第 11 頁。
〔註105〕應為「二」。
〔註106〕大誤。
〔註107〕應為「兄」。
〔註108〕上四，第 15～16 頁。

帝之所以憤懣憂悴,損其健康者,當以太子之不肖,為其主要原因也。是時蟠
據朝廷之朋黨,既已如此,帝之苦心經營之鴻業,亦難保不投去於此渦中。宰
相王掞年七十餘,欲報帝之殊恩,以建立太子之意見,密奏數千言。帝不悅,
語左右曰:『王掞之言是也,但得無蹈前明惡習乎?』可知帝不論獻言之是非,
特厭臣僚之議立太子耳。康熙四十八年,帝拘禁太傅馬齊,排斥王鴻緒等,前
此拘束廢太子之方法,一一解除,再冊立為太子。然帝之希望,終歸失敗。蓋
太子之狂疾,不但未改,且嘯聚兇徒,親近幸佞,驕抗之態度,未嘗或已。帝
數年以來,隱忍俯從,任其所為,祇欲感悅其心,使遷善改過,然絕無可望,
遂決於五十一年,再行廢黜,於是不再立皇儲矣。六十一年,帝年六十九,在
乾清宮舉行千叟宴,前後二日,賜宴六十五歲以上之滿漢臣僚約千人。對於諸
王貝勒及閑散宗室等,則授爵勸飲,分與食品。自作七言律詩一首,鼓吹王者
受命之盛。從正月至二月,則巡幸畿甸,自四月至九月,則巡幸熱河。十月又
幸南苑行圍獵,然十一日不豫,由南園〔註109〕回駐於暢春園之離宮。至最重
大之冬至日上帝郊祀禮,亦不能親行,使第四子和碩雍親王代祭。既而大漸,
先祀典二日,召諸皇子於寢宮,於榻前詔曰:『皇四子人品貴重,深肖朕躬,
必能克承大統,其繼朕即皇帝位。』當是時,雍清〔註110〕王聞召馳至,進寢
宮見帝,已殂落矣。立太子問題,似因於雍清王即帝位而告終,然不過一時之
假相耳。皇位繼承之情實,遂與種種詫異之現象,疊發於雍正朝矣。」〔註111〕
大學士王掞是胤礽的老師。關於玄燁是否傳位於胤禛的問題,存在諸多疑點,
可能性不大。

　　第四十六章《盛運期之財政》,第三目「康熙時財政之豐歉」述論:「在
康熙時,國庫之收入,久不得其平準,其主要原因,不得不歸結於平定三藩、
準噶爾用兵等之費用,加之帝政尚寬,又減一億內外之收入,所以當時戶部
財政,不免窘迫也。然至康熙四十八年,戶部有收藏五千萬兩之報告,而視
從前之戶部庫存一二千萬者,不得謂非異常之成效。帝時語人曰:『時已承
平,無用兵之費,又無土木工程,存庫之銀兩,並無別用。去年蠲免地租八
百餘萬,存庫之銀兩依然。不若出部庫一二千萬兩,分貯各省。』由此觀之,
康熙時之財政,自三十八九年以後,漸次得平準,可以意定,而前記四十八

〔註109〕應為「苑」。
〔註110〕應為「親」,下同。
〔註111〕上四,第18～19頁。

年之實數,為康熙中之最盛矣。惟帝不以國庫之豐盛,為施治之目的,故初不盡力於此一事,本年又議全免各省地丁錢糧。當時戶部尚書希福納曰:『每年全國地租,及人丁稅、鹽課、關稅等一切之賦稅,除存留於各省應用,及協濟別省之財政外,一歲之收入,銀一千三百餘萬兩,從中除去北京俸餉一年之需用九百萬兩,每年所貯存不過一二百萬兩』云。可知帝之此種設施,過於疎忽,戶部當局所引以為憂者也。及其來年,再用兵於西北,至帝之崩駕時,國庫所貯存,僅不過八百萬兩而已。」〔註112〕作者指出康熙帝晚年財政政策所存在的問題,下文還將雍正帝相關政策及其實效與之作了對比。

(五)清世宗胤禛

該書第四十章《雍正帝禁抑宗室》中述:「據清之記錄所載,則康熙帝於廢太子事件發生之時,向眾言曰:『予必立一剛毅不可奪志之人,為爾等之共主。』此或隱指雍正帝而言歟?而當時諸王,多不承認,大概以雍正帝之承繼,未必出於先帝之真意,特為其所竊據耳。甚至疑太子之廢,主謀者非頑愚之允禔,亦非輕躁之允禩,實出於多智之雍正帝其人也。此其所疑,亦非全無根據,然初臨朝廷而為帝,此等事情,甚為障礙。故帝於即位之始,力以寬和收人心,然終不能使諸王滿足,而反以啟諸王之野心。」〔註113〕可見作者也對胤禛得位之正有所懷疑,只不過未在前一章的敘事中明言。

該章第三目插敘雍正七年陸生柟文字獄案,第四目又回溯雍正四年胤禛處置允禩、允禟等,「雍正帝評上下八旗云:『上三旗之風俗,惟知有君上,方直剛正,志不可奪。彼等後與下五旗併用,遂染卑靡之風。從前下五旗之人,為諸王所統轄,其心亦惟知有君主,不知有主人,何至於今,遂卑靡一至於此?昨日都統武格,在予前奏對,尚呼犯罪者之允禩為主人。武格即一無知之武夫,然亦風俗頹敗,大義不明故耳。古人謂天無二日,民無二王,臣子之於君上,即天經地義之所在,苟存二心,直亂臣賊子也。』察帝之言,可知八旗子弟,皆為諸王爪牙,不從帝室命令,而諸王亦賴此權力以抗行焉。抑從滿漢之大體觀之,皇家宗室,原無區別,然諸王既不顧國體與民族之結果,各自企望自立,則君主之位置,瀕於危險也可知。帝撤諸王之八旗佐領,蓋有見於此。以吾人論之,帝為自營,束縛諸王之自由,然其結果,亦圖帝室之安固也。且帝之禁抑方法,尚不止此。又禁諸王與外省官吏相交通,除

〔註112〕上四,第124頁。
〔註113〕上四,第20頁。

歲時朝見外，不許於邸第私謁。凡此諸事，皆行於允禩、允禟等之死後云。」〔註114〕上三旗指鑲黃、正黃、正白三旗，由皇帝直接統轄。

第四十二章《滿漢思想之調和》，次目述查嗣庭文字獄，隨即述曾靜及呂留良案後胤禛頒行《大義覺迷錄》之事。至第十一目，述雍正帝「破除滿漢之見」：「雍正六年，蒙古八旗都統宗室滿珠錫禮請以京營武弁參將以下，千總以上，參用滿員，不可專用漢人。於是帝降諭旨曰：『從來治道在開誠布公，遐邇一體。若因滿漢而存分別之見，是有意猜疑，互相漠視，豈能為治哉？天之生人，滿漢一理。其材質不齊，有善者，有不善者，乃人情之常。用人惟當辨其可否，不當論其滿漢。我太祖開國之初，即兼用滿漢，是以規模宏遠，中外歸心，蓋漢人中固有不可用之人，而可用者亦多。如三藩變亂之際，漢人中能奮勇効力，以及捐軀殉節者，正不乏人。豈漢人不可用耶？滿人中固有可用之人，而不可用者亦多，且滿洲人數本少，今僅補用中外緊要之官職，若參將以下之員弁，悉補用滿人，人數不足，恐無補授之人。又朕屢諭在廷諸臣，當一德一心，和衷共濟，不可各存私見。滿人當禮重漢人，毋故意相遠，常抱至公無我之心，去黨同伐異之習。朕不知滿漢之分別，惟知天下之大公』云。帝於三藩平定之際，援漢人之勳勞，戒滿人之跋扈，最為得當。撤去漢缺滿缺之別，亦數見不鮮。滿缺專任滿人，漢缺專任漢人，國初重要位置，多為滿人所占，雖有時不盡然，乃為特別箝制漢人之勢力而設。傳聞滿洲副都御史出缺時，帝命九卿密保，時宰相鄂爾泰保許希孔，帝曰：『彼資格無礙否？』鄂曰：『臣為朝廷得人計，初不論定制。』帝乃從鄂言。此事雖小，然都御史乃朝廷之耳目，委諸漢人，不以為怪，是帝之態度公平可見矣。至第二種措置，則不過警誡一般滿洲人，使保存國俗而已。」〔註115〕許希孔，昆明人，雍正八年進士。

第十四、十五目「優容回教徒」「彈劾回民之疏被斥」中述及胤禛的宗教政策：「雍正八年，安徽按察使魯國華，對於回民之不法行為，上奏彈劾曰：回民不奉本朝正朔，隨意為曆書，且設立禮拜清真等寺院。帝對於此疏，意不為然，以年號繫彼等之私記不足為咎，白帽為彼等習慣，非違背服制，禮拜清真寺院等與各省村邑所崇奉之土俗神祇〔註116〕無異，律不為罪，反舉回民中拔萃人物，如馬進良、馬雄及四川征苗有功之哈元生等以折之。帝之所以對於

〔註114〕上四，第 24 頁。
〔註115〕上四，第 45～46 頁。
〔註116〕應為「祇」。

回教徒，示以寬容態度者，買結彼等之歡心耳。蓋以回教之實力，及其根據地，在甘肅一帶地方，深知與彼等搆難，恐有不利也。」〔註117〕魯國華，時署理安徽按察使。馬進良，康熙朝直隸提督，謚襄毅。馬雄及哈元生在《清史攬要》《滿清史略》《清朝史略》中均有述，但未提及其為回民。

第四十三章《雍正帝及其政績》，下設「皇太子之密建」「軍機處之創設」「唯一最高統治機關」「福建廣東與正音書院」「賤民之解除」「雍正帝與康熙帝之比較」「帝之密探及微行」「派間諜於地方官」「血書『聖祖』二字」「禎祥頻至」十目。

其中第四目述：「版圖擴大，語音必不統一，然未有如中國之甚者也。雍正六年，帝下諭旨曰：『朕引見大小臣僚，聽其履歷，惟福建、廣東兩省之人，盡皆鄉音，不能通曉。彼等已為官吏，將赴各省，安得宣讀訓諭，審斷詞訟？想必由胥吏中間傳遞，百病叢生，事理之貽誤，亦所難免。即如官吏對於兩省之人民，言語不通曉，扞格上下官民之意志，不便殊甚。但語言乃自兒童習成，驟難更改之事，該地方督撫通飭所屬各州縣，語言務求明白。』正音書院，即本此諭旨而設，專以學習官話，繼續至道光時代云。」〔註118〕閩語和粵語確為漢語方言中與官話差異較大者。

第五目中作者盛讚胤禛的豁賤為良政策：「雍正自即位之初，屢次下勅，欲彼等賤民，轉為一般良民。帝乃許彼等入籍為良民後，曾祖、祖、父三代果真清白，無論何時，皆得享有公民之權。是亦所謂移風易俗之仁政乎！」〔註119〕

關於康雍兩帝比較，作者認為：「內苦於諸王之排擠，外苦於臣僚之朋黨，帝之自身，不能採用光明之處置，吾人不能不原諒之。帝禁抑諸王之倔強，甚至幽之殺之，以塞朋黨之禍源，是亦不得已也。總之不僅財政一事，所有方面，均覺父皇康熙之處置，過於寬大，在父皇尚可，在他人不免破綻。此帝之心事也。故於即位之始，上自總督巡撫，下至州縣小吏，均發數千言之諭旨，以行政之緊縮與整頓為歸。父皇康熙，實踐其藏富於四海，民足則君足之理想，帝則渴望府庫之充盈。父皇欲繼統堯舜，忘其為外國之君，帝則明白承認愛親覺羅之地位。若舉例求之，康雍兩帝酷肖國初之太祖太宗兩帝。太祖乃滿洲之創業者，康熙乃大清國之創業者也。太宗如整頓太祖開闢之耕地，世宗（雍正）

〔註117〕上四，第50頁。
〔註118〕上四，第54頁。
〔註119〕上四，第55頁。

乃就聖祖之耕地,著著使之充實者也。雖此收穫至乾隆帝時益復殷賑,然若非帝之緊縮政策,則清國尚不能臻此光輝之盛運焉。」〔註120〕稻葉君山以清聖祖、世宗比太祖、太宗,頗有見地。

第六、七兩目中作者舉了數個生動的例子:「帝曾派遣多數密探於各處。雍正某年元旦,王雲錦退朝,與友人約弄葉子戲,業已數局,忽失一葉,遍求室中不得,遂罷。後一日謁見時,帝問曰:『爾元旦以何事消遣?』錦具以實告。帝笑曰:『不欺暗室,真狀元也。』乃從袖中出一葉還之。當時為防止諸王朋黨之禍,設緹騎四出羅察,偵探閭閻之細故。有引見之官吏某,在途中購新帽,次日入朝免冠時,帝笑謂勿污爾之新帽。此事見禮親王著述中。北京父老,傳說雍正時內閣小役有藍某者,人頗謹慎。雍正六年之元宵,同僚皆歸家,藍獨留閣中,對月獨酌。忽見一偉丈夫至,冠服甚麗。藍以為內廷宿值〔註121〕之官吏,奉觴致敬。偉丈夫欣然就坐,問曰:『君為何官?』藍曰:『予非官,乃雇吏。』問何職,曰:『收發文牘。』〔註122〕同事若干人?曰:『四十人。』因問:『本夕令節,皆歸宿,君何獨留?』曰:『朝廷公事甚重,萬一事起意外,咎將誰歸?』又問:『此役有何好處?』曰:『至將來期滿,冀得一小官,若運好能得廣東一河泊所官則大幸。』蓋河泊所近海,舟楫往來,多有饋送故也。偉丈夫笑而頷之,又傾數杯別去。翌旦帝視朝,問諸大臣廣東有河泊所所官缺出,可補授內閣雇傭之藍某。諸大臣皆驚。帝又密將刑部大門之匾額取下,復以匾額之有無質於部員。部員皆以有對。帝命昇出額示之,謂:『額在此已久,汝輩尚未知,平素出入時疏忽可知。』大加詰責。嗣後刑部大門遂無匾額云。」〔註123〕王雲錦為康熙四十五年狀元。「禮親王著述」指昭槤《嘯亭雜錄》。

「河東巡撫田文鏡,與鄂爾泰、李敏達鼎足而稱,一時大臣,無有出其右者。世傳有幕客鄔先生事。文鏡赴任時,聞紹興人鄔先生之名,延之為幕客。鄔先生謂文鏡曰:『公是否願為名督撫?抑僅為尋常督撫?』文鏡曰:『必為名督撫。』曰:『然則任我之所為,不可掣肘。』文鏡問何為,曰:『吾將為公草一疏上奏,然疏中卻一字不許公見。此疏得上,公之事乃成。公信否?』文鏡知其奇特,許之。鄔先生疏稿既成,署文鏡之名上之,蓋彈劾國舅隆科

〔註120〕上四,第55~56頁。
〔註121〕兩字錯置。
〔註122〕漏「問」字。
〔註123〕上四,第56~57頁。

多之疏也。隆科多為帝舅，又先帝顧命之臣，恃功驕恣，前已敘述。時帝頗
苦於處置，中外大臣，憚其威勢，無一敢言其罪者。疏上，隆科多果獲罪，
而文鏡之寵遇日隆。已而文鏡以事與鄔先生齟齬，漸不用其言，鄔先生憤而
辭去。自是文鏡之奏事，輒不當意，數被譴責。文鏡不得已，又求鄔先生，
以重幣再聘之。鄔先生要求每日出銀五十兩，文鏡不得已許之。鄔先生再至任
地開封，不入文鏡衙署。彼惟桌上見有元寶一箇，即欣然執筆，若偶缺之，便
翩然而去。文鏡益憚之。嗣是雍正帝之視文鏡又復如前。所謂鄔先生者，恐即
帝之心腹也。按察使王士俊將赴任，攜一健僕，係張廷玉所推薦。後多年王將
入朝，僕遽辭去，王問何故，曰：『汝數年間無大咎，吾亦常見，茲特為汝先
容耳。』王於是始知僕實帝之侍衛，受命而來偵察其行動者也。」〔註124〕李
衛，諡敏達。

　　第九目以胤禛如何定康熙帝廟號為題：「帝之性格，就政治家而論，所成
就不能遠大，因其不能無刻薄寡恩之憾也。而內外不得親臣，但見一般吏民畏
帝執法（因密探）之嚴，並無有愛戴之者，雖極力示其誠意，表其仁慈，其果
出自真心與否，不能無疑也。當選定父皇諡法時，自破指端，血書『聖祖』二
字。據其所親隨張廷玉之言，其於飲食時，雖飯粒餅屑，不忍遺棄，常語廷玉
等，謂宜珍惜五穀，不可暴殄天物。又其為親王時，不履同行人之影，亦從不
踐蟲蟻。有時廷玉得小病已愈，帝語近侍曰：『股肱不安，數日得癒。』眾爭
問起居，帝乃謂：『張廷玉病，豈非朕之股肱乎？』此等佳話，指不勝屈。以
吾人觀之，不得謂非偽飾仁慈也。不然，何以禁抑兄弟，鞏固自己地位，駕御
臣僚，而弄其巧術也。唯學術文章及思想，均堪繼武康熙，不愧英主，此則不
可沒耳。」〔註125〕作者一分為二地看待胤禛，一方面指其「偽飾仁慈」，另一
方面評其「不愧英主」。

　　該章最後一目從胤禛好祥瑞說到他的身後事：「在康熙時說祥瑞者甚少，
及雍正時，則禎祥頻至，此可注意也。雍正元年，江南、山東穀麥雙穗，內地
蓮蓬，同莖分蒂，大學士等上奏，以為聖德之所感。二年，又欽天監報告有日
月合璧、五星聯珠等奇瑞，帝勅付史館，使中外聞知。四年，有嘉禾生於籍田，
一莖雙穗，以至八九穗。同時潮州進瑞繭，其大如帽。同年，黃河六省俱清，
五星聚奎璧。七年，孔廟大成殿上梁之時，卿雲現於闕里。八年正月，有鳳凰

集天臺山，皇陵有靈芝繞石之瑞。所謂禎祥者，無歲不見。帝之胸中果嘉許瑞
應否，雖不能無疑，然當民氣沮喪，人心不滿之時，祥瑞出現，頗可為粉飾之
助。特一般愚民，反以為災異頻仍，中國有別出真主之兆，正不止一查嗣庭之
空想而已。雍正十三年八月，帝崩駕，第四皇子寶親王承統，稱乾隆帝（高宗）。」
〔註126〕查嗣庭文字獄該書第四十二章有述。胤禛之極好祥瑞，與玄燁之不好
祥瑞，形成了鮮明的對比。

第四十六章《盛運期之財政》，第四目「雍正帝之財政策」述論：「雍正
帝既承康熙疏節闊目之後，除先嚴查會計外，更以積極政策，講國庫收入之
方法。今舉其顯著者，約有四端：曰、火耗之歸公；曰、常例之捐輸；曰、
鹽課之增收；曰、關稅之實徵是也。以下各節，互為說明之。且有可得而附
言者，帝之對於吏治之根本思想，比父皇康熙遠為卓越，常對於直省督撫曰：
『邇來不能體聖祖寬仁之德意，吏治漸致廢弛。朕之嚴加整飭，並非苛酷』
云云。諭戶工二部曰：『財者利用之源也。古帝王計富國裕民，務必謹其制度。
朕每恐府庫之金錢，為胥吏侵蝕中飽』云。其時凡戶工二部所用費額，雖無
分細大，送冊報告。各省藩庫之官吏，對於私用官金額，即以各員之俸銀補
償。名雖如此，彼等於正課之外，未嘗不有所附加也。據禮親王之言，帝在
位十三年，日夜憂勤，毫無聲色土木之娛。聞內務府司員之查舊檔案者，謂
雍正中，惟特造風雲雷雨四神祠外，初未建造一離宮別館，以供遊賞，宜乎
當時國帑豐盈，人民富庶云。」〔註127〕「國帑豐盈」確實是胤禛財政政策的
一大成績。

（六）清高宗弘曆

該書第四十三章《雍正帝及其政績》，第一目「皇太子之密建」中稱：「乾
隆帝曰：『建儲一事，如井田封建之必不可行。朕雖未有立儲明詔，然既於太
祖之前，齋心默告，實與立太子無異。』又曰：『父子兄弟之間，猜疑漸生，
至釀成大禍，當思朕今日之言。』觀帝之言，則知採用密建，不過懲前代之弊，
若此弊別有保障之法，帝亦不必以密建之宗法為善也。時帝以倦於六十年聽政
之長日月，宣布立第六皇子永琰為皇太子，退位之後，稱太上皇，行訓政事。
乾隆六十一年之曆書，新帝年號之曆書，並行於世，可謂拋棄家法之明徵。抑
帝果以永琰之名藏於匾額之內與否，不能確信。據當時之傳說，帝屬望於第五

〔註126〕上四，第58～59頁。
〔註127〕上四，第124～125頁。

皇子，不幸夭死，始與皇位於六子永瑢云。」〔註128〕乾隆六十年公開的太子
並非皇六子永瑢，而是後來的嘉慶帝、皇十五子永琰。乾隆六十一年之曆書僅
行於宮中，並未與嘉慶元年曆書「並行於世」。秘密立儲之法，即將寫有儲君
名之密詔藏於乾清宮「正大光明」匾額之後，實自雍正帝始。乾隆帝最初密立
的太子是皇二子永璉，永璉夭亡後有意立皇七子永琮，永琮復夭亡後於乾隆三
十八年密立永琰。

　　第四十五章《擴大外藩及治藩事業》，第十四節為《外藩政策及對於理藩
事業之批評》，其第九目「回疆平定與香妃」述：「回部之王妃某有國色，為土
耳人，生而體有異香，不假薰沐，國人號為香妃。有稱其美於中國者，乾隆帝
心豔之，當將軍兆惠出發時，從容與之言及香妃，語兆惠曰：『不可不一領其
異。』回疆既平，兆惠果生得香妃，先以密疏奏聞。帝大喜，命沿途地方官護
視其起居，蓋慮跋涉風霜，損其顏色，而減其美麗也。既至，居於宮禁之西南。
香妃在宮中，意色泰然，似不知有亡國恨者，惟見帝至，則凜然如冰霜，與之
語，百問不一答。無已，使宮女之巧於辭令者，傳知其意。妃慨然出袖中白刃
示之曰：『死志久決矣！雖然，不效兒女子之碌碌徒死，必欲得一當以報故主
耳。帝若強逼妾，妾請遂其志矣！』聞者大驚，詭奪其刃。妃笑而言曰：『妾
衵衣之中，尚有數十利刃。且汝輩若強犯妾，妾將先飲刃，汝輩其奈之何？』
宮人具以語帝，帝亦無如何也，但時幸其宮，少坐即復出，使諸侍者日夜邏守
之。妃既不得遂所願，且至北京已久，甚思故鄉風物，乃時潸然泣下。帝聞之，
乃於妃所居之樓外西苑中，設回式之街市、住宅與禮拜堂等，以悅其意。一說，
妃侍帝寢時，數驚近御，意者妃復仇志切，不使帝得犯之也。奉天宮中有威弧
獲鹿手卷，畫帝與香妃之遊獵圖。後香妃被乾隆帝太后所絞殺。以上所述，雖
與清朝之攻取新疆，無重大之意義，然所謂西域用兵者，固由乾隆時財力之豐
厚使然，抑亦香妃為其用兵之動機歟？」〔註129〕作者所述「香妃」之事實為
傳說，並非信史。弘曆宮中之容妃和卓氏巴特瑪，當為香妃形象的原型。其為
回部台吉和扎賚之女，輔國公圖爾都之妹，曾為小和卓霍集占之妻。光緒三十
年（1904）付梓的王闓運《王湘綺先生全集》中曾記類似傳說，1914年故宮古
物陳列所曾展出過「香妃」像，稻葉君山是書當也助長了此傳說的傳播。

　　第四十六章《盛運期之財政》，第十目「乾隆時之全盛」述：「乾隆在位六

〔註128〕上四，第52頁。
〔註129〕上四，第118～119頁。

十年之久,西略伊犁,南征尼泊爾,東北絕海之庫頁酋長,亦重譯而朝於北京。
版圖之擴張,伴以兵力,故軍用之浩繁,亦歷代無其比。乾隆二十二年,討平
新疆,費達二千餘萬兩,然出此軍需,國庫仍不罄乏。時戶部報告,剩餘銀尚
有七千萬兩。四十一年,大小金川戰起,前後軍需,用去七千餘萬兩。是年
之上諭,仍報國庫尚存銀六千餘萬兩。四十六年,又增加至七千八百萬兩。
如此多數之剩餘金,東西各國所不見其例者也。據史家之確言,乾隆帝普免
天下之錢糧者四回,免七省之漕運米者二回,巡幸江南者六回,其數殆達二
億萬〔註130〕兩,然五十一年之詔,仍有七千餘萬兩之剩餘金。又逾九年,至
讓位之時,其數依然不減,可謂清朝府藏之極盛時也。但乾隆五十七年戶部之
總冊,有各省實徵歲入銀四千三百五十九萬兩,歲出三千一百七十七萬兩,而
餘銀一千一百八十九萬兩。驟視之不得不疑其過多,但乾隆時人口之增加,及
土地之開墾,範圍擴張,得如此財政豐富之結果,亦何容疑?」〔註131〕乾隆
帝免天下錢糧及六次南巡的花費,合計約兩億兩,而非「二億萬兩」。

第四十七章《文運大興及編纂四庫全書》,第八目簡述「康熙帝編纂圖書
集成」之後,第九目詳述「四庫全書與乾隆帝」,第十三目為「乾隆帝之禁書
令」。

「乾隆三十七年,清廷發表《四庫全書》之諭旨。四庫者,謂經史子集
之四部。帝之意志可於其諭旨而得之,曰:『御極之初,即詔中外搜訪遺書,
並令儒臣校勘十三經、二一史,後開館纂修《綱目三編》《通鑑輯覽》及三通
諸書,惟蒐羅益廣,則研討愈精,如康熙年間,所修《圖書集成》全部,極
方策之大觀,引用諸編,率屬因類取裁,勢不能悉載全文,使閱者沿流溯源,
一一徵其來處』云。可知帝之意,以學者不能滿足於類書,故別圖編纂一大
叢書。於是自乾隆三十八年,開設四庫全書館……。該書至乾隆四十七年告
竣,總計存書,三千四百五十七部,七萬九千七十卷;存目,六千七百六十
六部,九萬三千五百五十六卷云。所謂存書,乃著錄於四庫者;存目,乃僅
錄其書目而已。」〔註132〕稻葉君山將叢書《四庫全書》與類書《古今圖書集
成》比較,甚為清晰。

作者指出:「在編纂《四庫全書》諭旨前後,又布一禁書令,甚可注意。

〔註130〕衍字。
〔註131〕上四,第 130 頁。
〔註132〕下一,第 7 頁。

禁書者，即明代關於滿洲祖先之著述。據帝之諭旨，此等逆書，不合於本朝一統之旨，勿使行於世。蓋文弱之漢人，被北人驅逐時，藉文學以發抒不平之氣，為唯一之武器，其著述之數極多。帝此時不僅欲一掃此種明末之記錄，並思將其正史一切付諸銷毀，其處置殊不公允。此種命令，始於乾隆三十九年至四十三年，再加二年之期限，至四十六年又展限一年。據兵部報告，當時銷毀之次數，二十四回，書五百三十八種，共一萬三千八百六十二部云。然猶以為未足，至乾隆五十三年，尚嚴諭遵行。從大體而言，在北方諸省，較完全遵行。其東南各省，未能禁絕。時論中有『江西、江蘇、浙江等，省分較大，素稱文人之淵藪，民間書籍繁多，所以不能禁絕者，皆由督撫等，視此事為等閒』云。後流傳於日本之錢謙益詩文集，亦被銷燬於此時。乾隆帝一方誇蒐集《四庫全書》之功於漢人，他方立文字之禁，貽後世排滿口實，殊為可惜。」〔註133〕錢謙益事，可見於《清朝史略‧世祖紀》中。

　　第四十八章《乾隆帝及其政績》，下設「康熙帝與乾隆帝」「制度大備」「國語及國俗之保存」「英國大使馬加特尼所傳說之乾隆帝」「康熙乾隆兩代之比較」「同化漢人之乾隆帝」六目。

　　首目述：「乾隆帝幼時聰明，六歲能誦宋儒周濂溪《愛蓮說》。康熙帝初見之於皇子邸宅牡丹臺，謂其後福甚大，命養之於禁庭，朝夕教訓，過於諸皇孫。又屢從於熱河狩獵場時，有熊躍出，帝乃仆以小銃，令彼往射殺之，意欲予以初獵獲熊之名而已。彼急乘馬，仆熊復立，帝又發銃殪之。帝歸語諸妃云：『此子福未可量，使彼至被仆之熊前，熊再起，安然〔註134〕無事？』云。自是益加寵愛。據某史家之言，康熙以〔註135〕帝始無立雍正之意，彼由其愛寶親王（乾隆帝以子名〔註136〕），其父雍親王乃得以即位。此說不無可信。次略述其母。其女家為滿洲旗籍那拉氏費揚古之女，幼時在承德母家，貧無婢奴，六七歲時，父母嘗遣之入市買雜物。十三歲時，入北京，值選擇秀女之時。秀女者，八旗處女達於十二歲時，戶部案籍奉仕於宮皇〔註137〕之謂，廷后及皇妃，皆由其中選擇。時彼適與一羣秀女觀於宮門，衛者誤以彼為在籍之人，得引見之榮。彼容貌端正，於是中選，分於皇子之邸，而為雍

〔註133〕下一，第 12 頁。
〔註134〕應為「能」。
〔註135〕衍字。
〔註136〕三字令人費解，或衍。
〔註137〕兩字錯置。

親王府之人。府即世宗（雍正諡法）之潛邸（皇子府）。會親王罹時疫，看護者多不願，彼乃奉王妃之命，旦夕服事，至五六旬，疾乃大瘳，遂得留侍親王，生乾隆帝。一說又云，乾隆非那拉氏所出，實浙江海寧陳氏之子也。未知孰是。」〔註138〕弘曆並非「海寧陳氏之子」，他被封為寶親王在雍正十一年，文中提法不妥。楊啟樵老師認為：「乾隆如何受乃祖偏愛，不免有過譽之詞，要大打折扣。其實對於其他孫兒，這位祖父未嘗不如此」，「因乾隆而立雍正之說，絕不可信」。〔註139〕

次目述：「凡百制度，至此時乃大備。關於皇位承繼事情，實清朝最難問題，此時制定不能越一定等輩之法。等輩者，永、綿、奕、載、溥、毓、恆、啟、燾、闓〔註140〕、增、祺等十二字次第之謂。例如乾隆帝之皇嗣子與嘉慶帝為兄弟及從兄弟，皆上為一永字，下一字皆從王，如永璜、永璉、永琰等類；次乃道光之兄弟，上一字為綿，下一字從心，如綿寧、綿愷、綿忻等是；咸豐乃奕字輩，故其兄弟上一字為奕，下一字從言，如奕詝、奕訢等；同治乃載字輩，下字從水，如載淳、載湉等。惟光緒與同治同輩，以先皇無子為言，擇載字輩。當時紊亂祖法之議大起。此等制得乾隆批准，然皆模仿前明之典例，加以損益者也。此種名字，與國初之太祖太宗及其兄弟等之名比較，不能不覺為變遷之著者。帝最忌滿人之類漢名。有滿洲人大家之一鈕鈷祿氏，以郎為姓，乃鄙而罵之曰：『爾非狼乎？』總之制度之完備，滿洲朝廷漸次化於漢人，可以證之。」〔註141〕愛新覺羅氏家譜字輩「永、綿、奕、載、溥、毓、恆、啟、燾、闓、增、祺」十二字，中間四個為道光帝選定，後四個為咸豐帝續定。

第三目中述：「滿洲之保存其固有風俗，雖自康熙以來不改，至乾隆時，其手段為之一變。帝患滿人感染漢習，察其原因，由於北人文化不及漢人，欲補此缺陷，惟有禁其模仿漢習，一面製作關於滿洲之文獻，如《滿洲源流考》，首載諭旨一道，其意以國姓之愛親覺羅，乃與國語之『金』同意，我滿洲與金源氏同為一脈，雖祖宗之時，受明朝之封，乃為與明修好，假此以結兩國之歡而已，為樂天保生之計，故不拒絕云。據《金使〔註142〕・世紀》，顯於唐代之

〔註138〕下一，第 13 頁。
〔註139〕楊啟樵《〈活計檔〉暴露清宮秘史》，《清史研究》1997 年第 3 期，第 30～31 頁。
〔註140〕應為「闓」。
〔註141〕下一，第 13～14 頁。
〔註142〕應為「史」。

渤海國，有文學禮樂，證明金之先即有文字，以見滿洲部族文化之久。然此等述作有效與否，不能無疑。吾人對於此事，可引國初太宗戒群臣者一節，以為參考。」〔註143〕在引述皇太極「崇德元年讀滿文所譯之《金史・本紀》時之感慨也」之後，作者評論：「不幸太宗之此種豫測，至乾隆時昭然發現，彼等不僅仿傚漢人之風俗，且忘其國語也。在當時所增補之四體及五體《清文鑑》，雖在網羅中土及外藩之語言，實由於強其國語威權之政見而生。」〔註144〕「四體」指滿、蒙、漢、藏四種文字，「五體」又增加了維吾爾文。

第四、五兩目引述馬戛爾尼的記錄：「乾隆五十八年，英國大使馬加特尼，所傳說如下曰：皇帝午前三時起牀，入皇室用之塔拜佛，後閱覽諸官憲之奏疏。此等官憲，限於有直接上奏之資格者。七時朝餐，食後與女官、宦官等，共逍遙於宮城園庭。次召首相，御覽現行之事，然後賜朝見。通常午後三時食後赴劇場，否則即從事於他種娛樂。至就寢時，入室耽讀其所愛之書。其就寢時間，無逾七時以後者。又曰：婦人室，皇后一人（今已故），第一級之妃二人，第二級者六人，宮女百人，故后所生皇子有數人，妃及宮女所生者又有幾人。皇女數人，嫁於韃靼諸公，或韃靼諸大臣，未有一人嫁於漢人者。彼有才能，有學識，勤勉，且信仰之念厚，富於仁慈。對其臣下，叮嚀溫和；對於其敵，復仇之念甚強，絲毫無所假借。當其地位偉大，勢力隆盛，意氣揚揚，若少招失敗，即痛恨不已。無論何事，嫌落人後，不甚信任諸大臣。一旦震怒，不易安慰。皇子等雖有達四十餘歲者，尚不與參密議，又不與重權。太子屬諸誰何人，不得而知也。其第一皇孫才能秀出，亦不與聞諸事，然頗得其鍾愛云。又曰：皇帝常云倦於政務，數年之後，定讓位之時日。因時日過於迫切，改期亦所不免。今乃千七百九十六年，尚不聞有讓位之命。其本來體力旺盛，雖八十三歲，尚無衰弱之病也。」〔註145〕「第一皇孫」當指綿恩。弘曆皇長子永璜之長子綿德，是為皇長孫，已於乾隆五十一年病故。永璜次子綿恩，乾隆四十一年襲封定郡王，五十八年晉封定親王，是綿字輩皇孫中晉封親王的第一人。「千七百九十六年」，1796年約為嘉慶元年，八十六歲的弘曆於是年傳位於顒琰。馬戛爾尼使團抵華在乾隆五十八年，弘曆時年八十三歲。

馬戛爾尼批評道：「……據幼特教派報告，康熙帝頗留心化學，能繼承帝

〔註143〕下一，第14。
〔註144〕下一，第15頁。
〔註145〕下一，第15〜16頁。

之偉大性質者，殆無其人。余今始知支那朝廷之政略，與自負心相關聯。彼欲
陵駕諸國之上，而對於實際，所見不遠，不知利用之方，惟防止人智之進步，
此終無益之事也。又曰：以韃靼朝廷之權勢政略，其抑制支那臣民之活動，至
於何年而止，實一問題也。今其各地方之暴動，時有所聞。此等暴徒，雖一時
之征服，而其患常隱伏於內，一旦同時發動，其鎮壓頗非易事，如病入膏肓，
遂無如之何矣！」〔註146〕可見馬嘎爾尼對弘曆晚年的白蓮教起事有所預見。

　　第六目述論：「乾隆帝雖惡旗人之感染漢習，而在己一身，則甚耽漢人之
文化。其御製詩至十餘萬首〔註147〕，所作之多，為陸放翁所不及。常誇其博
雅，每一詩成，使儒臣解釋，不能即答者，許其歸家涉獵，往往有翻閱萬卷，
而不得其解者。帝乃舉其出處，以為笑樂。又好鑒別書畫，嘗獲宋刻《後漢書》
及九家杜註，甚愛惜之，命畫苑之供奉，畫其像於書上。對於岳氏五經，特建
五經華〔註148〕室藏之。又馬和之《國風圖》，歷數十年始獲全部，保存於學詩
堂。如此之類，不遑枚舉。帝於書法，酷愛董其昌，與康熙帝相似，為當時書
家張得天所傾倒，但自吾人觀之，其書法雖妙，似少氣魄，康熙帝則骨力有餘，
豐潤不足，至雍正之書，有才有氣，不類王者筆跡，各見其長。關於語學，雖
不聞如康熙之常學拉丁，但精於蒙古滿洲語，殆可深信。惟帝之異於康熙者，
在西洋科學知識之缺乏是也。對於西洋畫法之趣味，兩帝所同有。觀焦秉貞之
畫《耕織圖》，可以知康熙之性格；觀意大利人朗西〔註149〕寧 Toseph Castigling
所畫《準噶爾貢馬圖》，可以窺乾隆之嗜好。康熙乾隆，時雖並稱，仔細思之，
一為創業之主，開拓國運；一為守成之君，坐享太平。譬如一家，前者自田間
奮起，經營產業，有備嘗甘苦之象；後者則否，生為貴公子，長為富家翁，有
席豐履厚之觀。彼雖讓位於仁宗，尚行訓政，吏治廢弛，人心睽離，可恐怖之
民亂，實釀生於此時，將次節述其嗣君之梗概。」〔註150〕弘曆的詩作共四萬
餘首，並非「十餘萬首」，但已是現存南宋陸游詩作的四倍有餘。焦秉貞，山
東人，宮廷畫家、天文學家，為傳教士湯若望門徒，吸收西洋畫法。稻葉君山
對康雍乾三帝書法的比較，以及玄燁「備嘗甘苦」、弘曆「席豐履厚」之喻，
均堪激賞。

〔註146〕下一，第 17 頁。
〔註147〕有誤。
〔註148〕應為「萃」。
〔註149〕應為「世」。
〔註150〕下一，第 17～18 頁。

第四十九章《嘉慶時之民亂》，首目「乾隆帝訓政」述論：「乾隆在位已六十年，齡逾八旬，自頌曰：『漢唐以來，古稀之天子纔六人，其中至八旬者，纔得三人，而三帝中惟元世祖，僅可稱賢，其他兩人，則朕之所鄙，即元世祖，亦未有五世同堂如朕者。』乃命鑄『八徵耄念』之印璽，又自作《御製十全記》，繙為蒙、回等四種文字，立石於聖祖御碑之側。十全者，紀其在位十全之武功，即二平準噶爾，一定回部，再掃蕩金川，一靖臺灣，降緬甸安南各一，受廓爾喀之降有二，合之而為十功也。又附言以內地三叛么麼為不足數，其得意可想。然得意之餘，失意之漸。時帝自以精神強固，內外庶政，尚可坐聽，故讓位之後，稱太上皇，行訓政事。時嗣子嘉慶帝，年已三十七，決非幼主，且材能不凡。無論軍國大事，外藩交涉，必須請訓，即瑣屑事件，亦必稟命而行。帝之訓政，其用心未嘗不善，而不知亂機即伏於隱微之中。此所以有大害而無寸功，徒貽嗣君以全國紊亂之內政也。」〔註151〕「其他兩人」當是壽至八十六歲的梁武帝蕭衍、八十一歲的宋高宗趙構，其實女皇武則天也活了八十二歲。其餘「漢唐以來，古稀之天子」有漢武帝劉徹、吳大帝孫權、唐高祖李淵、唐玄宗李隆基、明太祖朱元璋等，總數不止六人。

（七）清仁宗顒琰

該書第四十九章《嘉慶時之民亂》，第六目「斬寵相和珅」述論：「嘉慶承乾隆之後，與雍正承康熙之後，其形雖一，其實則不同。其親政之始，傳乾隆臨終之言曰：『我皇考至彌留頃，親執朕手，頻望西南，似有遺憾。』太上皇功頌十全，壽祝八徵，其末路尚有何不幸耶？帝更言曰：『皇考臨御六十年，四征不庭，雖空荒絕域，無不指日奏凱，內地亂民，如王倫、田五等，偶作不靖，旬日立殄，未有勞師數年，糜餉數千萬，尚未蕆事。若教匪一日不平，朕一日負不孝之疚，內而軍機大臣，外而領兵諸將，同為不忠之臣。』此非一時感慨之言。實焦思之所致也。帝指摘弊害，不僅一端，就中太上皇晚年執法，過於寬大，如誤軍事之永保，雖一時交刑部，後再放釋。各路諸將，掩敗為勝，在京將領，爭請出征，歸時無不營置田產，頓至殷富。將吏日以玩兵養寇為事。此皆內亂擴張之最大原因也。然支那以如是政體，至於如此現象者，不可獨責在外將吏，當先考太上皇訓政及其所伏之隱患。嘉慶親政，即治大學士襄勤公〔註152〕和珅處以斬罪。和珅者，太上皇之寵相也。」

〔註151〕下一，第18～19頁。

〔註152〕有誤。

〔註153〕和珅並非處斬，實令自盡。乾隆五十三年，封和珅為三等忠襄伯，累
進一等忠襄公。其爵號並非「襄勤」，當書「忠襄」。

第九目「洪亮吉之意見書」述：「嘉慶三年，洪亮吉為救濟時艱，條陳意
見於當道。……此條陳既上，以深中時弊，人爭傳誦。大學士朱珪薦之於朝廷，
彼不肯受招，臨去復上書於王公，多誹謗朝廷語，因之流於伊犁，不踰年而釋
歸。嘉慶帝私居，常置此條陳於座右，曰：『是朕座右之良箴也。』於是嘉慶
四年中，發布《御製邪教說》，但治從逆者，不治從教者。後賊首王三槐於北
京被擒……」〔註154〕被嘉慶帝置於座右的還有其在藩邸時朱珪所上養心、敬
身、勤業、虛己、致誠五箴。王三槐是在四川被誘捕後解送北京，而非「於北
京被擒」，其後顒琰「不聞用兵於民」〔註155〕的感慨亦載於《清朝史略》。

（八）清宣宗旻寧

該書第五十一章《內外發生叛亂》第一節《通謀宮廷之會黨》，首目「會
黨之陰謀與宦官」述紫禁城之變：天理教徒「既得內監之導，已知大內所在，
不幸誤由尚衣監之文穎館侵入。侍衛急閉隆宗門，於是不復入宮中。一時混
亂，迷其方向。帝之第二皇子（後為道光）知之，大駭，督諸太監防匪徒。
又急命取小銃。有通教徒之內監，與以空丸之小銃。俄有手舉白旗攀垣者將
踰養心殿，擊之不中。大怪，視之，知為空丸。急拆衣服之銀扣為丸，始斃
之。教徒不敢越垣，遂放火於崇文門……」〔註156〕「銀扣為丸」之事描寫生
動。

第五十九章《欽差大臣林則徐及其政策》，首目「道光帝之資性」述：「中
國有官職者，對於廣東通商之財源，無不思染指，上下皆然，恬不為怪。道光
十八年中，官吏之在上位者，清廉自勵，希望廢止鴉片通商，以除中國之害者，
寥寥可數。道光帝之即位，當此放恣因循之朝廷，紊亂腐敗之政府，叛亂紛擾
之時代，先改革朝廷上之積弊，使惡習一掃而空。帝所裁奪之諸問題中，最緊
急者為鴉片問題。其所執之態度，非常果斷，志在實行改革，而誠實熱心之官
吏，奉意實行者，即林則徐其人也。」〔註157〕作者對旻寧初政評價甚高。

第六十章《鴉片戰爭及其經過》，第十五目「清廷否認草約」中述：「……

〔註153〕下一，第22～23頁。
〔註154〕下一，第30頁。
〔註155〕第四冊，第13頁。
〔註156〕下一，第39頁。
〔註157〕下二，第24～25頁。

先是，道光帝本無和平之意，特以九月十七日，受北部英國遠征軍之影響，始有講和之勅令。任命琦善為交涉委員長，及一月六日，更發勅令，命其兼理浙江軍隊、廣東軍隊，並命將來外人所有請願，悉行拒絕。是即交涉破裂之導機。此外尚有命令，謂海岸無論何地，可以開始戰爭。琦善以為維持廣東秩序之手段，應因時制宜，從前主戰政策，似不可用。奏報至而道光帝不信。一月三十日，罷琦善及伊里布，以宗室奕山為靖逆將軍，尚書隆文及湖南提督楊芳為參贊大臣，命赴廣東，勦辦洋夷，且召集湖北、四川及貴州每地方各二千之兵，命其急赴廣東，實行勦辦云。」〔註158〕此後第二十九目「南京條約蓋印」中僅述「……清國皇帝批准」〔註159〕，未多刻畫道光帝形象。

第六十九章《英法聯軍入北京》，第一目「清廷之蔑視條約」中稱：「《南京條約》之口血未乾，清道光帝憤外人權利由此伸長，欲抑制之，臣下莫不迎承其意旨者。先是帝不欲福州開港，思以他處代之，事為英公使璞鼎查所知，不果行，而官吏之主張廢棄條約者益眾。一八四三年，英船二隻過臺灣海，遭暴風，地方官遂命土人將被難者縛而屠之。又中國工人，與英水兵鬥於廣東，工人負傷，中國人大怒，遂放火焚英國商館。此等瑣事，不勝枚舉。幸中國婉辭以謝，未至決裂。然兩國感情至是益惡。蓋自《南京條約》成立後，英人意甚滿足，輕於撤退駐兵，使清廷視為易與，而清廷之大望，不在改正屈辱的條約，而在逐外人於中國領域以外，故英之自恃而不設防，即英人之失敗也。」〔註160〕對此，該書第八十一章《教案之頻起》中還有相關論述，詳見本章第四節關於天主教的內容。

（九）清文宗奕詝

該書第七十章《同治中興》第一節《化除滿漢畛域》，第三目為「書生建勳非國家之福」：「滿洲恐內亂蔓延，利用漢人以治之，非誠意也。試舉例以證之。咸豐三年，曾國藩始指揮鄉勇驅敵，武昌一帶，旋告肅清。帝聞報大喜，顧軍機大臣等曰：『不圖曾國藩一書生，乃能建此殊勳。』祁寯藻時在軍機，對曰：『曾國藩一在籍侍郎，猶匹夫也。匹夫居閭里，一呼蹶起，從者萬人，恐非國家之福。』帝聞之，默然變色。又有一事可為滿人利用漢人無有誠意之證者，咸豐帝恨長髮賊久據南京不下，臨崩時留遺詔，謂克復南京時，

〔註158〕下二，第 49～50 頁。
〔註159〕下二，第 57 頁。
〔註160〕下三，第 10 頁。

無論何人，當封以郡王。及曾氏下南京，論功行賞，僅封世襲一等毅勇侯，而先帝之遺詔，遂歸無效。咸豐帝在位時，惑於祁雋藻之言，不敢專任漢人，以致賊勢蔓延，久不能平……」〔註161〕奕訢「不敢專任漢人」，可以曾國藩在咸豐朝屢遭掣肘之事為驗證。

第六十九章《英法聯軍入北京》，第十八目「咸豐帝之蒙塵熱河」中稱：「清廷聞八里橋之敗，上下震撼，咸豐帝遂蒙塵於熱河。英法聯軍益北上，繞出北京之西北，先占領圓明園。」〔註162〕此處「蒙塵」的用法類似《清史攬要》的「避熱河」〔註163〕，優於《清朝史略》的「幸熱河」〔註164〕。

作者述「石蔭荷氏（Swinhoe）紀當日俘虜之言，有足以資史家之考證者」。「石蔭荷氏」當即為英國外交官、博物學家郇和（Robert Swinhoe），或譯史溫侯、斯文侯等，時任隨軍翻譯。書中節譯其文如下：

> 某夜將午，一士官捕人來，余起而步出陣外。時皓月當空，玲瓏如畫，篝火連營，蟲聲唧唧，出自叢草間，光景倍極淒涼。余之陣前，此時亦盛焚篝火，旅長以下皆列於陣外。忽見率一俘虜來，戰慄不能言，身著中國官衣，狀已衰老。據云係清帝閹官，今為納涼苑留守，清帝已於十五日前，從後宮貴嬪十三人，衛以多兵，出狩熱河。太子前夕尚留城中，聞同盟軍將至，乃以閹宦十三人為衛，倉皇出走。既而曰：『是日薄暮，法兵開宮門，蠭湧而入，閹宦等拒之而敗，遂殺二人，其餘皆負傷。余知不能守，乃乘馬急馳而遁，不幸被獲。』又曰：『後宮貴嬪十三人，正妻即皇后，無子。貴嬪中有子者二人，一男，四歲，一女，五歲。』復云皇上今已與皇后及其皇子女同幸熱河離宮，距此間可百里程云云。〔註165〕

文中所述的「正妻」即後來的慈安太后，「太子」即後來的同治帝載淳，其姐為後來的固倫榮安公主。

第七十章《同治中興》第二節《清室之內訌》，第一目為「咸豐帝崩於熱河」：「當英法聯軍入北京時，帝已在熱河行宮。咸豐十一年三月遂崩。帝晚年頗溺聲色，據薛福成所記，導帝於邪僻者，實為怡親王載垣、鄭親王端華、

〔註161〕下三，第 25 頁。
〔註162〕下三，第 19 頁。
〔註163〕第五冊，第 206 頁。
〔註164〕第四冊，第 288 頁。
〔註165〕下三，第 19～20 頁。

及端華之同母弟肅順,而肅順供奉內廷,尤善迎合帝意,稍稍干涉大政。軍機處之權利,遂移於內廷。至清帝駐蹕熱河以來,肅順益專恣,隨時出入宮廷,誘帝以聲色。北京王大臣屢請回鑾,帝不從,實則阻於此三人也。未幾帝不豫,載垣等遂矯詔公布。帝體素孱弱,接見臣下時甚少,一切要政,悉託於左右近臣。端華等乃與軍機大臣穆蔭、吏部右侍郎匡源等相接納,時稱為贊襄政務王大臣,凡百庶政,由皇帝面授軍機行之,而勢力之中心,則仍在肅順。」〔註166〕贊襄政務王大臣為奕詝遺命輔佐載淳而設,「時稱」用法不對。

(十)清穆宗載淳

該書第七十章《同治中興》第二節《清室之內訌》,第六目為「同治帝及皇后之殉死」:「帝雖西太后所生,然其孺慕之忱,則對於東太后尤深。帝既成長,東太后欲婚尚書崇文山之女,西太后欲婚鳳秀之女。同治十一年,帝年十八,兩太后遂以婚事命帝自決。帝乃擇東太后所擬定者為后,西太后因之不懌。傳聞大婚之夕,皇后應對頗稱旨,帝命皇后背誦唐詩,無一字誤,益垂寵幸。然帝之欣幸,即西太后之缺望也。西太后乃誡帝曰:『鳳秀之女,屈為慧妃,宜加眷遇。皇后年少,不嫻宮中禮節,宜使學習,勿常往皇后宮,致妨其學習。』時帝后新婚燕爾,愛情正摯,乃為母后無情之嚴諭所中斷,其懊喪為何如者?帝自被嚴諭,遂不入皇后宮,又不幸慧妃,常獨居乾清宮,優游歲月而已。抑鬱無聊,常好微行,暗疾乃中於帝躬,未幾疾革,遂崩,時同治十三年十二月也。帝崩後,未逾百日,皇后亦自盡以殉。論者謂如斯慘劇,乃西太后所釀成也。」〔註167〕載淳岳父崇綺,字文山,光緒十年方任尚書,文中所述不妥。書中其餘關於兩宮皇太后的形象刻畫,下文詳敘。

第七十四章《日本全權大使副島種臣之來聘》,首目為「同治帝之親政」,但其中對載淳形象並未刻畫。第六目「謁帝於紫光閣之評論」中,引述「西文《京報》」之語:「同治帝親政以來,雨暘時若,人心和暢。」〔註168〕並未述論其具體施政舉措。

(十一)清德宗載湉

該書第七十六章《雅克布白克之叛亂》中略述:「西紀一八七五年,同治

〔註166〕下三,第 27 頁。
〔註167〕下三,第 30～31 頁。
〔註168〕下三,第 60 頁。

帝崩，光緒帝即位。三月，以左宗棠為欽差大臣……」〔註169〕此處未提光緒帝幼年即位，兩宮皇太后繼續垂簾聽政事。

第八十三章《革新及革命》，第三目「西太后之攬大權」詳述：「……同治帝無嗣子，已成事實，故東西兩太后（尤以西太后為主），乃以道光帝第七子醇親王奕譞之第二子載湉，為咸豐帝之承繼子，以嗣大統。此一八七五年一月事也。……一八八七年，光緒帝年齡已達十六歲，西太后之撤簾，要亦一時之休息耳。」〔註170〕此處提及載湉親政事。

第十三目「開國進取之上諭」中述戊戌變法：「光緒帝見國運之日否，社稷之日危，欲乾綱獨運，以一追康熙乾隆盛時之景運，而激烈派之言論，至詆之為痴兒。是實不然，帝目擊中東戰後之失敗，膠州灣之割讓，憂心不能自禁。一八九八年六月，發上諭明示大小臣工及一般士民，以開國進取之大方針。」〔註171〕日方稱甲午戰爭為日清戰爭，亦稱「中東戰爭」。載湉頒布《定國是詔》在光緒二十四年四月廿三日，確為 1898 年 6 月（11 日）。

第十四目「光緒帝之幽囚」述：「革新之聲，國內瀰漫，同時守舊派之反對的激烈運動，亦隨之而起。皇帝見康有為時，有言曰：『我不忍為亡國之君，若不與我以大權，我寧遜位。』則可知光緒帝之熱心改革矣。然而帝之親政，已十餘年，而尚云大權不在握，則豈非可怪之事歟？無他，退政而居於頤和園之西太后，抱其無窮之慾望，今不異昔，尚思再為翊坤宮裏之人，雖夢寐亦不忘也。光緒帝政治上之位置，不過一傀儡。康有為諸人，對此傀儡而要求以種種之難問題，此其所以僨也。此年九月，光緒帝攜改革意見書，親見太后於頤和園，欲得其許可。太后勃然震怒，以帝為躁急輕佻，紊亂祖法，面叱其誤謬。帝大懼，退還宮，憂憤之餘，終夜不寐，急召楊銳，親授衣帶密詔於康有為等，命其救駕，事為太后所知。九月二十一日，太后召見帝於頤和園，即監禁之，後幽之於北海之瀛臺。西太后又垂簾聽政，而革新黨之一派逮捕處死，羅織不少。康梁等數人走日本，得不死。譚嗣同就戮時，慨然曰：『中國數千年來，未聞因變法而流血者，有之，〔註172〕請自嗣同始！』」〔註173〕翊坤宮為紫禁城西六宮之一，光緒十年載湉令改造殿堂使該宮與慈

〔註169〕下三，第 76 頁。
〔註170〕下四，第 24～25 頁。
〔註171〕下四，第 34 頁。
〔註172〕原文漏句讀。
〔註173〕下四，第 36～38 頁。

禧太后所居儲秀宮連通，以慶賀她五十大壽。

第八十四章《宣統帝退位》，第七目「袁世凱之放逐」中述：「光緒帝之死，在西太后前一日。其時民間不無揣測之辭，然光緒帝之賦稟，頗不強健，實一虛弱之質。一八九八年政變以來，雖曰在位，不過廢帝而已。帝有寵姬曰珍妃，帝奉太后奔西安時，妃不得從行，投井而死。或曰妃之投井，宦官崔某、王某，實下石焉。帝雖知之，而不能置之於法。及帝病，二人侍左右，帝欲去此二人，太后問故，則俛首良久曰：『我見此人，便爾作惡。』帝自政變後，或居於頤和園之玉潤〔註174〕堂，或居於宮城海子之瀛臺。瀛臺四面皆水，設浮橋，帝行過後，即撤去以為常。帝常獨居，自珍妃之亡，始無家室之樂。宦官待帝甚薄，據傳說，帝在宮中，欲設電燈而不能得，欲設電話而不能得，窗簾累歲不換，簾之下端，已如犬牙之交錯。內務府大臣，方注全力於太后，熟視之而若無覩。帝實淒涼而過此三十四年之生涯耳，不亦可憐也哉？又或曰：帝死後，張之洞擬諡號曰景，擬廟號曰德宗。侍郎寶熙欲以孝宗為廟號，張曰不然，此中自有難言之隱在也。遂不從。聞帝在頤和園時，嘗望見明景泰帝之陵，問左右，左右答曰：『景泰也。』帝即命南書房之翰林，進《景泰史略》。帝覽畢，淒然者久之，曰：『我即異日之景泰也。』因命內監修景泰陵，曰『勿為皇太后所知，若知之，則可託言汝輩之作功德也』。」〔註175〕強迫珍妃投井者為慈禧太后。「崔某」指崔玉貴，「王某」指王捷臣。

第九目「武漢之革命」中稱：「先是，四川之人，未必有革命之思想，革命黨從而煽動之，亦未必有效果。何則？四川人實共祀光緒帝之靈位，以為先帝若在，決無如此之暴政，此乃宣統三年六七月間之形勢也。」〔註176〕稻葉君山於此提及川人對載湉的懷念，進一步刻畫光緒帝形象。

（十二）宣統帝溥儀

該書第八十四章《宣統帝退位》，第六目「憲法大綱之發布」中述：一九〇八年，「光緒帝與西太后，先後殂落，乃以帝弟醇親王之長子溥儀，為同治帝之承繼子而即位，時年六歲，明年，改元宣統焉」〔註177〕。此醇親王為載灃。

〔註174〕應為「瀾」。
〔註175〕下四，第50～51頁。
〔註176〕下四，第53頁。
〔註177〕下四，第50頁。

第九目「武漢之革命」中述：「西太后殂落之時，揣測者以為清朝最大之危機，而當時竟於全局毫無影響，世人皆自疑其揣測之差，然形勢究因此變動，故攝政王遂有宣統五年開國會之公約，此則比之於前而又縮減三年矣。自古幼主，最為禍國，攝政王先配置宗室親貴於要路，以強其威望，又欲掌中央集權之實力，與兵權之統一，然徒與革命黨以口實，而革命之運動，又自此而發展。」〔註178〕「自古幼主，最為禍國」，此實為對攝政王載灃施政的批評。書中對幼年即位的溥儀，並未記述其言行舉動。

二、書中其他重要人物形象舉例

《清朝全史》體量龐大，人物眾多，以下僅從與《支那近三百年史》比較的角度，舉出十餘位重要人物述其形象刻畫。

（一）多爾袞

《支那近三百年史》中多爾袞之名僅出現兩次，並非重要人物，《清朝全史》則不然。該書第十五章《金國諸王之不和》，第四目「三尊佛之帝位」中稱：「多爾袞性巧猾，不觸何等嫌疑，太宗亦稱多爾袞之舉動，皆合朕意，甚寵賞之。……彼多爾袞者，太祖有傳位之遺命，其將來如何，吾人誠不可不注意也。」〔註179〕

第二十三章《太宗之死及皇位承繼》，第二目「睿親王之擁立稚兒」中述：「太宗即位，原非皇父太祖之意。蓋其父皇之意旨，原授大統於幼子多爾袞，而命長子代善（禮親王）為輔佐。然此意旨，太宗於其死後，並不履行。多爾袞之母大福金遂自刃。」〔註180〕前文已述大福晉殉葬為四大貝勒逼迫。

作者分析：「太宗崩殂，其皇位遂為彼等諸王爭奪之目的。夫肅親王之為皇長子而不得立，非與禮親王之為太祖長子而不能立同乎？肅親王之不得立，固由於睿親王多爾袞之掌握實權也。然太宗何為而寵用多爾袞乎？一則多爾袞之為人，天資敏活，巧於承太宗之意旨；二則太宗不能不回顧當時即位之事情也。夫以多爾袞之材能優秀，當時非他諸王所能企及，故肅王早已表明退讓之意思。然則睿親王何故不自立乎？據此記事之所云，方知太宗樹恩深厚，非擁立彼之血類，畢竟不能羈縻人心。由是多智之睿王，立稚兒寡婦以收拾舊臣

〔註178〕下四，第52～53頁。
〔註179〕上二，第42頁。
〔註180〕上二，第104頁。

之心，而自居於輔政之地位，以掌握實權。此亦其善自為謀之處。」〔註181〕
肅親王豪格為皇太極長子，禮親王代善實為努爾哈齊次子。稻葉君山對多爾袞
的智謀很是推崇。

第二十五章《北京遷都》中，述順治元年接應吳三桂的山海關之戰：「睿
親王西至連山，尚有三桂第二次關於敵情之報告，遂乃兼程並進，次於沙河。
此時山海關已陷重圍，知李自成之前哨，由一片石而出關外，清兵迎見而擊破
之，進而至山海關外，白旗高翻城上，三桂開關出迎。此四月二十二日，實清
國勃興之一大紀念日也。睿親王總八旗、漢軍、蒙古之各兵，自南水門、北水
門及關中門順次入關。李自成既占關內要地，從北山沿海岸而列陣，且其兵曾
經百戰，剽悍有勇，王下令為密集之陣法，先以突破敵之一角為計策。三桂之
兵，則居於右翼之末，使之悉眾搏戰。戰良久，會大風揚塵，咫尺莫辨，清兵
從三桂之陣右突出，衝敵之中堅，萬馬奔騰，飛矢如雨。自成方登高岡而觀戰，
見辮髮兵之肉薄，驚曰是滿洲兵也，急策馬走。敵之全眾，因而大潰，自相殘
蹈，死者無算，僵屍遍野，水溝盡赤。」〔註182〕此戰在一片石擊敗的「李自
成之前哨」是唐通所部。

「睿親王之師漸次撫定直隸省之北部，五月二日由朝陽門入北京。明之文
武故官出城而犒王師者不少，焚香插花而表敬意者，比比皆是。王乃入武英殿
受朝賀，越一日，王下令為崇禎帝服喪三日，以順輿情。」〔註183〕此舉為清
廷爭取人心加分不少。

該章第六目「辮髮令之強行」，作者分析：「今試察彼等漢人之心理，……
獨關於薙髮之事，實有不願以自己之頭髮易國家之存亡者。睿親王早已窺破
此中消息……」〔註184〕「此睿王之措置，所以毋寧如是之為得計也。已而順
治二年（西紀一六四五）江南略定，屬行辮髮之制。」〔註185〕「當時孔子之
裔孫孔文譚〔註186〕者，為其宗家之衍聖公孔文植〔註187〕執行孔廟典禮，以
新制多不便，呈請蓄髮用先王之衣冠，反被譴責，惟以其為孔聖之裔，僅免

〔註181〕上二，第105～106頁。
〔註182〕上三，第4～5頁。
〔註183〕上三，第5頁。
〔註184〕上三，第7～8頁。
〔註185〕上三，第8頁。
〔註186〕名誤。
〔註187〕名誤。

於死。」〔註188〕當時上書多爾袞的是孔聞謤，衍聖公名孔胤植，後避胤禛諱改為衍植，此處兩名皆誤。另外孔聞謤從未任過巡撫，《清史攬要》〔註189〕亦誤。

該章第七目「北京遷都之理由及南方自立之容認」中，引述了清廷致南明的檄文，並加按語：「按：此文未見於清之《實錄》，其出自睿王之手，固無所疑。」〔註190〕下一章又評價《攝政王致史可法書》，「睿王之書，理足神完，真興國之大文字，與前節所揭之檄文，恐同出一人手筆，即係李雯之所草者也」〔註191〕。劉勇剛老師指出，「多爾袞具有王者之霸氣，卻不具備撰寫傳世名文之才華，必然授意於臣僚」〔註192〕，李雯捉刀之說可以考實。

書中專設第二十九章《睿親王之死》，首目「睿親王暴死」述：「順治七年十二月，攝政睿親王多爾袞，死於邊外之喀喇城，年三十九。是月，追尊為義皇帝，廟號成宗。從前王與鄭親王濟爾哈朗為攝政，輔佐幼帝，世祖進關以來，大小政務，獨歸王之掌握。順治元年，封王為皇叔父〔註193〕攝政王，〔註194〕禮儀一切均擬父王。二年，由禮部議定，凡移文稱為叔父王，常稱為父王，元旦及佳節，滿漢文武諸臣朝皇上畢，即朝皇叔父王。五年，無論公私總稱為皇父攝政王云。王為太祖寵兒，前已述之，太宗死後，彼為唯一之指導者，使無睿親王，則不能收太祖太宗所創之功果，可斷言也。順治帝追尊之為皇帝，亦即為此，第此封號至翌歲二月，因王生前尚有謀為不軌之理由，遂一切撤去，且摘出王之黨與而黜降之，謂順治八年之政變。」〔註195〕和前述日本清史諸專著一樣，《清朝全史》中亦未提及乾隆帝為多爾袞平反事。

次目「追討攝政王之理由」述：「追討之理由如下：太宗崩御時，諸王貝勒大臣等，誓扶立皇上，未有立攝政王之議，惟彼弟豫郡王，唆使勸進。當時皇上尚在幼沖，則推彼與鄭親王。後彼獨專權威，使鄭親王不得預朝政，

〔註188〕上三，第 9 頁。
〔註189〕第五冊，第 24 頁。
〔註190〕上三，第 11 頁。
〔註191〕上三，第 18 頁。
〔註192〕劉勇剛《李雯為攝政王多爾袞捉刀致史可法書考論》，《貴州文史叢刊》2011年第 2 期，第 13 頁。
〔註193〕原文句讀誤。
〔註194〕原文漏句讀。
〔註195〕上三，第 53～54 頁。

而以彼親弟為輔政王，背誓肆行，自稱皇父攝政王，以扶立皇上之功為己功，併以太宗平日恩養之力為己力，其他儀仗府第之僭越者，則更不須論。又彼親至皇宮院內，以太宗之位為係原來奪立，逼死肅王而納妃，更悖理而使其生母入太廟。世宗〔註196〕准其奏。此言係鄭親王所提出者，吾人所當知也。又太祖之弟舒爾哈齊之第二子，始即與睿親王不合。然徵之追討之理由，指摘雖多，唯除歸咎睿王之專橫外，無何等有力之根據。夫睿王材略雄絕，超出彼等萬萬，其自進關繼續至降南京前後，非可徒以合議政體而奏功效者明也。乃彼等待睿王死後，羣起攻擊，亦可想見王之生前之威力何如也。然吾人以為其追討之理由，有足以考究者，則睿王謂太宗之位係出奪立是。夫奪立者，不過謂太祖之位，應由彼嗣，而被太宗傍出而奪去之謂也。然此意味，據存於朝鮮所傳為太祖之遺言者，亦復相符。至睿王以自己生母入太廟，則更強為牽涉。生母者，即謂太祖之妃納喇氏，而為太宗所迫殉死之寵妃也。他如王稱為順治帝之父王，非特尊稱然也，且不無因皇太后降嫁於王之事實云，但此係出當時南人之說，究難保無誤傳之處。」〔註197〕豫郡王指多鐸，舒爾哈齊之第二子是阿敏。作者對太后下嫁的說法似乎有幾分相信，同時又持有所懷疑的態度。

第三十七章《西洋文明東漸》中稱：「睿親王之占領北京也，欲舉城而充滿蒙八旗之住宅，限三日內，漢民一律退出。順治門內之聖堂，既被旗兵占領，然湯若望以所藏之禮器經典太多，限期內不能移出，如欲移出，必多損失，不易修理等情，呈疏於睿親王。睿親王遂准所請，遣散旗兵。宣武門內之聖堂邸第，及阜成門外之塋域，得以保存者，皆攝政王之所賜也。順治二年，滿洲朝廷，擯大統回回曆，八月，以西法製定之時憲曆書，頒行於天下。至十一月，上賜湯若望掌管欽天監之印信，並許其選任監員七十餘人，始得以欽天監與曆局，歸併於一。」〔註198〕北京宣武門俗稱順治門。順治二年福臨尚未親政，湯若望能掌管欽天監，應也是多爾袞之命。

（二）吳三桂

該書第二十五章《北京遷都》，首目「明將吳三桂之請援」中，引述吳三桂致多爾袞書的內容後，作者認為：「按之此文，則可知吳三桂抱忠義之心，

〔註196〕當為世祖。
〔註197〕上三，第 54～55 頁。
〔註198〕上三，第 164～165 頁。

欲屠李自成而伸國家之恨，第因兵力單弱，乃求清國之援助。且彼以割地相
酬，為請援之條件，是其志不可謂不悲痛。又其罵李自成比之唐之黃巢、漢
之赤眉，天人所共憤，其忠憤為何如者？然退而察當時人心之所歸，則以三
桂為一武人，其果能知如此之節義名分，則又不能無疑。……第據當時野史
所云，則謂三桂之為請兵之動機者如下：三桂者字長白，高郵人，籍隸遼東
中後所。其父名襄。官都指揮。守寧遠，部下有精兵四萬，尤稱雄悍。崇禎
十七年，奉詔由山海關西向北京，至豐潤即接京師已陷之報，遂遲疑不進。
惟彼有寵妾陳圓圓，本為南京名妓，三桂以妾交與其父吳襄，共投入自成之
營，適為敵將劉宗敏所收留。三桂得此飛報，大怒，遂出兵討自成。彼寓書
其父襄，所云父不能為忠臣，兒自不能為孝子者，乃徒假名於大義耳。彼實
置君親於不顧，惟拳拳於陳妾之一人。所謂狗彘不食者，其即三桂歟！再以
此記事，證之內監〔註199〕永章之《甲申日記》中所收之三桂家書，更為確鑿。
詩人吳梅村有『衝冠一怒為紅顏』之句，是真不愧為詩史矣。」〔註200〕吳三
桂，另字長伯，又字月所。他和其父都任過都指揮使之職，吳襄在總兵任上
戰敗下獄，吳三桂守寧遠時為總兵，後曾加提督銜。

　　第三十章《三藩之平定》中述評：移藩「令下，三桂等愕然，但彼等雖知
已被帝制於機先，然對於自己之力量，尚不免自信，遂於是年冬十一月發兵，
傳檄遠近。特彼所謂起兵之名者，以恢復明朝為辭，則不得不謂為拙劣耳。緬
甸之役，捕殺永明王而絕明之枝葉，非即吳三桂其人耶？」〔註201〕永明王即
永曆帝朱由榔。

　　徐凱老師指出，「稻葉君山著《清朝全史》，蕭一山編《清朝通史》，以及
孟森作《明清史講義》，所述「三藩」史事，均參用魏源之說」〔註202〕。《清
朝全史》書中收錄的吳三桂討清檄文「源自《華夷變態》彙編之文，並非足本」
〔註203〕，「稻葉君山刪節串聯了《華夷變態》卷二《吳三桂檄》，故書中稱『其
大意如下』。文中既多摘錄《檄文》之語，又有以己意相連之處，並非《吳三

〔註199〕漏「王」字。
〔註200〕上三，第 2～3 頁。
〔註201〕上三，第 59 頁。
〔註202〕徐凱《吳三桂討清〈檄文〉原文本考》，《清史研究》2017 年第 3 期，第 140
　　　　頁。所述蕭一山之書當為《清代通史》。
〔註203〕徐凱《吳三桂討清〈檄文〉原文本考》，《清史研究》2017 年第 3 期，第 144
　　　　頁。

桂檄》傳抄之本。蕭一山《清朝通史》卷上第三篇第十七章《三藩之亂》引用
吳三桂《檄文》，則轉錄自《清朝全史》之文，個別文字有差，或句讀不一。」
〔註204〕三藩之亂吳三桂起兵時的自稱，當表述為「奉旨總統天下水陸大師、
興明討虜大將軍」〔註205〕，而非《清朝全史》中的「奉旨總理天下水陸大元
帥興明討虜大將軍」〔註206〕，亦非《清史攬要》中的「天下都招討兵馬大元
帥」〔註207〕，《支那近三百年史》中的「天下都招討兵馬大元帥」〔註208〕亦
誤。

　　該章第四目「西南六省陷落」中論述：「三桂不於此時與畏縮之清兵一決
雌雄，不得謂非失計。聞之三桂既舉事，其部將中有謂宜疾行渡江，全師北
進者，有謂宜直下南京，扼守運河，以絕南北糧道者，乃彼俱不用，不得謂
非清廷之奇幸。三桂分軍為南北二路，一自長沙窺江西，一自四川覘陝
西……」〔註209〕《清朝史略》中還有「或言宜出巴蜀，據關中，塞崤函自固」
〔註210〕一策，當對吳三桂的戰略選擇有所啟發。

　　第八目「吳三桂即帝位」中述：「吳三桂既失陝西、福建、廣東三大藩，
復失江西，清軍又雲集於湖北、江西，而兩廣復應清軍，因是財用耗竭，兵
餉不足，乃欲藉帝號以自重。十七年三月，由長沙移衡州，自上帝位，改元
照〔註211〕武，改衡州為完〔註212〕天府，國號大周，時年七十有六。吳三桂
以是年八月病死……」〔註213〕吳三桂時年六十有七，而非「七十有六」。

　　（三）鄭成功

　　《支那近三百年史》中鄭成功之名僅出現兩次，《清朝全史》則不然，第
二十七章《明人恢復事業之悉敗下》第七目「鄭成功據廈門」述：「鄭成功初

〔註204〕徐凱《吳三桂討清〈檄文〉原文本考》，《清史研究》2017年第3期，第141
　　　　頁。所述蕭一山之書當為《清代通史》。
〔註205〕徐凱《吳三桂討清〈檄文〉原文本考》，《清史研究》2017年第3期，第145
　　　　頁。
〔註206〕上三，第59頁。
〔註207〕第五冊，第49頁。
〔註208〕第二冊，第456頁。
〔註209〕上三，第61頁。
〔註210〕第三冊，第259頁。
〔註211〕應為「昭」。
〔註212〕應為「定」。
〔註213〕上三，第64頁。

名森材〔註214〕，生於日本之平戶。母為平戶士人之女田川氏，生成功及其弟
七左衛門。崇禎三年森材年七歲，父芝龍遣人迎之，田川氏及七左衛門猶留
日本，時七左衛門方二歲也。芝龍及成功贈書屢招其母子，該氏以七左衛門
尚幼，辭不赴。日本正保元年七左衛門年十六，成功強迎之，田川氏乃謂七
左衛門曰：『良人及汝兄數數相迎，然皆以汝尚幼為辭。今汝稍長，不往則失
汝父兄歡。今從此別，我將從其請，但請良人每歲託來舶送銀以為資給，我
身即死，幸勿憂慮。』遂請幕府許可，航海而去。成功年十五，入南京大〔註
215〕學，補弟子員，聞錢謙益之名，遂為其弟子，謙益字之大木。成功風采
魁偉，奕奕耀人，俶儻有大志，讀書穎敏，不治章句。戶部侍郎〔註216〕觀光
一見而謂芝龍曰：『此兒英物，非爾所及。』南京某術士視之，驚曰：『此奇
男子，骨相非凡，為命世之雄才，非科甲之流也。』隆武元年，芝龍使成功
入見福州唐王，時王尚未有嗣，見成功魁梧，撫其背曰：『惜哉未有女以配卿，
卿可盡忠吾家，無忘故國。』改姓為朱，賜名成功，拜御營中軍都督，賜尚
方劍，儀同駙馬。由是中外稱為國姓而不呼其名。芝龍遂使成功入恃〔註217〕，
以察帝之動靜。芝龍擁立唐王素非其意，成功患之。一日見唐王，王愁悶而
坐，成功泣奏曰：『陛下鬱鬱不樂，得毋以臣父之故歟？臣受厚恩，義不反顧，
請以死報陛下。』翌年六月，封忠孝伯。八月王在汀州被擄於清兵而死。清
兵連墮諸城，且迫泉州，成功之母田川氏亦死節。芝龍受清之招而降，召成
功計事，成功泣諫曰：『父教子以忠，不聞教以貳。且清朝有何可信？』鴻逵
等亦諫，不聽。芝龍既降，清將遂擁之而去，更作書召成功，不從。芝龍曰：
『他日為清之患者，必成功也。』成功雖列爵，尚未與兵事，意氣容貌，一
書生也。惟既遭困難，諫父不聽，且痛母死於非命，慷慨激烈，謀舉義兵，
詣孔廟焚所著之儒服，拜先師，〔註218〕仰天曰：『昔為孺子，今為孤臣，向
背居留，各行其是，謹謝儒衣，祈先師昭鑒！』長揖而去。偕平生所善之陳
輝、張進、旋〔註219〕顯、陳羈〔註220〕、洪旭等與夫願從者九十餘人，共乘

〔註214〕有誤。
〔註215〕應為「太」。
〔註216〕漏「王」字。
〔註217〕應為「侍」。
〔註218〕原文漏句讀。
〔註219〕應為「施」。
〔註220〕應為「霸」。

大船二艘而入海。募兵南澳，得數千人。永歷元年二月，成功提師由南澳歸泊鼓浪嶼，設高皇帝之神位於島上，謀勤王之事，與諸將共盟。鼓浪嶼與廈門、語州〔註221〕隔一衣帶水。廈門，即中左所也，語州，即金門也，共隸於同安，或即稱為二島，鄭彩、鄭聯據之。此年成功攻海澂不克，又與鴻達合攻泉州，破提督趙國佐〔註222〕，忽因清之援軍至，遂解圍而去。翌年三月攻同安，取之，轉而侵泉州，至九月與清軍戰，不克而退。」〔註223〕鄭成功本名森，又名福松，而非「森材」。此處「永歷」當逕寫為永曆。金門舊名浯洲，亦名仙洲、浯江等。「海澂」即海澄。鄭彩、鄭聯為鄭成功從兄，鄭鴻達為其叔父。

第十五目「鄭成功敗於南京」述：「永曆十二年，播遷雲南之永明王，進鄭成功為延平郡王，成功感激不置，翌年以張煌言所統率之浙江軍為嚮導，率號稱十七萬之大軍而侵浙江，陷溫州、台州等處。順治十六年，聞清軍大舉攻雲南，遂乘虛又以大軍侵江南。六月，由崇明渡江而破瓜州、陷鎮江，直逼南京。張煌言又別由蕪湖攻入徽寧。恰值江寧大兵移征雲貴，清之對此方面，已成虛守，故太平、寧國、徽州等四府三州二十四縣，皆通款，淮、揚、常、蘇四府之形勢，亦旦夕可望反正。部將甘輝主張取揚州，以斷山東之師旅，據京口以絕西浙之漕運，鄭成功不從。既圍南京，主張急攻，然旋又許守將兩江總督朗〔註224〕廷佐之請，中止攻擊，然朗廷佐之目的，在緩其攻擊，以待其赴援之軍旅。鄭成功之許之者，即其第一失著也。既許之，遂怠於防禦，即其第二失著也。已而清廷果使內大臣達素等出師進討，崇明總兵梁化鳳則襲擊鄭成功之儀鳳內〔註225〕外之陣地，大破之，甘輝以下及鄭成功部下之猛將，皆戰死，其船隻亦大半被燒殘。成功僅以餘艦遁歸廈門，張煌言亦被由貴州凱旋之清軍所破，走徽寧山中，由錢塘而遁入海島。鄭成功深悔不從甘輝之謀，自貶王爵，立忠臣之廟，祀死難諸子，為再舉之計。嗣雖擊退由漳州、同安而進擊廈門之將軍達素及總督李率泰，然永明王已遁緬甸，雲貴又已蕩平，沿海之防備，益為充實。成功遂棄其十餘年間之目的，即所謂江南進取策者，而不得不轉以臺灣為根據矣。明人恢復之事業，至此已盡歸失敗矣。」〔註226〕永曆十

〔註221〕有誤，下同。
〔註222〕應為「祚」。
〔註223〕上三，第26~28頁。
〔註224〕應為「郎」，下同。
〔註225〕應為「門」。
〔註226〕上三，第34~35頁。

二年即順治十五年（1658）。梁化鳳實為蘇松鎮總兵，屯駐崇明島。內大臣達素出師時授安南將軍。

第二十八章《明末清初時日本之位置》，第六目「鄭成功及朱舜水之請援」中稱：「國姓爺鄭成功，更致請援之情於幕府。此為日本萬治元年七月事。」〔註227〕在引述其信後，作者認為：「竊觀此文，成功不過以締結舊交之意相表示，然考《德川實記》及其他諸書，則明明託使臣表示其乞師之意趣也。其云生自日本，並頌上將軍之威武者，亦足代表明末對日之政策。」〔註228〕日本萬治元年同為順治十五年。

第三十一章《臺灣入清領》，第十目「鄭成功取臺灣」中述評：「一六五九年，鄭成功率船三千，既陷鎮江，進迫金陵，傳檄四方，佈告天下。太平、寧國各府州縣，咸來通款，東南人心，為之大震。不幸中兩江總督郎廷佐之詭計而敗，乃率戰艦五百，復往廈門。……當是時也，鄭成功遂不得不求根據地於對岸之臺灣，乃正值窺伺形勢，暗圖前進之際，而僑居臺灣之支那人，亦私約成功，囑其速行侵入。是時有臺灣和蘭政廳通譯何斌者，原屬海賊，為日本甲螺之一人，得罪亡命，以臺灣可取，告知成功。……成功得此諜報，遂於一六六一年八月三十一日，由廈門金門兩島，發戰艦數百，兵士二萬五千，自澎湖島及臺南之北方上陸。臺灣各地支那人民，聞此佳音，四方雲集，歡迎成功。……鄭成功之來也，素為蘭人政令所壓倒之全島人民，悉行叛亂，各地生蕃，亦向化支那，起而黨成功，至有以殺宣教師，毀擲宗教書籍，為復得自由，而互相慶賀者。且對於未入城之荷人，復沒收其財產，淫辱其婦女，一切不義行為，暴虐舉動，無不為之。荷人知人心既失，孤軍難守，爰捨赤嵌城，不戰而降。……臺灣之荷蘭殖民地，經營三十八年，至是一掃而空。其所留遺之良風美俗，亦隨之消滅。」〔註229〕一六五九年約為順治十六年。上句之「和蘭」即段末之荷蘭，一段之中，亦未統一用字。「甲螺」在《滿清史略》中解釋為「頭目」〔註230〕。成功赴臺在順治十八年三月，四月抵達，文中月日不對。結尾作者落筆於「良風美俗」，有美化荷蘭殖民統治的傾向。

次目「鄭氏之末路」述論：「……乃彼蒼不仁，國姓爺忽於是時得病，於一六六三年七月，竟告永別於新領土之人民，時年僅三十九歲。雄圖莫展，壯

〔註227〕上三，第 45 頁。
〔註228〕上三，第 46 頁。
〔註229〕上三，第 80～82 頁。
〔註230〕第二冊，第 280 頁。

志未伸，至今遺恨，似猶挾潮聲而俱來也。彼雖投身海賊羣中，然不得以海賊目之。其權謀術數，受之於父，果敢剛毅，傳之自母。且當日時勢，實與彼以偉大之希望，而造成一有統御威力，有組織奇能之大英雄。假使降生於南京之朝廷，亦必能於明清鼎革之際，大放光明，生一異采也。試觀其為臺灣王時之經營，有經綸，有希望，有威儀，實不愧為創業之英才。」〔註231〕鄭成功實卒於 1662 年 6 月。

（四）林則徐

該書第五十九章《欽差大臣林則徐及其政策》，第二目「林則徐之權力」述：「林生於海航交衝之福建侯官縣，自應知外人之實相，然壯而宦遊四方，常不在鄉里，故關於海上之知識，未必精通，但彼在滔滔官吏之中，心術技能，已現頭角矣。為江蘇按察使時，決獄公平，人民呼為林青天。在湖廣總督任內，有意見書，論鴉片問題，與帝旨協合，乃委託以軍事行政上之最上權，以欽差大臣之資格，調查廣東之形勢，並命其適當處置。欽差大臣云者，即全權辦理委員也，有支配一般官吏之權力，又於其任務範圍內，實為皇帝之代理者。林之欽差任務，非形式的，實絕對的，清朝自開國後，不過三次。彼體皇帝之意，決心停止鴉片之供給及吸食，乃往廣東調查焉。」〔註232〕作者所說「不過三次」的欽差大臣，未知其指。

第六十章《鴉片戰爭及其經過》，首節「再申吸食鴉片之禁令」中述評：「林則徐對於輸入鴉片之外人，及買賣鴉片之中國人，使陷於窮窘之地，復排擊英人國法判決之要求，最後停止英國船舶於廣東港外，以不肯署名蓋印於證書為口實。其態度如此，戰爭之來，終不能免，彼亦早知之。彼曾云余等毫不畏戰，於是對於國內，竭力禁止吸食鴉片。」〔註233〕稻葉君山對林則徐的評述，未如三島雄太郎一般始終熱情讚譽，用語較為平實。

（五）洪秀全

該書第六十二章《太平軍之大起》，第六目「洪秀全之學識」述：「洪秀全以嘉慶十八年，生於廣東花縣。彼族實由嘉應州移來之客民也。身幹長大，有雄姿，略識文字。其父名國游，母早死，頗信基督教。其後得香港美國宣教師羅把茲 Isachar Roberts 之教訓，然尚未受洗禮。未幾，彼忽組織上帝會，其黨

〔註231〕上三，第 83 頁。
〔註232〕下二，第 25 頁。
〔註233〕下二，第 41～42 頁。

與為馮雲山與洪仁〔註234〕。」〔註235〕「羅把茲」即羅伯茨，華名羅孝全。

作者引述了「英將戈登所保存之粵匪起事根由」：

> 洪秀全，廣東之秀才也，應考赴省，途中得讚美天書一本，不
> 應試而歸，詢其同學王綸干。綸干乃為秀全卜吉凶，得「後來定有
> 九五之尊」八字。秀全代綸干卜，得「後來定為我君師」七字。二
> 人欣然大笑。綸干曰：「我有一友名馮雲山，知天文地理，可邀來議
> 此事，如何？」秀全即攜讚美書往見。雲山曰：「昨夜觀天文，今見
> 此書，果與天文合。國運果然衰矣！」秀全又命雲山卜，又有九五
> 之尊。三人顧而大笑。秀全曰：「雖有九五之位，兵馬、糧草、將官
> 全無，如何能有天下？」雲山曰：「兵馬糧草不足憂，但不能久住本
> 省，我等須到廣西。廣西山多而人蠻，最能招集英雄，買聚馬糧。」
> 於是決議赴廣西。王綸干獨貧苦，以無資不能同行。二人乃扮算命
> 先生出發，行至廣西地界，有一鎮名金田。二人乃落住旅店，以行
> 其嘯集四方之策。

此段「根由」筆法太像小說家言，未述金田起義前幾年洪秀全、馮雲山在
桂平山中傳教之曲折，實難以採信。

第七目「洪秀全為基督之弟」繼述：「以上乃道光二十九年至三十年事
也。此時集合多數之黨羽，皆有熱烈之信仰，受其訓練，守其紀律。彼主張
神聖之三位一體，即第一位為天父，第二位為基督即天兄（天之長子），而己
則為天弟（天之次子）。此其著手也。」〔註236〕洪秀全、馮雲山首次赴廣西
傳教在道光二十四年。

記述太平天國永安建制、定都南京等事之後，第六十五章《平定太平軍》
第十五目「洪天王之末路」中述：「南京被圍，第一困苦即糧道之斷絕。多數
貧民求救於天王之門，國庫不能應。李忠王出私蓄及婦女首飾，以供給軍資。
陷落之前，王私送出城外者，有十三四萬人。劫盜城內四起，天王見大勢已去，
於四月二十七日仰毒死，以十六歲之長子洪福〔註237〕嗣位。城破之時，李忠
王縱火燒府第，擁洪福走清涼山，再北突出太平門，遂不能遠逃。經數日，忠
王就縛於城北之澗西村，洪福則逃往安徽廣德，轉入寧國山中，又南走至江西

〔註234〕漏「玕」字。
〔註235〕下二，第73～74頁。
〔註236〕下二，第74頁。
〔註237〕有誤。

廣昌。九月十五日，被捕於石城縣荒谷之中。報至北京，命處以極刑，在南昌
屠戮。湘軍發天王之塚，屠其屍。自咸豐三年以來，雄據南京，閱十五星霜之
久，太平天國遂亡。」〔註238〕李忠王指李秀成。嗣位之洪秀全長子名洪天貴
福，並非「洪福」。

（六）曾國藩

　　書中專設第六十六章《對於曾國藩之評論》，首目「湘軍非勤王之師」
述論：「曾國藩奉朝命，練兵湖南之鄉里，然並非勤王之師。何則？彼當時
服母喪退居，咸豐二年中在鄉時，作『保守平安歌』三首，以警告鄉人。第
一首『莫逃走』謂湘鄉在藍流如碧之湘江枝流，宜保此洵美之江山，勿離安
樂鄉為第一義。第二首『要齊心』所以要求鄉黨之一致。第三首『操武藝』
言保安鄉土，在武器熟練。以上三歌，皆七言俚歌之體。彼先以之要求鄉黨
之自衛，並無一字及於勤王。是年十二月二十五日，考其與友人書云：『郭
嵩燾十五日夜來我家，勸予至長沙幫辦義勇兵事務。予以湖北失守，關係甚
大，且恐長沙之人心惶懼，故思出而保護桑梓，即於十七日出發。』又觀其
前後之家信，亦未見有勤王之意。咸豐四年，頒布《討粵匪檄》。此檄為湘
軍之精神與其信條，前已言及。其旨不外對於社會民生之秩序，中國固有之
宗教道德，指摘髮賊之行為。王闓運亦謂彼自云行軍用兵非其素習，初無出
湖南以從戰之志也。」〔註239〕所述之《保守平安歌》及《討粵匪檄》，可補
前述日本清史諸專著之缺。

　　第二目「田間之曾國藩」中述：「國藩原名子城，字伯涵，後改滌生。清
初有曾孟學其人，由衡陽移居湘鄉。孟學生元吉，元吉生輔臣，輔臣生竟希，
竟希生玉屏。〔註240〕字星岡，為國藩之祖父。彼所謂祖訓祖澤云者，即指星
岡公之言行。曾氏由明代以來，世世業農，積善而不顯於世。玉屏少時好任
俠，嘗云：『予少時，耽遊惰，嘗於湘潭市上，與裘馬少年相徵逐。某日酣寢
於市上，有長老譏為輕薄必覆其家者。予聞之自責，即沽去乘馬，徒步歸宅。
由此未明即起，毫不懈怠。』又曰：『予三十五歲始講究農事，耕耘之田土，
大概在山岳丘陵之下，壟峻如梯，田小如瓦。予鑿石決壞，一開十數畝，然
後耕夫從事，稍稍容易。予每朝夕行水，聽蟲鳥之鳴聲，知季節之變，觀朝

〔註238〕下二，第112頁。
〔註239〕下二，第112～123頁。
〔註240〕漏「玉屏」二字。

露之上禾顛以為樂。又種蔬菜半畝之地，晨則耘，予任之，夕則糞，傭保當
之。入養豚，出餌魚，一切雜職，無所擇。蔬菜由手植手摘，其味彌甘。凡物
親歷艱苦，食之彌安也。』曾國藩在陣中，由長沙親僱園丁，一則曰蔬菜不茂
盛，即家道衰亡之兆，一則曰施糞耕作，為我家之祖訓。則可知公私生活之
趣味，始終不出農家之生活，此所以湘軍兵卒，必由田間募集歟。」〔註241〕
曾孟學之孫應貞，字元吉，並非「孟學生元吉」。所述曾玉屏之語，極為生動。

第三目「宗族之曾國藩」中述：「星岡公又以曾氏之祖廟不可不大，其說
曰：『予宗族由元明時代，居衡陽之廟山，久不設祠宇。予謀之宗族諸老，建
立祠堂，以十月為致祭之期。遷湘鄉以來，至曾祖基業始宏，故予又謀之宗族，
別立祀典，每歲以三月為致祭之期。世人徒禮神求福，予思神靈之明顯，無若
祖考之較著，故他祀姑闕，專奉祀祖先。後世雖貧，禮不可墜。子孫雖愚，家
祭不可簡也。』又云：『予早歲怠學，及壯時深為恥辱。望吾子孫，鑑吾之過，
勤求學問。通材宿儒，接跡吾門，此心乃快也。』此外遺訓甚多，曾國藩恪守
之，或謀於兄弟以改築祠堂，或為維持祠堂，而增設田畝，並附設圖書館。其
設施，皆不外祖訓也。」〔註242〕此段繼述祖父曾玉屏對曾國藩的影響。

第四目「不好官吏生活之曾國藩」中述：「國藩壯年，作吏北京，甚惡官
場臭味，去京以後亦然。此次騷亂以來，知官吏之不足恃，一切不乞彼等之
助力。當創設湘軍之時，訂不用市民與官吏之規定。」引述咸豐六年曾國藩
從江西寄給其次子紀鴻的家信內容後，作者評論：「此為劍影槍聲之間，從容
不迫，執筆所修之家書。由此觀之，彼為可敬愛之君子也。星岡有二子，長
曰竹亭，即國藩之生父。國藩兄弟五人，彼居長，次為國潢、國華、國荃、
國葆。國華與湘軍名將李續賓同陣歿於三河，國葆於攻圍南京時病歿。國潢
身體比諸人劣弱，不離桑梓。國藩與四弟國荃，均全身以成大功。曾國藩之
家庭，整齊至極，在鄉黨亦有聲望。彼遇太平之亂，先圖一家庭一宗族之安
固，漸及於鄉黨，遂出征四方，所謂齊家治國平天下者矣。」〔註243〕曾國藩
父名麟書，字竹亭。

第五目「湘軍如宗教軍」述論：「國藩兼採漢宋兩學，然趣向實傾於宋學
者，實由於前輩倭仁、及湖南之先進者唐鑑二人之著書主教也。當時宋學衰

〔註241〕下二，第 123～124 頁。
〔註242〕下二，第 124 頁。
〔註243〕下二，第 124～125 頁。

廢,世非漢學,不能啟口。彼在鄉黨之間,與同學友羅澤南善,常交換軍事上之意見。澤南之學問,修得貧苦之中,解義理,重廉恥,維持固有之名教,講究實際之倫理,最否認太平黨之行為。湘軍非勤王主義,亦非雷同性之侵略,意在維持名教。其最終之目的,即恢復異宗教之南京是也。是故湘軍可稱為一種宗教軍。」〔註244〕劉浦江老師分析了這一論斷的開創性及在學界、政界的影響:「這個說法顛覆了過去的傳統認識。稻葉君山指出,曾國藩並非是為維護清王朝統治而戰,而是為捍衛中國傳統文化而戰,因此維持名教的湘軍與信奉洋教的太平軍之間就不是民族衝突而是文化衝突。」〔註245〕

第六目「彭玉麟公之生涯」中,述及曾國藩和彭玉麟的關係:「彭玉麟為長江水師之指揮者,三十餘年之久,曾與曾國藩相提攜。先是國藩求同志於衡陽,有人推薦彭有膽略。彭居母喪不欲出,國藩使人說之曰:『鄉里藉藉,父子且不相保,欲長守丘墓耶?』彭聞之感奮,遂應湘軍。彭不過縣之附學生,國藩不問資格,直拔為湘軍水師三千餘人之指揮官。彭當從軍之初,立二誓約,其一曰不私財,其二曰不受朝廷之官。咸豐十一年,授安徽巡撫,彼辭不受。同治三年,克復南京,賞一等輕車都尉世爵,加太子少保銜,續任為漕運總督,朝賞頻至,彼亦不受。彼上痛切之辭表曰:『臣本寒儒,傭書養母,咸豐三年,母物故。曾國藩謬用虛名,強之入營。初次臣見國藩,誓必不受朝廷之官職。國藩見臣語誠實,許之。顧十餘年來,任知府,擢巡撫,由提督補侍郎,未一日居其任。應領收之俸給及一切銀兩,從未領納絲毫。誠以朝恩實受,官猶虛也。』又曰:『臣素無室家之樂、安逸之志,治軍十餘年,未嘗營一瓦之覆、一畝之殖,受傷積勞,未常請一日之假,終年於風濤矢石之中,未嘗移居岸上,以求一人之安。誠以親喪未終,出從戎旅也。既難免不孝之罪,又豈敢為一己之圖乎?臣嘗聞士大夫之出處進退,關於風俗之盛衰。臣從軍志在滅賊,賊既滅而不歸,近於貪位。夫天下之亂,不徒在盜賊之未平,而在士大夫之進無禮,退無義。伏惟皇上建中興之大業,宜扶樹名教,振起人心,臣豈敢犯不韙,傷朝廷之雅化哉?』當時有彈劾彭不應朝命為不遜者,然上諭仍允其自由云。彼擴張長江水師,使至一萬餘人,一切兵餉,以鹽稅及長江釐金稅充之,不煩戶部。亂平後尚餘六十餘萬,報告

〔註244〕 下二,第125~126頁。
〔註245〕 劉浦江《太平天國史觀的歷史語境解構——兼論國民黨與洪楊、曾胡之間的複雜糾葛》,《近代史研究》2014年第2期,第92頁。

兩江總督，寄託於鹽道之手，取其利息，加水師公費。彼曰：『予以寒士來，
願以寒士歸也。』觀以上之事實，湘軍組織之動機，非對於朝廷之義務，又
不為賞爵所激動，全由自衛之必要而起，然則洪軍之平定，樞紐於湘軍，與
朝廷無涉，而朝廷之設施，直隔靴搔癢而已。」〔註246〕作者著力刻畫彭玉麟
形象的同時，亦為曾國藩善於擢拔人才提供了一個例證。

　　第七十章《同治中興》第二節《清室之內訌》，第六目「同治帝及皇后之
殉死」結尾寫道：「據上所述者觀之，漢人之勢力，在此時期，發達最著，不
啻為漢人之天下，然其中宜注意者，漢人勢力之發展，乃託始於討伐太平軍
是也。夫太平軍之主義，形式上與漢人固有之文化，殊不相容，而揆其動機，
則發於鴉片戰爭後漢人種之自覺心也。漢人經此鉅創，恍然辱服於滿洲人之
下，不足以圖強，乃欲脫其羈絆，建設堅固統一之國家。事雖未成，其志亦
足多矣。曾國藩等乃摧殘漢人之自覺心，舉大好河山，奉諸滿洲朝廷。時論
莫不羨其成功，實則不過保有其被征服者固有之地位而已。」〔註247〕稻葉君
山極其強調滿漢之別，這與其在《原序》中評李鴻章為同一論調。

（七）李鴻章

　　該書第六十五章《平定太平軍》，第十一目「恢復蘇州及殺降事件」述：
「蘇州既孤立，白齊文等歐洲人之為太平軍參謀者百餘名，由城內出降。程
學啟與戈登，一方面防禦南京來援之忠王之兵，一方面攻陷蘇州城東南之外
壘，更取城北諸壘，進陷虎邱山及滸關之敵營。蘇州城三萬敵兵，殆為所包
圍。強硬之慕王譚紹洸，欲舉全力以講防禦之手段。城有六門，各有土城石
壘，依水作小城，下作窟室，以避敵彈。東婁門外之土城，最為堅固，聚精
銳於斯。十一月二十九日，清兵向此石壘，開始總攻擊。戈登之礮兵，又擊
石壘。壘崩十數所，常勝軍即越濠攀壁，肉薄而上。忠王及慕王，帥萬餘之
眾鏖戰。清兵終占領石壘，城兵屏息，不敢出戰。十二月，李忠王先遁，慕
王被部下所殺，納王郜雲官、比王任貴文、康王汪安鈞、寧王周文佳、天將
范啟發、張大洲、汪懷武、汪有為等八人，得戈登之保證，約降。此誓書已
經李鴻章之同意。及至彼等出城，程學啟悉捕而戮之。戈登激怒，李鴻章一
時亦難辯解。戈登見諸王之死，潸然落淚，勃然大怒，提短槍直追李鴻章。
李知戈登之戇，潛伏城中不敢出。李驚此事之出於意外，責程學啟曰：『君亦

〔註246〕下二，第126～127頁。
〔註247〕下三，第31頁。

降人也，何為已甚？」戈登一時回兵崑山，一八六四年四月，再出助李鴻章，在常州擊破李忠王之兵，奪回其城。忠王之兵向南京退卻。」〔註248〕所述「十一月二十九日」為 1863 年 11 月 29 日，即同治二年十月十九日。常州城破在 1864 年 5 月 11 日。所述內容沒有明確李鴻章在殺降事件中的責任，有為其開脫之意。

第七十九章《清日初期之關係》，第四目「李鴻章之對韓政策」中述評：「……日韓和約告成，日本不啻已得通於大陸之關鍵，而清廷懲於琉球之合併，對於日本，愈猜疑亦愈戒懼。當時之議者云：朝鮮問題者，非半島問題，乃東三省問題也；非東三省問題，乃肘腋間之利害問題也。日本苟據有半島，則後患方滋，防不勝防云云。此種解釋，不為無見。惟清國謂朝鮮非屬國，宣言已久，勢難反汗，不得已乃欲引進歐美諸國之勢力於半島，以殺日本西漸之勢。北京政府，持此策甚力，其最先被引進者，美國也。當時美國欲與朝鮮交涉，派北京公使館附屬武官薛菲爾往，清廷竟以軍艦衛之行。薛菲爾結約以歸，自後各國與朝鮮訂結條約者，皆以此約為先例模範，而此約之草稿，即成於李鴻章。聞諸人言，李曾致書於大院君，勸與各國交通，謂締結條約，為救外患安社稷之良法云。美韓條約既成，英德亦相繼立約。原夫李之盡力於美韓條約者，欲再置朝鮮於屬邦也。觀於李所起草之條文云：『朝鮮者，清國之屬邦也，而內政外交，均得自主。今茲立約以後，大韓國君主與大美國伯理璽天德俱平等相待，兩國人民，永敦和好。若他國偶有不公及輕侮之事，宜彼此援助，或居間調停，永保安全。』顧草案雖如此，華盛頓政府，實未嘗承認，曾另立草案云。當時李之意向，即清廷之意向也。迨至一八八二年（光緒八年），韓京起大政變，李之鋒鋩，遂不覺乘時畢露矣。」〔註249〕「伯理璽天德」今譯為總統。「韓京起大政變」指壬午兵變。

第八十三章《革新及革命》，第一目「同治中興後漢人之位置」述評：「髮亂既平，大勢悉歸於漢人，而曾國藩、左宗棠、李鴻章等，尚不自覺，寧得謂之智者？彼等被妒嫉被中傷之事實，前已述其梗概。其中負中興重望之曾國藩，暮年據兩江總督之重地，亦專以避嫌疑為計，曾無建中興大業之雄圖。據吾人所聞，曾於晚年，託於道家之卑弱生涯，講明哲保身之道，遇事謙遜，不敢斷行其胸中之所學，亦可憐矣。次於曾者為左宗棠，伊犁事件，曾建赫

〔註248〕下二，第 119～120 頁。
〔註249〕下三，第 106 頁。

赫之功,然所謂同治中興,彼實一籌未展。次於左者為李鴻章。李誠不如曾,
驕不如左,而二人既死,中興之元勳,惟李一人。又承曾之後而為直隸總督,
威望薰灼於中外,然中興之業,殊不足觀。迹彼一生之設施,不過繼承曾左
而已,蓋當時漢人對於北京朝廷,服從甚恭謹。不知漢人等何所憚忌,不肯
取北京政府而代之以號令四方也?凡百改革之政,因此一事,遂不能見諸實
行。日使伊藤博文評李鴻章在天津之位置曰:李鴻章苟有異圖,則北京咄嗟
可辦,而李竟不敢發。寧不令人詫異?副島種臣亦曾向李切言撲滅太平黨之
失計,無如李終不納也。惜哉!」〔註250〕此段縱論曾、左、李三人,與作者
《原序》中的述評一以貫之,其中當有其訪談副島種臣所受的影響。

第四目「睡獅之中國」述論:「因清日戰役失敗,李鴻章遂失勢。一八九
六年五月,李鴻章請至俄都,賀俄皇尼古拉二世之加冕,時年七十五。東方大
偉人之名,久喧傳於歐美,至是出聘歐洲,各國君相,亦忘其為戰敗國之老宰
相,所到之處,無不歡迎。歸國之後,出為兩廣總督,而前此在直隸總督任上
時之新式事業,亦從此而有退步之傾向,而歐洲人之觀察中國,亦從此而洞見
真相。蓋前此歐洲人以中國為不可思議之國,或以為有何等之實力。一八九五
年與日本一戰,以極大之國而敗於至小之日本,於是共知中國國防之薄弱。即
中國人亦方知前此李鴻章之練海軍,興洋務,未免虛誇。二十年前,曾紀澤曾
對歐洲人曰:『中國一睡獅也。』至此而歐洲人乃始知睡獅之聲價矣。」〔註251〕
李鴻章訪俄時,實年七十四歲。

關於李鴻章之死,詳見下節所述日俄戰爭前事。

(八)兩宮皇太后

該書第七十章《同治中興》第二節《清室之內訌》,第二目為「垂簾政
治」:「咸豐帝崩後,遺兩太后,一稱東太后,無子,一稱西太后,即同治帝
之母也。咸豐帝有弟曰恭親王,帝蒙塵,恭親王留守北京,而政治之中心,
遂歧而為二。一在熱河,以肅順為中心;一在北京,以恭王為中心。而肅順
殊不以恭親王為意,以為同治帝吾所擁立,吾何事不可為?故不利於幼主之
回鑾,又不欲恭王之來熱河,常以譎術制止之。而不知東西兩太后及其黨與
已窺伺於其後也。咸豐十一年八月十日,御史董元醇上疏言皇上沖齡,未能
親政,天步方艱,軍國重事,暫請皇太后垂簾聽政,派近支王公二人輔政以

〔註250〕下四,第22~23頁。
〔註251〕下四,第27~28頁。

－138－

繫人心。疏既上，恭親王遂不顧肅順之阻擾，親赴熱河。」〔註252〕辛酉政變前擬定的新年號為祺祥，故肅順「以為同治帝吾所擁立」之語不妥。

　　第五目「東太后與西太后」中述論：「宮廷之傳言雖不足信，然東太后紐〔註253〕鈷祿氏、與西太后那拉氏，性情適相反。垂簾既久，兩者之間，遂生睽離。據吾人所想像者，東太后為嫡后，才色不足以邀帝寵，然識大義，能匡帝之失。西太后才色軼眾，善狐媚，寵擅專房。中國世法，嫡后只一人，而西太后以同治帝生母之故，竟與嫡后匹稱。西太后者，追封承恩公惠徵之女也，幼失怙，流寓於廣東某富豪家，十七歲，始選入宮。咸豐帝賓天時，彼年只二十七也。薛福成之言曰：當時天下稱東宮德優……，西宮才優……，東太后……或者天下大定，益務韜晦乎？」〔註254〕那拉氏入宮時，惠徵仍在，並無「幼失怙」及流寓之事。薛福成的原話可見於其《庸盦筆記》中，筆者在《要論》中曾有引用，此處所述「薛福成之言」則字句稍異，稻葉君山當略有改動。

　　下一段作者繼續推測：「薛福成謂何桂清、勝保之軍敗處死，及曾、左、李三人之爵賞，皆出自東太后意，曾以此推為東太后之聖德焉。雖然，東太后不識漢文奏疏，不能處決政務，則以同治帝非其所生，故為此謙讓與？」〔註255〕

　　第八十三章《革新及革命》，第三目「西太后之攬大權」述：「同治帝殂落，皇后殉帝，其事前已言之。或曰皇后之殉死時，已有孕云，然同治帝無嗣子，已成事實，故東西兩太后（尤以西太后為主），乃以道光帝第七子醇親王奕譞之第二子載湉，為咸豐帝之承繼子，以嗣大統。此一八七五年一月事也。清朝一代，皇帝之無子者，以同治帝為始。承繼子又出於一時之不得已，故載湉入嗣，以次第而論，恐不得為公平之處置。其第一理由，則違背乾隆朝所定之皇室典範是也。何則？同治帝諱載淳，則次帝不當求之載字之輩行，而當求之溥字之輩行也。其第二理由，則為同治帝之次帝者，自當繼承同治帝，而西太后則推載湉為其夫咸豐帝之繼承者，是實出於愛憎之私而不顧體統者也。蓋同治帝雖為太后之實子，但不為太后所悅。大婚之後，母子間尤分離如鴻溝。西太后以帝為不孝之子，故不願其有後耳。進而言之，太后欲鞏固自己之位置，故求之妹夫醇親王家，而可以應選之稚兒，適有載字輩者，

〔註252〕下三，第27～28頁。
〔註253〕應為「鈕」。
〔註254〕下三，第29～30頁。
〔註255〕下三，第30頁。

遂以為咸豐帝之承繼子耳。光緒五年，死諫之吳可讀之遺疏有曰：『兩宮皇太后，一誤再誤，為文宗立子，而不為大行皇帝（穆宗）立嗣，既不為大行皇帝立嗣，則今日嗣皇帝所承之大統，乃奉我兩宮皇太后之命而受之文宗者，而非受之於大行皇帝。然則將來大統之歸於承繼子，自不待言。臣以為不然。今日雖無異議，而將來之紛紜難測。』是言也，實彈劾皇太后之擅行繼承也。此其弊至一八九八年之政變，而事實乃不可掩矣。一八八七年，光緒帝年齡已達十六歲，西太后之撤簾，要亦一時之休息耳。其擅攬大權之志，仍未戢也。」〔註256〕一如《支那近三百年史》，書中亦未述光緒七年（1881）慈安太后之死。

　　第十八目「端王之用事」述：「咸豐帝之次子〔註257〕，有曰端郡王載漪者，庇護義和團，形勢益惡，然此其間有宜特別注意之事在焉。端王於皇位繼承上，久抱不平，彼為光緒帝父醇親王之長兄〔註258〕，順序則己當先承大統，否則亦當以己之子上繼帝位。西太后乃以妹父〔註259〕之子為承繼，此端王所嗟怨者也。及義和團大起，彼乃思援之以攫權勢，西太后亦即以端王之子溥儁，立為光緒帝之大阿哥（皇儲之意），而端王乃居總理衙門之首班。六月一日，義和團於北京西南四十英里地之拱辰，撲殺英國宣教師數名。二日，歐洲人三十三名，將由保定逃天津，途中為團匪所襲擊，幸自天津赴援之可薩克兵一團，相遇激戰，乃退去。此為義和團與外國兵最初之衝突。由是義和團兇燄日張，斷電線，毀鐵橋。九日，西太后乃決用甘肅總兵董福祥，以實行攘夷。」〔註260〕載漪是道光帝第五子奕誴之子，並非「咸豐帝之次子」，亦非「光緒帝父醇親王之長兄」。此述光緒二十六年（1900）事，文中日期為公曆。「可薩克」即哥薩克。

　　第二十目「西太后之蒙塵」中述評：「七月二日，總稅務司以密使報告曰：『外國人被圍於英使館，事情絕望，萬急！』然列國之救援軍，尚遲遲不到者，何哉？則以彼等之主張，寧犧牲京津間被圍之少數同胞，而藉此以逞其國家的野心也。八月十五日，聯軍苦戰之後，入北京，救出公使館之難民。西太后與光緒帝，出北京，至山西之太原。十月，至西安。倉皇遁走，自招之禍，備嘗

〔註256〕下四，第24～25頁。
〔註257〕誤。
〔註258〕誤。
〔註259〕應為「夫」。
〔註260〕下四，第40頁。

艱苦，寧不可憐？」〔註261〕1900 年 8 月 14 日，八國聯軍攻破北京外城，次日攻入內城。該書未出現《支那近三百年史》中慈禧太后西逃時間之誤。

作者隨後引述西安知府胡延所著之《長安宮詞》記事：

> 京師七月之變，兩聖乘車至沙河，岑春煊以師迎之，隨扈而西。有材官林泰清者，短小精悍，膂力過人，步行扈駕，不離跬步。潰兵亂民，有來犯者，手刃之，日恆殺數十人。在長安行宮，為余言曰：「聖駕出居庸關時，匪黨四出，槍彈如雨。兩聖共乘一車，皇上坐車內，慈聖坐轅上以蔽焉。皇上固請易位，泰清亦跪而請之。慈聖泫然曰：皇帝關係重大，何可臨鋒鏑耶？予老矣，無妨也。嗚呼！患難之際，慈孝益彰。」泰清言至此，涕泗交下，鬚髯奮張。延聞之，幾痛哭失聲也。〔註262〕

胡延所記林泰清述慈禧太后與載湉的對話，對於人物形象刻畫有著非比尋常的意義，此慈禧太后的形象實於後世多數史著中有別。

（九）李揚材

書中對馮子材並未著力刻畫，數次提及都是因為其部下李揚材之事。此李揚材，就是前著《舉要》中增田貢對沈文熒提及之人〔註263〕。《清朝全史》第七十八章《喪失安南之宗主權及其影響》，專設一目「李揚材之擾東京」：「一八七八年（同治十年）〔註264〕，東京又大亂。渠魁李揚材，本廣西豪族，為人豪邁負奇氣，不修小節，尤好亂。初出鄉，年二十餘，嘗從太平黨，為其偏裨，轉戰各地，後降於官軍。馮子材擢用之，累進至副將。率兵數營，屢入安南，戍於北寧、太原諸州。及清軍退，彼亦解任歸，進總兵，又出為潯州鎮將。任滿，有詔赴廣東，事在一八七九年（光緒五年）〔註265〕五月，彼乃歎曰：『朝防於東京，夕戍於潯州，征鞍甫息，又將他往，誠轅下駒之不若矣！』遂蓄異志，招亡命，掛冠歸鄉，悉售其貨產以求糧仗。率徒數百，突佔東京，據之。飛報達順化，上下震恐，速告急於北京。清廷此時得兩廣總督奏報，擬派馮子材，而馮遲遲不至，李揚材愈猖獗，北寧陷於重圍。順

〔註261〕下四，第 41～42 頁。
〔註262〕下四，第 42 頁。
〔註263〕參見趙晨嶺《晚清日本漢文清史專著舉要》，花木蘭文化出版社 2022 年版，第 17 頁。
〔註264〕1878 年約為光緒四年。
〔註265〕當在前一年。

化政府乃檄黑旗黨，使援北寧，不知黑旗黨已與李揚材通謀在先，約兩不相犯，遂不之應。後馮子材大軍至，李揚材遁於太原州之北鄙。自經此亂，紅河之流域，全入於黑旗黨之手。地方無賴，又羣起而附和之。匪惟商品不能航行，即隻身外人，亦絕跡於紅河矣。法國之西貢總督，睹其危機，乃請於本國政府，增加東京之衛兵，以為防備。」〔註266〕僅就行文而言，作者對李揚材的語言描寫非常生動。所述李揚材之亂，事在光緒四年（1878）戊寅，次年被馮子材剿滅。引文中兩次提及的時間均有問題，而徐珂《清稗類鈔》「光緒乙亥」〔註267〕之說亦誤。

（十）劉永福

不同於《支那近三百年史》，《清朝全史》對劉銘傳沒有刻畫，對劉永福則有些筆墨：「劉義字永福，廣西錦〔註268〕州人，體格矮小，面豐滿，時年已垂六十，鬚髮如銀，而勇壯豪邁，富於才略，好術數，尤長於治御之術。嘗從太平黨之首領吳鯤，轉戰於安南東北部，眾望多歸之，彼亦招致四方之士以相結託。吳鯤既死，彼乃率其餘黨，據老開府。」〔註269〕劉永福原名劉義，稻葉君山則認為永福是其字。劉家祖籍福建汀州，明弘治年間遷廣西博白，永福則生於廣東欽州（今廣西防城港）。吳鯤為響應太平天國起義的天地會首領吳凌雲之子。文中的「時」指同治末年，劉永福尚不到四十歲。他後來赴臺抗日時方年近六旬。

書中多稱劉永福之黑旗軍為黑旗黨，第七十八章《喪失安南之宗主權及其影響》中，設有「據於老開之黑旗黨」「黑旗黨之勢愈益張」兩目。稻葉君山對黑旗軍持否定態度，對中法戰爭的描述站在法方立場上：一八八四年，「當時諒山為黑旗黨所據，將軍布里耶攻之，不圖賊殊強悍，至翌年二月，法軍之死傷甚眾」〔註270〕。此態度在其總結安南問題時更為明顯：「東京事件所以紛而難解者，其故在黑旗軍之加入。黑旗黨者，太平軍之餘孽。其初據老開，清廷不能肅清內亂，驅虎狼以出境，遂為破壞外藩之端。蓋清之衰微，胥由於此也。」〔註271〕

〔註266〕下三，第96～97頁。
〔註267〕徐珂編撰《清稗類鈔》，中華書局2003年版，第七冊，第3396頁。
〔註268〕應為「欽」。
〔註269〕下三，第95頁。
〔註270〕下三，第101頁。
〔註271〕下三，第102頁。

第三節 《清朝全史》的史事敘述

　　《清朝全史》的體量是《支那近三百年史》的十倍以上，絕大多數敘事更為詳細。為便於進行比較，本節將此前探討諸書關於史事敘述的框架，根據《清朝全史》的內容和特點略加改易後，逐項分析。

一、關於明清易代史事

（一）明末農民戰爭

　　該書第二十二章《闖賊李自成》、第二十四章《明國亡於流賊》，各有兩目直接以李自成為題，前者是「破軍星李自成」「李自成之建襄京」，後者為「李自成之都西安」「李自成之死」。從「闖賊」「流賊」的用詞可見作者的立場。

　　關於張獻忠，第二十七章《明人恢復事業之悉敗下》，有一目題為「張獻忠之餘黨據雲貴」，其人則並無專章。書中引述：「《明史稿》敘流寇始末，謂盜賊之禍，歷代常有，而至明季之李自成、張獻忠者為最，蓋史冊所載，未有如斯之酷烈者也。」〔註272〕稻葉君山對兩人均持否定態度。

（二）明清戰爭

1. 描寫戰爭的殘酷

　　該書第九章《金汗國之創業》第二節《薩爾滸山戰役》，第三目「太祖之戰略」中述：「《實錄》謂短兵相接，我兵縱橫馳突，無不以一當百，遂大破其眾，橫屍互山，血流成渠，旗幟器械及士卒之死者，蔽渾河而下……」〔註273〕

　　第二十五章《北京遷都》中述山海關之戰：「敵之全眾，因而大潰，自相殘蹈，死者無算，僵屍遍野，水溝盡赤。」〔註274〕

2. 記述清軍的屠殺

　　該書第八章《奴兒哈赤勃興於建州》第二節《諸部之合併》，第六目「烏拉之亡」中述：萬曆「四十一年正月，太祖又進大兵於烏拉，屠其城。卜占泰身遁至葉赫，國遂亡」〔註275〕。

　　第九章《金汗國之創業》第二節《薩爾滸山戰役》，第五目「戰役之結局

〔註272〕上二，第 98 頁。
〔註273〕上一，第 111～112 頁。
〔註274〕上三，第 5 頁。
〔註275〕上一，第 87～88 頁。

及葉赫之滅亡」中述：「乘薩爾滸山戰勝之勢，金國獲得效果益大，彼以是歲六月取開原，翌七月，屠鐵嶺，破蒙古喀爾喀之兵，生擒酋長齋賽（宰賽）。八月，遂滅葉赫。」〔註276〕「翌七月」指天命四年七月。

第十四章《太宗伐明》，第六目「太宗行軍之路」中述：天聰三年十一月，遵化「城陷，次下薊城，屠三河，擊走宣府、大同援兵……」〔註277〕

該章第七目「永平敗績」中述：皇太極「祭金太祖、世宗之陵於房山，降固安，屠良鄉，復趨北京城外……」〔註278〕以上屠城之事，前述日本清史諸專著均未提及。

第二十五章《北京遷都》第六目「辮髮令之強行」中，作者評論：「吾人以次略說此法令影響，則更可預測清廷之布此法令，實大招漢種之反感也。然其加於南方者，更為絕對強行，當時揭示江南者，有『留頭不留髮、留髮不留頭之制札』，而浩蕩之悲慘鮮血，亦因此問題而迴流。如著名之江陰虐殺，嘉定屠戮，畢竟不外此衝突之一結果。」〔註279〕

第二十六章《明人恢復事業之悉敗上》，第八目「洪承疇招撫南方」中述：「八月清軍憤江陰之固守而屠殺之，據守城記事，屠戮一連三日不止，城主閻應元題敵樓曰：八十日帶髮效忠，表太祖十七朝人物；十萬人同心死義，留大明三百里江山。其爭死恐後之民兵士女，無一人肯為降者云。城內死者約九萬七千餘，城外死者亦越七萬五千以上。」〔註280〕事在順治二年八月。

二、關於清代起事起義

（一）清代民族問題，以關鍵字「苗」為例

該書第四十五章《擴大外藩及治藩事業》，第十二節題為《苗疆之剿治》，下設「苗族與土司制度」「改土歸流之議」「苗局之動搖」「張廣泗治苗疆」四目。其中第三目述：「鄂爾泰之於苗疆，開拓三千餘里，幾敵貴州全省之半，無非以兵力驅逐苗族於一方。雍正十三年三月，因徵稅官不法，遠近各寨，大舉入犯。鄂爾泰謂不驅逐貴川〔註281〕南方之苗族，彼等將出台拱、清江一

〔註276〕上一，第113頁。
〔註277〕上二，第30頁。
〔註278〕上二，第30頁。
〔註279〕上三，第9頁。
〔註280〕上三，第21～22頁。
〔註281〕應為「州」。

帶，而遮斷由湖南通貴陽之大道。四月，提督哈元生至，苗民等乃不敢向平越、都勻等處進衝，然是時因虐殺降苗，事體益形紛擾。政府徵四川等六省之兵，進攻苗寨，提督主張進戰，撫定苗疆大臣張照等，主張招撫，兩相齟齬，不得決行，於是已進之兵，紛紛改調，移文辯論，曠時閱月。兵士疲於奔命，錯〔註282〕置失宜，苗疆全局幾為大變。八月，雍正帝崩，乾隆帝以張廣泗為七省經略，哈元生以下，均受張之節制焉。」〔註283〕「徵稅官不法」「虐殺降苗」均為苗疆難靖之由。

該章第四目繼述：「張廣泗受命後，聚兵於貴陽之東。〔註284〕鎮遠之地，為通雲貴之大路，派精兵由此地而南，攻上下九股，親下清江下流之各寨，號令嚴明，所向皆捷。其中最難行軍者，為九股河上流，獨山之北，丹江、八寨、都勻等之各寨是也。乾隆元年春，廣泗復出兵侵苗族之根據地。該地方為著名之深林密箐，上則危巖切雲，下則泥潦沒脛。雖近地之苗蠻，不能深悉其奧。故廣泗之政策，在築長圍以困之，乃分兵扼各箐口，又張奇兵於箐外，截其脫走，以漸逼巢穴。自四月以後放火焚箐，漸次進兵。據張所報告，當時燬其千二百二十四寨，赦免三百八十八寨，斬一萬七千餘名，俘二萬五千餘名，獲銃四萬六千五百餘，刀矛弓甲無算云。苗疆漸平定，政府仍以新地之故，免其租稅，禁苗地之典賣。凡苗族之訴訟，率從苗俗，不拘律例。以廣泗為貴州總督兼巡撫事。」〔註285〕所述內容與《清史攬要》略同，而字句有異，未用「遺孽」「附逆」〔註286〕等貶義詞。

第五十一章《內外發生叛亂》第二節《紅苗之亂不靖》，首目「苗地之侵占」中稱：「湖南與貴州交界之地，於山岳重疊之中，有一種苗族割據其地，清朝呼之為紅苗。彼等不喜居此山地，沅江流域，乃其舊居處地，永順辰州一帶，皆與此族地相逼近，於是有所謂苗禍者。苗族與漢人所起之紛擾，其主要原因，乃在漢人之侵其土地。漢人繞紅苗之地築城，其都市如鳳凰、永綏、松桃、保靖、乾州等，又由此等之地，出而蠶食苗地。苗禍之起，蓋胚胎於乾隆五十六年。先是漢城永綏廳，孤懸於苗族之間，環城以外，皆苗族之地。不數十年，盡占為民地。獸窮則齧，勢所必然，因之苗中之豪右，倡

〔註282〕應為「措」。
〔註283〕上四，第107～108頁。
〔註284〕原文漏句讀。
〔註285〕上四，第108頁。
〔註286〕第五冊，第86頁。

言驅逐客民,以苗族之羣寨復歸其故地,爭起而殺漢官。」〔註287〕其中僅提「漢人」「漢官」,未談清廷的民族政策。

(二)秘密社會的反清活動

1. 白蓮教

該書第四十九章《嘉慶時之民亂》,第二目「白蓮教匪之緣起」述:「白蓮教非始於清朝。宋亡元興,至於順帝,紀綱不振。有樂〔註288〕城韓山童者,以其祖父所創之白蓮教,煽惑人民,焚香誘眾,倡言彌勒佛降生,河南江淮之愚民多信之。自言彼為宋徽宗之後,當為中華正統之君,於是刑白馬烏牛,誓告天地,得劉福通等同謀起兵,以紅巾為號。事覺,山童被擒,其子林兒逃亡,與黨〔註289〕劉福通遂反,眾號十萬,後迎林兒為幼帝小明王,據亳州,國號宋,及明朱元璋起,乃亡。白蓮教之名自此始。以後二百餘年,明朝隆盛之時,不聞其名,至天啟五年,白蓮會又蔓延於山東、直隸、山西、河南、陝西、四川等省。初有蘇州人王森者,得妖狐之異香,倡白蓮教,自稱聞香教主。其徒設大小傳頭及會主之號。後被捕,斃於獄中。其子好賢,及鉅野徐鴻儒、武邑于宏志等,奉行其教,徒黨益眾。好賢、鴻儒,期以是年中秋起兵,會謀被洩,迫不及待,鴻儒遂先期反,自號中興福烈帝,舉兵陷鄆城,又陷鄒、滕、嶧等三縣。後被官軍長圍,食盡,其黨徒皆降,鴻儒被擒,磔於京師。彼臨行歎曰:『我與王好賢父子,經營二十年,眾不下二百萬,事不成,天也。』自是白蓮會銳氣大挫,至明清興廢之際,尚伏而未動。及乾隆帝對於明尊及白雲派下嚴令,白蓮會於是又起。」〔註290〕「明尊及白雲派」,《滿清史略》《清朝史略》均作「明尊教」「白雲宗」〔註291〕。

該章第三目「教匪初起」中繼述:「白蓮教教義以禱告及念咒可以治病,號召黨徒,與前明不異。」〔註292〕

2. 天理教

第五十一章《內外發生叛亂》第一節《通謀宮廷之會黨》中,講述了天

〔註287〕下一,第40～41頁。
〔註288〕應為「欒」。
〔註289〕兩字錯置。
〔註290〕下一,第19～20頁。
〔註291〕第二冊,第320頁;第三冊,第515頁。
〔註292〕下一,第20頁。

理教發動的紫禁城之變：「嘉慶十五年〔註293〕，有極大膽之陰謀，破裂於北京宮廷。陰謀作於天理教徒。其時因政府對於白蓮教之法律過嚴，此乃其變名，實仍為白蓮教也。陰謀之計畫者為李文成、林清兩人，李在河南多集徒黨，林在直隸山東多集徒黨。此二人皆假觀天文以豫言人事，上下人等，頗多尊信之者。於是林清賄其為內監之徒弟，使之收徒於宮中，而已約定期於山東河南同時並起。時方九月之末，林清使其黨二百餘人，偽裝農人，由宣武門潛入內城，身藏武器，混於酒肆之中。日晡犯東華西華兩門，頭上各纏白巾為號。太監劉金引其東，高廣福等引其西，閻進喜等為內應。是時林清之徒，既得內監之導，已知大內所在，不幸誤由尚衣監之文穎館侵入。侍衛急閉隆宗門，於是不復入宮中。一時混亂，迷其方向。……教徒不敢越垣，遂放火於崇文門。諸王大臣聞警者，此時漸由神武門率禁兵馳來。一時礮火相交，教徒大敗。會薄暮，雷雨大作，其中數名被震死於御河。餘黨盡奔竄逃去。通謀教徒之內監，被捕者不少。」〔註294〕此事當在嘉慶十八年。稻葉君山認為天理教是白蓮教「變名」，而前述三島雄太郎認為天理教即八卦教。

3. 太平天國

該書第六十二章《太平軍之大起》，第一目「叛亂之起因」述：「嘉慶朝人民作亂，因上下之惡政所激起。道光帝即位，欲努力以救濟政治上之缺點，然禍根已深，非一時之手段所能挽回。西曆一八二○年，嘉慶帝以糜爛之國土，遺傳於道光帝。一八五○年，道光帝又以失政不平腐敗叛亂之遺產，遺傳於嗣皇帝咸豐帝，而叛亂漸入於中國歷代所行之常軌矣。然從來中國之內亂，普通關於其國內部之歷史，非由外國關係而來，而太平軍之擴大，及其鎮定，則關係於清國與外國之軋轢甚多。又就一方面言之，則待外國之援軍是也。」〔註295〕稻葉君山於此指出了太平天國運動和中外關係相連的突出特點。其餘太平天國敘事可見於前述洪秀全人物形象中。

4. 捻 軍

是書第六十七章《平定捻黨》，第一目「黃河流域之捻黨」述：「捻黨始於山東之流民，康熙時代，該地方民間結黨，以拜幅、拜捻兩黨為大。拜捻即捻黨也。捻黨名稱，不知起原。或曰：安徽省東部，人民呼一聚為一捻。

〔註293〕誤。
〔註294〕下一，第38～39頁。
〔註295〕下二，第71～72頁。

捻匪者，即組織黨徒之匪類也。或曰：匪徒劫掠用明火，有捻紙燃脂之習慣，因以捻名。此不過後代之臆說耳。咸豐元年，北京朝廷聞太平黨之起於廣西，遂下嚴令，捕拏州縣盜賊。山東、安徽兩省，捻黨交起，抵抗官吏，沿海地方動搖。三年，安徽省城及南京失守，捻黨之跋扈益烈。至五年，始知彼等首領，為張樂行、李兆受二人。張以安徽北部蒙城、亳州為根據，復北犯歸德府。河南、安徽之平野，非常混亂。適太平黨與彼等結合，故其踪跡，及於安徽南部。」〔註296〕稻葉君山不同意從「捻」字的本義出發來解釋捻軍的來歷，認為其「不過後代之臆說」。李兆受事可見於《清史攬要》中。

三、關於清代涉外史事

「《清朝全史》的寫作時間在日本明治維新以後，且日本開始走向富強的道路，這個階段的日本學者，大都放眼於世界，與今天的『全球視野』頗為相似。……稻葉岩吉在編寫這部著作的時候，把清朝的對外關係放在重要位置審視。」〔註297〕與前述日本清史諸專著相比，該書對涉外史事的記述格外細緻，內容非常豐富。

（一）書中歐美國家

1. 葡萄牙

不同於前述日本清史諸書，《清朝全史》中對開啟大航海時代的歐洲先驅之國——葡萄牙著墨不少，稻葉君山對該國涉華史事有較為系統的研究。

該書上冊第十七章《漢人之來歸》，第六目題為「葡萄牙礮入金國」：「孔有德圍萊州時，用孫元化所製之西洋大礮。此大礮在明國為最新式軍器。孫元化奉命鑄造西洋礮，始於天啟二年（西曆一六三〔註298〕二）。彼素奉西教，嘗於澳門招致西人，如登州萊州兩役，葡萄牙人公河的西勞等陣亡者數名，受明廷諭祭，耶穌會之教士陸若漢 Joannes Rodriquez 負傷，得優獎。彼等西人，實在孫元化之下製造大礮者也。孔有德載此種新式大礮來歸，關係頗大。金國前此鑄造之紅衣礮，多為捕虜漢人等所製作，比此固有精粗之殊。有德始入奉天時，太宗傳旨曰：『卿攜紅衣大礮，已運至通遠堡，即付於卿，當使軍士時時演習之。』此大礮有幾何，不能確知，然天祐軍，爾後固以礮

〔註296〕下三，第1頁。
〔註297〕李森《蕭一山的史學理論與實踐》，淮北師範大學2014年碩士論文，第20頁。
〔註298〕應為「二」。

手著名者也。」〔註299〕天啟二年實約為 1622 年。「天祐軍」當指孔有德、耿仲明統率的天祐兵。

下冊第五十三章《西南最初與外國關係》，第一目「葡萄牙人之來及其遠征之初期」中稱：「歐洲有海軍之國，與中國直接發生關係者為葡萄牙。」〔註300〕第二目「葡萄牙大使到北京」中述：「……至康熙六年，復派第四次大使……，第五次大使，雍正二年，達北京……，乾隆十八年，復派第六次大使……」〔註301〕

第四目「清國維持澳門之管轄權」述：「葡人常要求澳門管轄權於中國政府，光緒十三年以前，迄未允許。清朝所索之地租，自道光二十九年以前，皆完納於香山縣。其額初定千兩，自康熙三十年至乾隆五年，每歲六百兩，後為五百兩。乾隆四十二年，澳門之牧師，代理知事，送書於元老院中曰：因完租而得中國皇帝之允許，使澳門暫時作為葡人之用，實有利益云云。嘉慶七年，英國軍隊奉印度總督威爾蘇里卿之命，因防法人之攻擊，占領澳門。支那大吏以侵犯國土，出而抗議。時英軍聞雅敏 Amiens 條約已成，因退去。然當明特卿守備臥亞以防法人之時，嘉慶十三年，復派軍隊於澳門。在當時東印度商會管理者之意見，謂已得葡人之許諾，中國政府之交涉，毫不足介懷。然廣東總督聞之，要求英國海陸軍隊速行撤去，以停止通商強行諸稅脅之。於是脫里幼里 Admiral Drury 提督請與總督會談，不應。提督為會談計，經虎門 Bogue 而進。然中國軍隊阻之不果，因此英國軍隊悉去澳門港，其地復歸中國。」〔註302〕嘉慶七年「大吏」指兩廣總督吉慶。「Amiens」即法國亞眠，此處譯為雅敏，該章第十八目中譯為亞敏，並未統一。「臥亞」即印度果阿。嘉慶十三年時兩廣總督為吳熊光。「脫里幼里」即英國海軍少將度路利。「Bogue」即水道。

2. 荷 蘭

該書上冊第三十一章《臺灣入清領》，第六、七兩目題為「荷蘭之東航」「荷蘭人之經營告成」，其內容不屬於清史範疇，茲不詳述。

下冊第五十三章《西南最初與外國關係》，第九目「荷蘭人之來與臺灣之占

〔註299〕上二，第 55 頁。
〔註300〕下一，第 53 頁。
〔註301〕下一，第 55 頁。
〔註302〕下一，第 56 頁。

領」中述：「又其次者為荷蘭人。明萬曆二十五年（西曆一五九四年〔註303〕），荷蘭船舶，因葡國禁止其出入於里司本（葡京），對於中國生產物間接之需用，至此已絕其途。於萬曆三十四年，乃命窪甫蘭特王禾尾 Wybrand Van Warwick 氏，直航船於廣東，然以澳門官吏之壓制，不得通商。同治〔註304〕三十五年，同樣之計畫，亦成畫餅。天啟二年（西曆一六二〇年〔註305〕），戈奈里司哩夜孫 Kornelis Rayerszoon 氏，率船十五艘，出現澳門海面，以八百人上岸，加以攻擊，盡被卻走，損其人員三分之一。於是轉而欲占領澎湖島，攻防二年，後卒退而赴臺灣……順治十年，彼等欲通商於廣東，為葡人所阻，不果。十二年，比打土過野 Peter〔註306〕 de Goyer 及夜可卜土啟乍 Laeob〔註307〕 de keyzer 兩人，帶大使之命，奉使北京。彼之要求，清帝皆許可。因彼呈有高貴物品，人皆稱為進貢，彼亦如是云云，故得如是酬報也。彼等於神聖玉座之前，行三跪九叩首之禮，尊支那為天朝，自處於藩屬，安之若素云。彼等又欲於日本得通商特權，而其所得不過八年得派大使一次，及可隨商船四艘而已。」〔註308〕作者於此夾敘荷蘭使團訪日事。萬曆二十五年實為約 1597 年，天啟二年實為約 1622 年。「窪甫蘭特王禾尾」即瓦爾維克，「戈奈里司哩夜孫」即雷伊松，亦作羅耶仲、雷耶斯佐恩。「比打土過野」實名為 Pieter de Goyer，即佩特爾·德·霍耶爾，亦作杯突高嚙、哥頁、豪伊爾，「夜可卜土啟乍」實名為 Jacob de Keyzer，即亞科布·德·凱塞爾，亦作惹諾皆色、開澤、凱瑟爾。

第十目「荷蘭人被逐於臺灣」述：「明永曆餘黨，以國姓爺著名，而世人皆知之者，非鄭成功乎？當其時廈門大陸之根據地，被滿兵所奪。西曆一六六一年，率兵隊二萬五千人渡臺灣，成功知為敵者惟荷蘭人，遂圍赤嵌城。九閱月降之，荷人死者千六百人。荷人在臺灣權利全失，於是會議於巴達維亞。其結果，對待國姓爺，宜與清軍同力合作。派兵船十二艘於福州，占領其聯合地廈門。實則此時大陸之地，全屬於清朝，臺灣毫不被其影響。其後二年即康熙三年（西曆一六六四年），荷國又派比打王芳 Picter〔註 309〕 van

---

〔註303〕有誤。
〔註304〕應為萬曆。
〔註305〕有誤。
〔註306〕有誤。
〔註307〕有誤。
〔註308〕下一，第 59～60 頁。
〔註309〕有誤。

Hoorn 為大使，至北京，仍執藩主之禮，謝其援助之恩。大使甫倫翌年又至北京，但其來非為滿洲朝廷，亦非為自己國家，勇敢不撓，欲樹偉功，而其胸中專欲為同胞求商業之利益而已。其曲從清廷，無異十年前過野等兩人，然進貢方物，叩頭行禮，皆載入大皇帝進貢國冊錄之中，但無有何種報答物，而特權亦不能稍得矣。康熙二十二年，清帝欲征臺灣，〔註310〕要求忠實之荷蘭人，以數艘兵艦相助，荷人從之。及兵艦至時，清廷已奏凱矣。嗣後於福建海岸諸港，祕密行商，不知費若干之金錢，始行許可。最後於乾隆二十七年，在廣東設立商館。其時廣東各外國商館，皆已成立。對於外人之暴亂行為，殆已絕跡矣。」〔註311〕「比打王芳」實名 Pieter van Hoorn，即彼得・范・霍恩。

第十一目「大使鐵俊甫與文譜蘭」寫道：「乾隆六十年，荷派使者鐵俊甫 Isaac Titsingh 及 A・E・van Braam 文譜蘭兩人於北京。彼等鑑於英國大使馬加特尼之失敗，決不蹈其覆轍，而亦不行三跪九叩禮，較之前屢次使節，稍有改變，又不執藩主之禮。其結果，據史家所述，則彼等於北京待之如罪囚，遇之如乞丐，然後依指導者之言，行三跪九叩之禮，情形狼狽，空還廣東，毫無效果云。」「鐵俊甫」即伊薩克・蒂進，亦作德勝〔註312〕，「文譜蘭」全名 Andreas Everardus van Braam Houckgeest，亦作范罷覽、范百蘭、范巴瀾。

「據《大清會典》所戴〔註313〕，朝鮮每歲派使節一次，琉球二年一次，安南六年一次，老撾十年一次，暹羅三年一次，蘇祿五年一次，各遣使節來朝。荷蘭使節來時，經廣東虎門水道，為期無定。順治十二年定為八年一次，派一人或二人為公使，一人為祕書官，及若干之從者，但其中到北京者，不能滿二十人。緬甸公使來時，經雲南永昌府，十年一次，其大使之隨從在百人以內，但進北京者，不能越二十人。凡伊大利、英吉利、葡萄牙各國公使，皆通過虎門而行，然不限定時期。各大使可乘船三艘而來，但各乘船人員，不得越一百人，進北京者，不得越二十人，餘人留於廣東。」〔註314〕所述「伊大利」即意大利。

〔註310〕原文漏句讀。

〔註311〕下一，第 60～61 頁。

〔註312〕可參閱蔡香玉《乾隆末年荷蘭使團表文重譯始末》，《清史研究》2018 年第 2 期。

〔註313〕應為「載」。

〔註314〕下一，第 61 頁。

3. 西班牙

該書上冊第三十一章《臺灣入清領》，第九目題為「西班牙人來臺灣」，內容不屬於清史範疇，茲不詳述。

下冊第五十三章《西南最初與外國關係》，第八目名為「西班牙與中國人之關係」：「次於葡人與中國通商者，為西班牙人，其始由馬尼拉以教士二名為使者，明萬曆三年到廣東⋯⋯。總之西班牙人與中國通商，其舉動確無善狀，特其於嘉慶八年（西曆一八○三年）介紹種牛痘法於中國，其功不可沒也。」〔註315〕西班牙醫生巴爾密斯(Francisco Javier de Balmisy Berenguer)，亦作巴爾米斯，把種牛痘法傳到中國是在嘉慶十年（1805）。

第五十九章《欽差大臣林則徐及其政策》，第三十二目題為「西班牙船之燒棄」：「澳門與馬尼拉之間，西班牙從事正式通商之二檣船必爾別號，九月〔註316〕二日在澳門，受中國人攻擊，竟捕獲而燒棄焉。林則徐以此船即英船瓦幾里阿，曾從事〔註317〕片貿易者。其後復變其主張，謂此船掛西班牙之國旗，為英人運輸鴉片，應獲相當之罪〔註318〕。其實瓦幾里阿號，數月前已不在中國海。一八四一年六月結局，受賠償金及廣東市之〔註319〕罪金，共二萬五千先令。西班牙代表者，對此頗表滿足之意而去。」〔註320〕此事敘述比《清朝史略》更詳，可惜因排版印刷問題漏了一行字。

4. 英　國

該書第五十三章《西南最初與外國關係》，第十二目題為「英人至中國」：「⋯⋯康熙三年，時英船一艘，到澳門，葡人照例加以種種妨害，支那官吏，對於貨物，要求二千兩稅銀，英人請減半數，亦不許。支那兵一隊札於商人之家屋，以為警備。該船在澳門停住五個月，後歸於班打。康熙十三年，又有英船一艘到澳門，交換貨物。其中僅織物二十一疋，得低價賣去而歸。康熙九年，始通商於廈門及臺灣。臺灣之通商協定，與該島主人翁國姓爺訂定之，而廈門通商亦無齟齬。康熙十六年，更遣一貨船來。於西曆一六七八年，英商之投資額，現金達三萬先令，貨物二萬先令。西曆一六八一年，該處商

〔註315〕下一，第 58～59 頁。
〔註316〕漏印字。
〔註317〕漏印字。
〔註318〕漏印字。
〔註319〕漏印字。
〔註320〕下二，第 38 頁。

館關閉，後四年再開，然臺灣自清朝占領以後，該島通商事務，又全停止。」
〔註321〕「班打」即班達。簽訂「臺灣之通商協定」的是鄭經，並非其父「國姓爺」。1678 年約為康熙十七年。

第十三目「英國設商館於廣東」寫道：「康熙二十年，英人欲通商於廣東，然時已在葡人占領之後。葡人年出二萬四千兩，始獲通商。無論英人及其他外人，皆不得享有此通商之權利。至康熙二十四年，撤去海禁，支那沿海各港准其通商。英人由東印度商會之力，獲得在廣東設一商館之權利。康熙二十八年，始得正式派商船。然船到時，先停船待其許可入港，廣東稅關辦事員，測定容積，約費兩星期時日。對於船積，依當局之測定，應完稅若干，然當時忽起一爭論，因測定雖自船首至船尾，加以測量時，若進以賄賂，則可僅測前檣之後部，以至後檣之前部，容積減少，完稅可以減輕。此等辦法，英國及他國船，皆以為法律上習慣上合法之規定也。當時之要求額，則為二千四百八十四兩，販貨人皆以為不當，寧可不通商，將貨運回以脅之。經此爭論，至一星期後，減為千五百兩，內千二百兩為測量費，二百兩為關稅。康熙四十年，英國商會派一船於寧波，試行通商，資本十萬一千三百磅，知此額過大，後同年往廈門者，不過三萬四千四百磅，往廣東者四萬零八百磅而已。其結果皆失敗，由於不規則之中國官吏，需索過甚，其額比廣東更大故也。」
〔註322〕作者未述相關數據的史料來源。

關於英使馬戛爾尼，該章設有第十五目「大使馬加特尼卿」：「英政府派馬加特尼伯 Farl〔註323〕of macartney 為使節，因之東印度商會經理人等，不免有疑懼。何以故？為歷年辛苦經營，商務稍立基礎，若無端加以強有力之主張，恐觸怒中國政府，或演出停止外國通商之惡劇。該商會雖抱此憂慮，但對於政府所派使節，亦不反對。大使乃於一七九二年九月二十六日出發，至翌年八月五日，到大沽口。此時之待遇，與前葡萄牙、荷蘭兩國大使可相比較，但馬加特尼卿自稱王者之使節，實避商業上密使之名，故甚保持其威嚴態度。時直隸總督為儀式上之拜訪，由保定至大沽，隨以皇帝所派迎接大使之三品文官，備以適當船隻，裝載大使及其帶來之進物六百箱，溯白河而達北京。凡食物一切，自到大沽之日起，至廣東出發之日止，皆政府供給。

〔註321〕下一，第 62 頁。
〔註322〕下一，第 62～63 頁。
〔註323〕有誤。

北京朝廷，不僅待遇如此而已，尚決定凡朝貢叩頭諸儀節等，可以從寬。大使所乘之舟車，皆樹以『英吉利朝貢』之大字旗。馬加特尼非不解此意義，其所以不起而抗議者，恐有礙使節，致外交陷於斷絕之窮境也。又如叩頭儀節一事，彼等再三勸說馬加特尼，謂此不過對於王者，乃自古中國表其敬意之形式，而大使之意，亦欲委曲求全，而對於中國皇帝，不得不一盡適當之禮，所以對此要求，亦無絕對拒絕之意見，但中國若以英國為屬國，則決不承認，因欲證實其事，提議以文字彼此立一契約，大旨謂倘為中國臣民對於英皇肖像所肯行之敬禮，本大使亦肯行之於中國皇帝之前。中國官吏，審查之結果，則曰英大使在該國主像前曲一足之儀節，可行於中國皇帝之前云。大使自八月到，至十月七日去北京，其間未決議一件大事，又無一次論難。要之此時大使所持目的，在減輕廣東通商之束縛與稅額，其他之希望，則在要求天津、寧波、舟山等處，自由通商。兩事皆始終拒絕，惟對於大使，以無上之禮節迎送之，以無上之禮遇款待之。種種皆不過虛文，而實利則毫無所獲也。」〔註324〕「Farl of macartney」應為 Earl of macartney。馬戛爾尼使團抵達大沽口在乾隆五十八年六月十八日（1793 年 7 月 25 日），並非 8 月 5 日。離京時間為九月初三（10 月 7 日）。

關於英使阿美士德，該章兩目「脫里斯號事件」「英國大使阿拇哈司卿」有述：「第二次英國大使為阿拇哈司 Amhenrst〔註325〕，時在嘉慶二十一年（西曆一八一六年），其目的在使中英兩政府之間，結成直接關係，圖一般商業上良好之結果。然此次所以急於派遣大使者，則以嘉慶十九年，英船脫里斯號之行動亦最有關焉。脫里斯，為英國國有船，以澳門為根據，而遠航於廣東海面。四月頃於拉頓浪 Ladrone 左近，捕獲美國商船一艘，名漢打者，作為捕獲船，帶至澳門港。又其翌月，脫里斯之豫備小艇，自澳門之附近，追美國斯克爾船一艘，至黃埔又捕獲之。此種行為，中國以為違反局外中立行為，並宣言侵害中國統治權，但中國官吏之意，謂彼等既為英國民，不問其誰何，就其行為而論，東印度會社長（即大班），應負其責任。遂以此事件，向東印度商會之選出委員交涉，命其將脫里斯號開出中國海以外，然該委員答曰：對於國有之船，無有命令之權。中國即宣布謂脫里斯號若不去，即停止與英之通商，以為脅迫之計，又一面勵行禁止外人雇中國人為奴僕之規

〔註324〕下一，第 64～65 頁。
〔註325〕有誤。

—154—

則。」〔註 326〕阿美士德之名「Amhenrst」應為 Amherst。英船「脫里斯」，亦作多利斯。

「英國政府，絕不回顧前次馬加特尼大使之失敗，復派第二次使節於北京。此次之任務，欲除屢次所受之害，及將來有類於是者，其意必請中國皇帝之保護，使東印度商會之通商事業，立於安全鞏固之地位，而免有地方官吏無限之蹂躪也。而受此重任之大使，即為阿拇哈司卿，於嘉慶二十一年（西曆一八一六年）八月二十八日到北京。時乾隆帝已崩，新帝登極，阿拇哈司卿所乘之小舟，仍如前例，於旗上大書『朝貢』字樣。自大沽至北京之途中，關於覲見禮節，叩首與否，議論不絕。然英國政府之意，以為實行使節之目的起見，若得便宜，無論中國政府如何要求，皆可隨機應之，而東印度商會經理之意見，則鑒於前此廣東所生之結果，在北京縱得明確重大之利益，而禮儀待遇之點，若有減殺國家威勢之處，斷不可讓步。阿拇哈司卿到通州，中國官吏即促其向圓明園宮殿，日夜兼程，二十九日午前五時到其地，凡服禮服以迎大使之皇族及大吏等皆集於此，稍事休息，不移時即引導謁見，聲言再三，大使以體甚疲勞，禮服及國書又未到答之。中國政府即與以大侮辱，令大使及隨員等，速離此地返國。阿拇哈司卿，乃一無所事，邊返廣東。總之此時中國之意見，謂凡附庸以外之國民，欲如荷蘭人之取得通商特權，而不肯作臣服之態度，則為絕對的不可能之事也。」〔註 327〕阿美士德使團到達圓明園的日期，為嘉慶二十一年七月初七（1816 年 8 月 29 日）。

第五十五章《廣東外國商館與公行》，第十九目題為「英國通商之內容」：「英國商務，因鴉片而益加繁盛。比較十六年之初期，約占輸入品六分之一，至後期則達二分之一以上。其次之重要品，為印度綿〔註 328〕花，約占輸入品四分之一。英國產物，其重要者，為羊毛織物，占總數八分之一。又鴉片、綿類以外，印度所產之各物，及南海香料島物品，至後期而約在十分之一以下。輸出品中，茶占五分之三，絹占五分之一。綿織物亦為當時中國輸出品之一。英國之通商，概而言之，以三角形動作為基礎，即英國以物產送印度，又以印度物產鴉片、綿花，及其餘者，送入中國，因之中國對於此種輸入品，以茶及其餘物品為對換之一部，轉送入英國，而英國以此種產物賣出之剩餘

〔註 326〕下一，第 65 頁。
〔註 327〕下一，第 66 頁。
〔註 328〕通「棉」，下同。

現金，送入印度，復為通商云。」〔註329〕

關於鴉片戰爭及第二次鴉片戰爭中的英國，可見於書中第六十章《鴉片戰爭及其經過》、第六十九章《英法聯軍入北京》，前文已經提及，茲不詳述。

此外，第七十六章《雅克布白克之叛亂》，第九目題為「左宗棠嚴斥英國之提議」；第八十章《西藏問題之發生》，前五目名為「曾紀澤對於英藏通商之論」「《芝罘條約》與馬科蕾之奉使北京」「西藏人拒絕英使」「排外之實質及英使之態度」「英使之撤退」。這些內容均為前述日本清史諸專著所無，無從詳細比較，限於本書篇幅，亦不展開。

5. 法　國

該書第五十三章《西南最初與外國關係》，第十八目「法蘭西與中國通商」中述：法國「……至順治十七年，再派船於廣東。雍正六年，雖在該地設立一商館，然通十八世紀觀之，該國人商業規模皆甚小。法國領事之旗，由亞敏 Amiens 平和條約結定後，於嘉慶七年，始行建立，又因英國再開戰爭，嘉慶八年復取下。或云道光九年，曾承認其管理本國商人，得置一如大班 Taipan 之領事，然道光十二年（西曆一八三二年），尚不見該處有領事旗云。」〔註330〕「Amiens」即法國亞眠，此處譯為亞敏，該章第四目中譯為雅敏，並未統一。

第七十八章《喪失安南之宗主權及其影響》，第十三目「清法戰爭」中稱：「一八八三年，曾紀澤再致抗議於法政府，求撤退東京遠征軍，而法國反不認清國於東京事件有容喙之權，並宣言占領山西、北寧、興安之旨。曾紀澤大怒，破外交之慣例，公表其與本國往復之文書。十月，發最後之通牒於法政府，曰：東京之法軍，若侵中國之陣地，則中國政府，即視為開戰之原因。法國亦復宣言曰：若發見中國兵於東京，則法國不得已而開戰，其責清政府任之。一八八四年（光緒十年）二月，法兵二萬五千人到東京。三月，與清兵二萬人衝突於北寧，法兵占其堡壘，清兵多逃於興安方面。法軍追至，圍之，至九月，據其地。清兵悉退於紅河上流。法國在東京之地位，經此戰而後確定。然清國對於安南，尚不甘放棄也。」〔註331〕曾紀澤時任駐英法俄公使。

〔註329〕下一，第99頁。
〔註330〕下一，第66～67頁。
〔註331〕下三，第100～101頁。

第十四目「安南永脫清廷之羈絆」中稱:「一八八四年,締結《天津條約》,承認法國之安南保護權,並撤退清兵。不幸諒山堡壘受授之際,兩國之兵偶生衝突,法兵之死傷殊多。法國遂以違反條約為口實,戰端再開。是年七月,提督孤拔溯福建之閩江而上,封鎖其江口。八月,礮擊基隆,轉攻福州船廠,轟沉南洋水師軍艦十二隻。翌年二月,封鎖揚子江口,以絕南北之聯絡。此時東京地方,亦在戰爭中。當時諒山為黑旗黨所據,將軍布里耶攻之,不圖賊殊強悍,至翌年二月,法軍之死傷甚眾。巴黎頻得法軍敗報,人心動搖。六月九日,乃命公使巴徒諾爾與李鴻章新結條約,以為此事之終局。」作者評論:「清廷雖不償一金,不割一地,結對等條約以終局,而安南自是遂永脫羈絆矣。」〔註332〕「布里耶」應即《支那近三百年史》中的「布里耳」〔註333〕,亦作波里也。「巴徒諾爾」即巴德諾。

6. 美 國

該書第五十三章《西南最初與外國關係》,第十九目「美人之與中國通商」中述:「美人向來以茶業與中國人交易,皆由東印度商會之介紹。至《維塞爾條約》成立之明年,即乾隆四十九年,始派船到廣東。其商務甚盛,從無釁端,因亞美利加商人及水夫等,素善營業。二十五年之間,歐洲國民中,惟美人執局外中立態度,而其商務,乃忽一躍而占廣東外人商界之第二位。」〔註334〕所述「《維塞爾條約》」即 1783 年《凡爾賽和約》,亦稱《英美和約》《巴黎和約》,主要內容是英國承認美國獨立。文中「亞美利加」亦指美國。「二十五年之間」當指 1789 年法國大革命至 1815 年滑鐵盧戰役之間,其間的歐洲戰事以下文中的「拿坡侖戰爭」為主。

第五十五章《廣東外國商館與公行》,第二十目為「美國通商之內容」:「美國通商,輸入輸出,每年共達六百萬先令以上,加以每年開支船費稅額,約二十六萬先令。其商館維持費,亦不相上下。此種交易,多為現款,自後物品增加,而需要現金亦因之增加,覺貨物交換買賣為利益,而現金交易為之一減。商品之重要者,為亞細亞諸國之鴉片,及該地物產等。各船所載,殆無本國之物,惟購買茶葉、絹物、綿布,送回本國。美國通商,亦成三角形。美國先以本國物品至歐洲,於其地發賣,運其所得西班牙貨幣,送入中

〔註332〕下三,第 101 頁。
〔註333〕第 500 頁。
〔註334〕下一,第 67 頁。

國，後又送回本國。其船隻當拿坡侖戰爭時，局外中立，得利益不小，在歐洲諸港從事商務，滿載西班牙貨幣，向中國之廣東出發，買中國之茶葉、絹物及綿布，滿載而還美國。其間循環往來，往往用現金。據記錄所載，道光十二年，在廣東之美國商人，需倫敦匯票二百四十八萬零八百四十一先令。又道光十三年，需四百七十七萬二千五百十一先令。此匯款為美船供給輸出品之用者也。」〔註335〕從「倫敦匯票」及本段貨幣單位均用先令來看，所引數據當源於英國史料。

第五十九章《欽差大臣林則徐及其政策》，第二十四目「美人依然通商」中述：「英船雖在港外，然美船尚入港內。據九月某日調查，香港及澳門有英船六十三艘，美船三艘，黃埔有美船十一艘，丹麥船二艘，德船二艘，西班牙船一艘。美船乃乘此機而得利益……」〔註336〕此外，書中的晚清涉美史事已散見前文，茲不詳述。

（二）部分周邊國家

1. 俄羅斯

第三十四章《清俄關係之始》中稱：「俄羅斯人，當十五世紀之終，建設西伯利亞第一殖民地於烏拉爾山麓，自是擴張領土，益向東方。其發達之速，殊為可驚。西曆一五八七年（清太祖丁亥年）置『獨布兒斯科』府之基礎，實為西比利亞之重鎮。馬首東指，前進益速。自一六〇四年至三十八年，三十餘年間，『獨木斯科』（一六〇四清太祖甲辰年）『噎義洗斯科』（十六一九天命二年）『雅庫次克』（十六三二天聰六年）『俄何次克』（一六三八天聰一二〔註337〕）等諸府，忽出現於大地。」〔註338〕1638年應約等於崇德三年。

作者評論《尼布楚條約》締結前的中俄關係：「清俄關係，屢瀕破裂，屢行彌縫，雖未大生衝突，然兩國間，橫亙一種低氣壓，逐年醞釀，不至結為一大颶風不止。」〔註339〕「俄清兩國，衝突於黑龍江，已互數十年，怨恨既深，牢不可拔，無端忽有媾和之議。初聞之殊足驚訝，然試將兩國情形，詳為觀察，則其原因，決非偶然。」〔註340〕「低氣壓」之比喻，至為形象。

〔註335〕下一，第99～100頁。
〔註336〕下三，第33～34頁。
〔註337〕誤。
〔註338〕上三，第108～109頁。
〔註339〕上三，第118頁。
〔註340〕上三，第123頁。

關於俄方，作者認為：「當是時也，俄國政府，既不欲放棄其既得之黑龍江地方，而欲進與支那一決雌雄，則勇氣實力，均知非敵。此不得不以姑息手段，彌縫一時也。一六五五年（順治一二）及五六年（順治一三）一再遣使北京，懇請修好，一六六九年（康熙八年）復遣密魯瓦諾來朝，然或以不行叩頭拜跪之禮，或因不奉清朝正朔，屢被申斥，仍於一六七〇年（康熙九年）及七六年（康熙一五）遣使來朝。而歷次來朝，無不以希望兩國平和，有無相通為請者。然俄人侵略，得寸進尺，遂於雅克薩生大破裂，而俄國政府，既無可彌縫，維時若繼續戰鬥，則清兵雄壯，必占勝利，由是屢經辛苦，多年經營之西伯利亞南方一帶，亦或生危險，不得已，乃派專使，提議媾和。」〔註341〕「密魯瓦諾」即伊格納季・米洛瓦諾夫。

關於中方，作者認為：「康熙帝平定三藩，瘡痍未愈，且時值創業，勵精圖治，內外事業，實甚繁雜，啟釁他國，精力外分，不利更無俟言，故攻雅克薩之際，先示以書，命速退去，不應，始行力討。即敵人力盡乞降，亦皆放之使去，不加屠戮，僅以燒城為滿意，不取置兵鎮守之策。因是之故，雅克薩之征討，竟歸徒勞。此固不得謂非清廷之大失策，然其常冀和平，力避與俄國衝突之真意，不已彰然若揭耶？其他如優待捕虜，或授以官，或於北京，畫定區域，允其建寺拜天。又如於再征雅克薩之際，以荷蘭使節之介紹以與俄分境、勿相踰越之意，傳達於俄等。諸種舉動，亦莫非希望和平之意也。」〔註342〕文中此處「寺」指東正教教堂。

第四十四章《清俄通商及〈恰克圖條約〉》，下設「中俄交際之始」「視俄國大使如朝貢使」「北京與庫倫之通商並停止」「俄國索還雅克薩之捕虜」「《恰克圖條約》告成」「實物交換之通商」六目。其中記述：「……順治十二年、十三年、十七年，及康熙九年所派使臣，皆為商人兼之，或以商人隨行者，清廷以其為朝貢使，如行跪拜磕頭之禮，許其朝見，頒以恩賜，否則卻其貢物遣還之。雖然，其所攜貨物，大概許其買賣。康熙十五年，受俄國使臣之命而至北京之義哥來司巴夫亞利者，為荷蘭商人，謂俄國僻處遠方，不諳中華文藝禮法，兩次抒誠，致多闕失，實非得已，於是行三跪九叩禮進貢方物，得以允許通商。」〔註343〕康熙十五年來京之俄使為米列斯庫。

〔註341〕上三，第 124～125 頁。
〔註342〕上三，第 125 頁。
〔註343〕上四，第 60 頁。

第八十四章《宣統帝退位》，第一目「俄國之占領滿洲」稱：「義和團事件，至一九〇一年九月，漸見歸結，然中國與各國之議定書，於俄國之滿洲軍事行動，未及防範，實大失策也。俄國之欲吞滿洲，由來已久。中東戰後，俄公使賈西尼說李鴻章，欲得該地之利權、及鐵道敷設之優先權，及締結《巴普洛夫條約》，則租借旅順、大連二港二十五年，又得築東清鐵道，連接至旅順大連等。及團匪事起，俄國又置滿洲於軍事占領之下。其占領之理由，則以一九〇年七月，清國官兵，襲愛琿對岸之普拉哥西恩斯科，殺俄人數名。俄國直進兵，至八月，取營口，即於其地之道臺衙門揭俄國國旗焉。俄國之本意，實欲越《巴普洛夫條約》範圍之外而占領東三省一帶。日本公使，曾欲將此問題納入媾和事件中，不幸而其事不成，殊為遺憾，而俄國之巧妙外交政策，則對於公使館襲擊之事，輕其條件，以見好於清廷，而獨於普拉哥西恩斯科事件，則單獨對於清國，為立於交戰者之地位，以實行其滿洲之占領。」〔註344〕「賈西尼」即喀希尼。「《巴普洛夫條約》」即《中俄密約》。此外，關於日俄戰爭史事，下文詳述。

2. 霍罕

書中浩罕、敖罕兩種譯法皆無，而稱該國為霍罕。

第五十二章《新疆回教徒之騷亂》，第七目題為「霍罕王擾亂喀什噶爾」：「初，張格爾就擒，將軍長齡檄霍罕及布哈拉獻其家族。霍罕王答曰：『兵民之家族可獻，至於獻和卓之裔孫，於經典無其例，不能應。』因之清朝盡捕霍罕人之居住於喀什噶爾者，沒收其資本，斷絕通商。時霍罕王國〔註345〕，變為摩罕穆德，稱汗，輔相又得人，近鄰之吉爾吉司人亦漸屈伏，又略卡拉德金、打爾溫諸國，威勢稍盛。至清朝與之斷絕通商，則大窘，遂謀以兵力解決之。其時張格爾之兄和卓摩罕穆德玉普素〔註346〕者，在甫拉卡，霍罕王以非和卓之威勢，不足使喀什噶爾之信用，竊迎玉普素於布哈拉，說之以恢復之事，於一八三〇年（道光十年）九月，率其將克克爾及里西格爾等，率兵四萬，向喀什噶爾進發。移居於霍罕之回民一萬餘，亦出而從軍。」〔註347〕張格爾之兄名為玉素普，並非「玉普素」。

第十一目「窩利罕之亂」中稱：「霍罕以清朝猶主和睦，且見和卓之亂，

〔註344〕下四，第43頁。
〔註345〕兩字錯置。
〔註346〕兩字錯置，下同。
〔註347〕下一，第51頁。

其勢浸張，漸輕清朝⋯⋯」〔註348〕所述「窪利罕」即倭里罕和卓。

3. 日　本

（1）關於入關前的清日關係

該書第二十八章《明末清初時日本之位置》，第一目「奴兒哈赤欲討日本」中述：「據朝鮮宰臣柳成龍之所言，彼等君臣避難於鴨綠江畔之義州，將欲移宗社於對岸寬甸之時，建州之奴兒哈赤（清之太祖）請其出兵應援而攻日本。成龍豫測將來之危險，不表同意，故日本人與女真人之衝突，無自而生，然女真人實於此時已認知日本之存在矣。」〔註349〕所敘為萬曆朝鮮戰爭，朝方稱為壬辰倭亂，日方稱為文祿慶長之役。

（2）關於漂民

該章第八目「睿親王解送日本漂流人」中稱：「至順治二年冬，攝政王將日本之漂流人十五名，送還於日本，其下朝鮮王之諭文如下曰：『今中外一統，四海一家，各國人民，皆朕赤子，前有日本國人十三名，飄著也春（豆滿江下流）之地，仍勅所司周給衣食，但念其父母妻子遠隔，深用憫惻，茲命隨同使臣前去，其至之日，可即備船使其還鄉，仍移文於該國君民，使知朕意。』是等漂流人，遂由對馬而送致日本。日本亦有報謝云。據朝鮮記據，則謂日本之文書，指清廷為『韃靼國』三字，朝鮮即以之轉報北京云。然據後日之考查，則漂流之一羣，原有五十餘名，或病死或殺害，此僅死亡之餘耳。其先送致於奉天，維時恰逢遷都北京，乃送致於北京。據彼等歸國後之言，則謂九王子者（即攝政王）為王之伯父，年三十五六歲，其人清瘦精明，有材能，待我等頗懇切。蓋此諭文，確出於睿王之意旨也。又據彼等漂流者所言，謂清廷以日人尚義好武，且多慈悲，因此極為注意。自移都北京以後，對於日人，頗邀優待。每人一日給白米一升，豕肉一斤，麥粉蕎粉茶酒均備，外尚有鵝二尾，至於薪炭油菜等類，無不取之裕如。服裝寢具，均極優美。稍有疾病，則有醫師診視。其起居食息，亦頗自由云。然順治八〔註350〕年，清之國家僅有取北京之意思，至此漸注意於邊疆，而欲收外交政策之效，特日本對於東大陸之外交，此時尚守鎖國主義，幾至陷於孤立云。」〔註351〕其中述及多爾袞的體貌特徵。

〔註348〕下一，第 53 頁。
〔註349〕上三，第 35 頁。
〔註350〕應為「元」。
〔註351〕上三，第 48～49 頁。

（3）關於鴉片戰爭對日本的影響

第七十二章《清國衰弱之影響與日本之關係》，第一目「清日唇齒之關係」中述論：「鴉片戰爭，如投巨石於太平洋，驚濤洶洶，逼於亞東，遂及於日本。日本鑒於鴉片戰敗，適當德川幕府末期，人心因之奮勵焉。中國自滿洲執柄以來，與日本國交幾絕，其後康熙乾隆百餘年間，天下無事，版籍之擴充，倍於禹域，殆所謂天地淑秀之氣，鍾於滿洲人者耶？曾幾何時，而西力東漸，英併印度，俄略黑龍江，駸駸乎有席卷亞東之勢。此時日本人士，知故步自封，不足以圖存，於是翻然改圖，期勿蹈中國覆轍。」〔註352〕

書中舉日本人「會澤泊氏」所著《新論》之一節以證：「……今日之日本，求脣齒之邦於宇內，舍滿清殆無有也。」稻葉君山認為：「伯氏此論，有感而發，引滿清為脣齒之邦，冀可為輔車之助。滿清昧於大計，罔識變遷，外勢既迫，內憂頓起，悠忽數十年，卒底於亡。伯氏之論，徒託空言矣！」〔註353〕所述「會澤泊氏」「伯氏」用字不一，其人應即為會澤正志齋，又名會澤安。

（4）關於日本侵臺及相關談判

第七十四章《日本全權大使副島種臣之來聘》，第三目「清日之交涉」中稱：「日本欲開國，不能不先有事於清國。蓋以西有朝鮮，南有臺灣，朝鮮乃宗主權之問題，臺灣乃因生番掠殺日本難民，欲使中國負責任之問題。然在清廷視之，二者皆不足措意。《日清修好條約》，已成於同治十年，乃李鴻章所幹旋者，非清廷意，故當日本赴歐大使岩倉具視抵歐之時，即聞清日條約，清廷不允批准交換之事。日本因是諮問李鴻章，李不置答。外務卿副島種臣乃獻言曰：『欲制列國覬覦臺灣之野心，欲收生番之地於版圖，欲得土地於清廷，欲收中國之民心，此數者非臣莫能任，臣請自赴清國，藉交換條約之事，以入北京，遊說各國公使，以絕媢嫉之念，然後與清政府議謁清帝之禮，質以韓國之關係，告以征番之理由。』凡此皆副島與西鄉隆盛等籌之已熟者。日皇納其言，遂決遣副島於北京，事在同治十一年十一月。至翌年二月，任副島為全權大使，聘清。以法人〔註354〕李仙德為顧問，隨從之海陸軍將多人。以是月乘軍艦龍驤號發橫濱，軍艦筑波號護從之。兩艦皆統於海軍少將伊東祐麿。副島過鹿兒灣，上陸，謁西鄉隆盛，先航上海，即向天津，與李鴻章

〔註352〕下三，第 41 頁。
〔註353〕下三，第 42 頁。
〔註354〕誤。

晤。」〔註355〕李仙德為美國人,並非法國人。

第七十九章《清日初期之關係》,第八目「臺灣生番虐殺日本漂民」稱:「一八七一年十一月,日船古宮島及八重山,各滿載糧食,向那霸港進發。古宮島遭風,流於臺灣之南端,觸礁。船員六十九人,溺斃者三人,餘悉上陸,乞救於番地之牡丹族。番民不惟不施救,反肆虐殺,被害者五十四人。餘十二人,幸脫虎口,當即訴於清國官吏。官吏救之,送諸福州之琉球使館,然後還日本。是時日本外務大臣柳原前光在天津,未幾,清廷得福建巡撫之奏報,柳原乃抄致其事於日本外務省,同時日本駐琉球官伊地治貞馨亦報告其事於外務省。鹿兒島縣參事大山綱良聞之,請大興征討之師,西鄉隆盛、桐野利秋、副島種臣、板垣退助等贊成之。臺灣之生番問題,遂為日本之內閣問題。此時日本欲利用時機,伸其國力於南方,故早已併琉球而冊封其王。及虐殺事件既起,而征討之聲,遂洋洋盈耳矣。」〔註356〕柳原前光等獲知其事實在次年。

第九目「征番問題之歸結」中繼述:「日本對於征番問題,閣議亦不一致。延至翌年正月,備中之村民四人,因風漂流,抵於臺灣之東南岸,由此上陸,幾遭生番之殘害,幸脫危難,由清官送交於駐上海之日本領事。日本朝野人士聞此,大激昂,多主張不待公命,自討生番⋯⋯」〔註357〕所提及的「備中之村民」,即小田縣民佐藤利八等人。

（5）關於日本逐步併吞琉球

第四十五章《擴大外藩及治藩事業》,第九節題為《兩屬之琉球》,下設「尚巴志統一三山」「日琉關係之初期」「島津家久討琉球」「兩屬關係之經過」四目。作者寫道:「明亡於清,琉球再受冊封,稱為琉球國中山王,約二年一貢。既而與島津氏依然繼續一種私關係,島津氏既不反對,清廷亦不甚追究,雖其實權皆在日本,而表面上則為清朝之外藩。」〔註358〕日本薩摩藩主島津家久此前於明萬曆三十七年（1609）入侵琉球。

第七十九章《清日初期之關係》,第三節《琉球列於日本藩國》中稱:「日本自明治維新以來,即欲吞併琉球,而琉球此時,對於歐美各國之態度,亦不殊於朝鮮。美、法、荷蘭等國,均與之訂結商約,往來頻繁,儼然以半獨立國視之。顧琉球雖受清國冊封,明治政府急欲揮其機智,解決此國之附屬問題,

〔註355〕下三,第53～54頁。
〔註356〕下三,第110～111頁。
〔註357〕下三,第111頁。
〔註358〕上四,第100頁。

以攘為己有。當一八七一年，日本國內皆廢藩立縣，政府乃於是年，先下令於琉球，置其地於鹿兒〔註359〕縣管轄之下。翌年，琉球王尚泰如京致謝。此計出自外務副卿副島種臣，當倡議時，政府內部多反對此策，謂因此必損清國之感情。副島悍然不顧，斷行其策，並促尚泰王入朝，遂縣琉球。是年（千八百〔註360〕十二年）九月，琉球正使伊江〔註361〕子尚健、副使宜野灣親方、向有恒等來，陛見天皇。其王尚泰亦上王政維新之賀表，進貢方物。詔封尚泰為藩王，列入華族。琉球既收入於日本版圖，乃廢去中國福州之琉球館，置於廈門日本領事權內，所有清廷之冊封，及一切交涉，均移於日本外務省。琉球人當時頗不滿足。是年，日本政府接到美國照會，謂合併琉球，日本宜任其維持條約之責，日本政府當即以照辦復之。歐洲各國，對於此事之異議漸息，未聞有以處置不當而反抗者，惟清國以遽失藩籬，反對之聲甚急。一八七九年，值美國卸任大統領格蘭頓東來，清政府提出割島分隸之議，請美前統領居間調停，而琉球之事大黨，亦不樂於合併，無如日本民族之實力發展，圖南之志甚堅，臺灣九州間，斷不容有清領之存在，故雖遭阻礙，壯志不少阻也。自併有琉球後，清人之視線集於日本，朝鮮問題，遂生幾多之障礙矣。」〔註362〕日本1872年設琉球藩，1879年改為沖繩縣，文中「遂縣琉球」時間表述不準確。「副使宜野灣親方、向有恒」是一個人，向有恒即宜野灣親方。「卸任大統領格蘭頓」即美國前總統格蘭特。

（6）關於甲午戰爭

第八十三章《革新及革命》，第四目「《下關條約》之締結」中稱：「清國對於朝鮮半島，勵行其屬邦主義。一八九三年至九四年，以鎮撫朝鮮內地之東學黨為名，李鴻章出兵於朝鮮，冀欲實現其屬邦主義，然以有《天津條約》之故，乃知照日本曰：『中國之屬邦朝鮮有內亂，朝鮮政府之力，不能鎮壓，今應其請求，發兵剿之，此保護屬邦之舊例也。』日本以此知照為不滿足，復答曰：『貴國出兵朝鮮，已知悉矣。以朝鮮為屬邦，敝國所不能承認也。』於是日本以保護居留之官民為名，派遣混成旅團，自仁川進至京城。清兵屯於牙山，日兵屯於京城，形勢甚急，東學黨為之解散，而兵禍仍不弭。七月二十五日，日兵受韓國政府之請託，破清兵於牙山，同時清海軍礮擊日本軍

〔註359〕漏「島」字。
〔註360〕漏「七」字。
〔註361〕漏「王」字。
〔註362〕下三，第104～105頁。

艦於豐島沖，日本宣布開戰。」〔註363〕「韓國政府之請託」，實為被日軍脅迫。豐島海戰實際上是日艦襲擊清軍，並擊沉了受僱運輸清兵的英國商船高升號。

「日本乃水陸並進，陸軍先破清國之大兵於平壤，進渡鴨綠江，取九連、鳳凰諸城，一枝隊自大孤山上陸，陷金州、大連、旅順，占領遼東半島。其由山東之榮城〔註364〕灣上陸者，一舉而占領威海衛。海軍更擁護此等兵站線，即於海洋島附近及劉公島邊，破滅北洋艦隊。日軍意氣益壯，更欲進衝北京。此時清國氣衰力盡，意欲媾和，由美國告知和意於日本，日本諾焉。然清國派遣之張蔭桓、邵友濂兩人，無全權大使之權能，故為日本所拒絕。清國不得已，任李鴻章為全權大臣，日本以伊藤博文、陸奧宗光兩人為全權，會見於日本之下關，締結和約，但此和約上日本所主張之割讓遼東半島一事，則以俄、德、法三國之干涉而放棄，仍還清國。日本於是屏除中國在朝鮮之勢力，南割臺灣，且開放清國內地之數港云。」〔註365〕所述「海洋島附近」即遼寧東港大東溝，黃海海戰發生地。《下關條約》即《馬關條約》，文中未敘條約中規定的賠款及後來的贖遼費。

（7）關於日俄戰爭

第八十四章《宣統帝退位》，第二目「日俄戰爭及影響」稱：「北京媾和談判，尚未訂結，而中俄密約，已暗中進行，是亦列國之不注意也。密約之內容，果屬如何之分量，雖一時不可得而知，然俄國以滿洲之撤兵為名，而欲將其權利擴充於滿洲或蒙古全地，則亦無容疑者也。密約屢屢撤回，屢屢提議，李鴻章又力欲恢復其過去之失敗，及將約款上奏，不蒙諭旨之允可，於是憂勞萬狀，其結果遂於北京賢良寺之寓所，咯血而薨逝，時一九○一年十月〔註366〕也。李鴻章既薨逝，密約破棄之訓電，自行在而下。雖然，俄國豈以清廷恫喝之虛聲而撤兵哉？東清鐵道，於翌年忽以全部竣工，軍隊之輸送，愈益容易。俄國之野心，漸次蔓延於鴨綠江各地，且將進而奪朝鮮半島，於是進逼中國之外，一面又進逼日本，日俄交惡。一九○四年至次年，日俄兩國遂交戰，日本戰勝，滿洲問題解決。清廷於此時，亦並無何等之策畫，唯唯諾諾，一任諸人。惟有一事可言者，則以日本之小國而能戰勝大國，一

〔註363〕下四，第25～26頁。
〔註364〕應為「成」。
〔註365〕下四，第27頁。
〔註366〕有誤。

般以為立憲之效果,而清國立憲問題起矣。」〔註367〕《中俄密約》即前引
之《巴普洛夫條約》,簽訂於 1896 年 6 月。此處所述之「中俄密約」,是指
前引「俄國之本意,實欲越《巴普洛夫條約》範圍之外而占領東三省一帶」
〔註368〕。「力欲恢復其過去之失敗」,該句存在語病。李鴻章實卒於 1901 年
11 月。

第四節 《清朝全史》中的清代典制

不同於《支那近三百年史》,書中對清代典制並未設立專章,不過在有關
章節之下有相應論述。

一、文　學

該書第四十七章《文運大興及編纂四庫全書》,第二目「學問之新氣運」
中述:「自明崇禎末至康熙時,江蘇崑山顧炎武、浙江餘姚黃宗羲、湖南衡陽
王夫之、直隸博野顏元、湖北天門胡承諾等,各樹特立學風,蔚明季遺儒之大
觀,即以開新朝初期學術之範。……胡承諾,號石莊,有《繹志》六十一篇,
屬詞如文中子,其學全不行於當時。」〔註369〕胡承諾(1607~1681),字君信,
湖北竟陵(今天門市)人。崇禎舉人,順治間選縣職,康熙初召至京師,旋辭
歸里,自號石莊老人。除《繹志》外,著有《菊佳軒詩》《頤志堂詩》《青玉軒
詩》《讀書說》等。隋代思想家王通,門人私諡「文中子」。

第七目「浙東學派及史學」中述:「漢學約發生於浙西,同時黃宗羲之
史學,又起於浙東。宗羲之學,一傳而有寧波萬斯同、萬斯大,再傳而有餘
姚邵晉涵、寧波全祖望。至會稽章學誠,雖未親受業於梨洲之門,而史學至
此始集大成。其名著之《文史通義》,稱為古今絕作。諸人大抵熱心傳布前
明之遺事,因之以刺激排滿之感情,不可謂為非浙東人之特色(參照第四十
一章)。雖同為史學,而嘉定王鳴盛,出於吳派,著《十七史商榷》;錢大昕
出自皖派,編《廿二史考異》。此一代之述作,可以稱斯學之最盛者。錢氏
之外,尚有弟大昭等,與高郵王氏,吳縣惠氏,均以累世家學稱。以上舉新
學之梗概,並附記先達之鄉邦。綜而觀之,今之南京以東,江浙二省之沃土,

〔註367〕下四,第 43~44 頁。
〔註368〕下四,第 43 頁。
〔註369〕下一,第 1~2 頁。

為此種思想之養育地。如吾人所謂由東南富力，促進文化，非虛言也，但戴東原出自休寧，介於安徽萬山之間，若非力役，不能為生。或謂東原學之《說文》，乃影響於其勤苦習俗之故云，然戴氏之學，非成於故鄉，出揚子江之沃土，然後其著作乃發達。」〔註370〕該書第四十一章為《顛覆清朝之思想》，其中述及黃宗羲等的學術思想。錢大昕和王鳴盛都是嘉定人。高郵王氏以王念孫、王引之父子為代表。吳縣惠氏有名者為惠有聲、惠周惕、惠士奇、惠棟四代，其中後三位被稱為東吳三惠。

第六十一章《學風詩文繪畫及戲曲小說之變遷》，下設十五目：「宋學之頹廢」「學問之趨古」「浙西學派為學術之淵叢」「顏李學流再起」「桐城派之學風及其文章」「常州學派公羊學之勃興」「彭尺木之儒佛混合」「公羊派之佛說」「研究墨學」「詩風之變遷」「文章之變遷」「畫風之變遷」「戲曲之變遷」「小說之變遷」「批評小說之金聖歎」。

其中第十目「詩風之變遷」述：「清初之詩風，繼續明代，而於前後七才子，主張盛唐外，中唐晚唐亦可，宋元亦可者，則有錢謙益（牧齋）；以中唐、晚唐之艷柔為主者，則有馮班（鈍吟）兄弟；不問盛中晚唐至宋元，以風韻為主者，則有王士禛（漁洋）。此等詩風，互順治康熙雍正至乾隆初年皆盛行。王漁洋稱為一代正宗，比於宋之蘇東坡、元之虞道園、明之高青邱，然不免有才力薄弱之譏耳。其所選之古詩選、《唐賢三昧集》，絕力鼓吹其神韻說。神韻者，句中不下斷語，使讀者自入其境之謂也。又有吳偉業（梅村）長於歌行，情韻與風華兼具。又有朱彝尊（竹垞），長篇險韻，有縱橫自在之妙。其他如施閏章（愚山）、宋琬（荔裳）、趙執信（秋谷）、查慎行（初白）等，各皆一時之選。沈德潛（歸愚）顯達於乾隆年間，著《古詩源》、唐詩明詩別裁等，以導後進。同時有袁枚（隨園），謂詩寫性靈，人人以發揮性情為歸的，世人靡然向風。此二人之詩風，當時實所謂二大潮流，互相排斥。沈門之王昶，著《湖海詩傳》，其實不外對袁枚《隨園詩話》之意耳。同時有蔣士銓（藏園）、王文治（夢樓）、趙翼（甌北）、吳錫麒（穀人）、洪亮吉（稚存）、黃景仁（仲則）、張問陶（船山）、阮元（芸臺）等。嘉慶時有舒位（鐵雲）、陳文述（雲伯）、楊芳燦（蓉裳）、吳嵩梁（嵐〔註371〕雪）、郭麐（頻伽）等蜚起，或細緻，或絢麗，或飄宕，或流利，或織春花於錦繡，或競秋草之芬芳，清詩之特調具

〔註370〕 下一，第 6～7 頁。
〔註371〕 應為「蘭」。

備矣。至道光朝，張維屏（南山）、朱次琦（九江）、湯成彥等出。此時受桐城
派之影響，發動復古的氣運，如蘇東坡、黃山谷之磊落兀傲之詩風，遂至復興，
而學蘇者尤不如學黃者之多。此詩派之流行，直至清朝之末焉。」〔註372〕元
代詩人虞集，號道園。明代詩人高啟，號青邱子。王士禎所選之「古詩選」，
名《五言古詩選》。沈德潛選編之書除了《唐詩別裁》《明詩別裁》，還有《清
詩別裁》。吳嵩梁，號蘭雪，非「嵐雪」。湯成彥（1811～1868），字梅生，又
字心匏，號秋史。

　　第十一目「文章之變遷」述：「清朝以科舉制度，登用官吏，制舉之文謂
之八股文。股者，對比之謂也。清朝三百年間之人才，多在其中消耗精力。漢
學勃興，浙西學派之文章家，及常州學派之文章家等，均以六朝駢儷之文為正
宗，斥唐宋八家之古文為偽體。汪中（容甫）以文章之衰，為起於韓昌黎。阮
元著《文筆考》，以有韻者為文。於是清朝之駢體，發達至極。桐城派對之，
傳唐宋八家之散文派。又合二派以開一派，如王闓運之文章其一也，譚獻又其
一也，可稱為駢散合一體。」〔註373〕八股文亦稱八比文，「股」與「比」均是
對偶之意，其文分為破題、承題、起講、入題、起股、中股、後股、束股八個
部分，其中後四部分各有兩股排比對偶之文，合共八股。

　　第十三目「戲曲之變遷」述：「清初之戲曲界，推吳偉業（梅村）與尤侗
（西堂）。吳有《秣陵秋》，尤有《鈞天樂》。此外則李漁（笠翁）為喜劇家，
著《十種曲》。以曲文之華美稱者，有洪昉思（稗村）之《長生殿傳奇》，孔尚
任（雲亭）之《桃花扇傳奇》。《長生殿傳奇》，流布一時。順治帝皇后之忌日，
某家亦演此戲，當時觀者如趙執信（秋谷）、查慎行（初白）等，均以此落官，
傳為文藝界之悲慘事云。清代諸帝中，乾隆帝尤好戲曲，命張照製諸院本進
呈，亦有御製者，而音律家如莊親王，又有《九宮大成〔註374〕南北〔註375〕宮
譜》等之著作焉。蔣藏園《九種曲》，夏惺齋《六種曲》，接踵而起，其餘有作
十種或十種以上者。且戲曲流行，批評亦隨之而盛，如李調元（童山）之曲話，
梁廷枏（藤花主人）之曲話，多行於世。道光以後，不出作曲之大家，南北宮
詞，遂亦頹廢。至清末戲劇改良之聲漸高，遂至演翻譯西洋之戲曲焉。」〔註376〕

〔註372〕下二，第66～67頁。
〔註373〕下二，第67頁。
〔註374〕原文誤加句讀。
〔註375〕漏「詞」字。
〔註376〕下二，第69頁。

洪昇，字昉思。所述趙執信、查慎行落官之事，因康熙二十八年玄燁孝懿仁皇后國喪而起，並非「順治帝皇后之忌日」。莊親王允祿所作為《九宮大成南北詞宮譜》，書中句讀誤，並有漏字。

第十四目「小說之變遷」述：「清初流行之小說，首推蒲松齡之《聊齋志異》，書中記狐鬼與人之關係，大約四百餘條，文章極綺縟，使讀者如身入其境目睹其事焉。蒲松齡號柳泉，其所著之《聊齋文集》，有關於學術者，有關於時務者，亦非以妖怪譚為遊戲三昧也。乾隆時紀昀（曉嵐）著《閱微草堂筆記》二十四卷，其說頗多狐鬼，亦受《聊齋志異》流行之影響者也。其次有鈕玉樵之《觚賸》，余澹心之《板橋雜記》，張山來之《虞初新誌》等，盛行於世。又譚詞小說，有李漁之《十二樓》，一名《覺世名言》，共十二篇，多則六回，少則不過一回之短篇。又抱甕老人所選之《今古奇觀》四十種，頗行於世。《品花寶鑑》，寫俳優之情事，《儒林外史》，表書生之狀態，皆具特殊之筆致與情調。《兒女英雄傳》者，清朝一大名著《紅樓夢》之反動也。《紅樓夢》為人情小說，與《金瓶梅》之寫市井委巷之瑣猥者不同。此書專寫上流社會之狀態，入微入細，文章又綺縟沈麗。此書一出，當時之上流社會，即滿洲貴族腐敗之狀態，盡皆暴露於外。後有《紅樓續夢》《紅樓後夢》《紅樓夢補》，並《紅樓夢詩》《紅樓夢詞》《紅樓夢評贊》《紅樓夢譜》《紅樓夢圖詠》等，不遑枚舉，即所謂《紅樓夢傳奇》，亦有三種之多焉。而其受西洋交通頻繁之影響者，則有《鏡花緣》云。」〔註377〕余懷，字澹心。張潮，字山來。《品花寶鑑》為陳森所著。《儒林外史》為吳敬梓所著。《兒女英雄傳》為文康所著。《鏡花緣》為李汝珍所著。

第十五目「批評小說之金聖歎」述：「聖歎名采，字苦〔註378〕采，與李漁同時，好評書，評者有《離騷》《莊子》《史記》《杜詩》《西廂記》《水滸傳》，名六才子書。曾踞貫華堂之高座以講經，謂經為《聖自覺三昧》。最喜《易》，講乾坤兩卦至十餘萬言。其解杜詩時，有人由夢中語曰：諸詩皆可說，惟古詩十九首不可說。聖歎因戒之，後因醉，縱談《青青河畔草》之一章，未幾即罹慘禍。臨刑歎曰：『斫頭是最苦事，不意於無意中得之。』聖歎評《西廂記》《水滸傳》，以自家之見，縱橫批評，明快如火，辛辣如老吏，筆如躍，句如舞，真可謂鬼才也。聖歎教人以讀書之法，云大凡讀書，必先知作者是何種心

〔註377〕下二，第 69～70 頁。
〔註378〕應為「若」。

胸。如《史記》是太史公發揮一肚皮宿怨，所以他於《遊俠傳》《貨殖傳》，特地著精神，其餘諸記傳中，凡遇揮金殺人之事，便嘖嘖賞歎不置，一部《史記》，只是『緩急人所時有』六個字，是他一生著書之旨意。《水滸傳》卻不然，施耐庵本無發揮宿怨之必要，只是飽煖無事，又值心閒，不免伸紙弄墨，尋個題目，寫出自家之錦心繡口，故是非皆不謬於聖人。後來人不知，卻於《水滸》上加『忠義』之字，遂比於史公發憤著書之例，正是使不得也。聖歎以特別之見識，批文章之妙處，別作奇警之新熟字，以為命名。如《西廂記》有烘雲托月法、移堂就樹法、月渡〔註379〕廻廊法、羯鼓解穢法、那〔註380〕輾法、淺深恰好法、起倒變動法，《水滸》有倒插法、夾敘法、草蛇灰線法、大落墨法、綿針泥刺法、背面鋪敘法、弄引法、獺尾法、正犯法、略犯法、極省法、欲合故縱法、鸞膠續絃法，不遑枚舉。聖歎之才，可以想見。清初之士，多奇節，多才略，多軼出軌範。此皆由遭遇國變，懷抱痛憤，藉此以遣其殘年。金聖歎與李漁皆其人也。」〔註381〕金聖歎，字若采。所述「六才子書」並未按順序排列，《莊子》應為第一，《西廂記》應為第六。

二、宗　教

關於藏傳佛教，該書第八章《奴兒哈赤勃興於建州》第四節《內政》，第五目題為「喇嘛教始來」：「喇嘛教入滿洲之時代甚早，吾人雖可想像，然清朝史乘不傳其事，大概宣傳教義，當在太宗朝。此於與西藏教主達賴間所往來之國書，可以推測之。清朝記錄，相傳天聰朝有白喇嘛者，往來於明袁崇煥之處。又有滿珠習禮庫圖克圖喇嘛者，自蒙古喀喇沁部來。在此前後而來者曰衛徵囊蘇喇嘛，曾帶國書至袁崇煥處。其他鞏格林臣喇嘛、阿木出特喇嘛，於天聰朝來歸者亦不少。當太宗初年，喇嘛僧來往頻繁，其事實尚不止此，而太祖初年即金國創業之時，早宣傳於長白山下之城寨。此於斡祿打兒罕囊素法師，遠自烏斯藏（西藏）而來滿洲，可以證之。」〔註382〕「庫圖克圖」即呼圖克圖。斡祿打兒罕囊素示寂後葬於遼陽。

在引述《大金喇嘛法師寶記》碑文內容後，作者指出：「由此又推之，法師之入滿洲，最遲亦當在天命元年之前後。因此碑面，可知此又出於達海之

〔註379〕應為「度」。
〔註380〕通「挪」。
〔註381〕下二，第70～71頁。
〔註382〕上一，第104頁。

手。達海在法師示寂時，已有二十五六歲，嘗親就法師受學，此無可疑者也。彼在國初為唯一滿洲學者，或即淵源於此。且隨此法師而來之喇嘛，為數不少，其影響亦大。太祖之信仰彼等，尚別有用意，大旨殆以喇嘛為懷柔蒙古之手段也。」〔註383〕從稻葉君山所探討的達海之事，當可想見藏傳佛教對早期滿族文化的影響。

第十四章《太宗伐明》，第二目「剌麻僧鎦南木座」中述：「明國所遣通好之剌麻僧，殊宜注意。如前所言，西藏剌麻僧之入遼東，不始於太宗朝，太祖即位數年前，已至長白山下。剌麻實乘金國興隆之運而得流布之便，其歸依者不少，遼東舊時之寺僧，有變其從來之宗旨者也。袁崇煥最初遣剌麻為使者，不外偵察金國之虛實。明清記錄稱為李剌麻係彼名之略稱，據《兩朝從信錄》，袁崇煥奏請遣剌麻僧赴金廷探察虛實，奏中稱為鎦南木座，久居五臺山，有禪行。」〔註384〕鎦南木座即為「李剌麻」之名。該章第一目中「五臺山剌麻僧鎦南木坐」〔註385〕，用字有誤。

關於佛教、道教的相關制度，書中並未詳述。

關於伊斯蘭教，作者在第七十五章《回教徒之擾亂》中認為：「回教之所以與漢人不洽者，以彼教源不發於中國，而發於天方國，其最大原因也。其次則以回教之發展，多在貧民階級，亦為原因之一。某旅行者之記錄曰：清真寺者，名為回民之禮拜堂，實為一貧民安置所。彼等所以不同化於漢人者，亦有故。不食豚肉，不與漢人共烹調，旅行途中不投於異教者之家，曆書不同於中國，尊重亞剌伯文字，不肯與漢人雜居，皆其主因也。彼等既與漢人不洽，其宗旨之團結，遂益強固，故一夫夜呼，應聲而起者眾也。」〔註386〕「亞剌伯」即阿拉伯。

關於天主教，該書第八十一章《教案之頻起》中述：「鴉片戰爭以後，清國形勢遽變。一八四四年，法國派遣全權委員拉古勒於北京，將《黃埔條約》蓋印。該條約之第三條曰：若法國人出開港場之境外，或進入清國之內地，決不得虐待之，惟得引渡之於駐在最近港內之領事云。而本年十二月二十八日，道光帝又據蓋印《黃埔條約》之全權委員之奏請，准自今以後，凡奉天主教者，不問內外國人，苟不違背清國法律，決不處以刑罰。然此奏章及上

〔註383〕上一，第105頁。
〔註384〕上二，第25頁。
〔註385〕上二，第21頁。
〔註386〕下三，第70～71頁。

論，卻不公布，凡宣教師之不得許可，而欲於開港場以外布教者，仍被禁止。又前此《黃埔條約》、及全權委員之奏章、與上諭三者，凡關於設立教堂、與公然得行禮拜之事，均無一言之提及。故拉古勒復向北京政府，提出談判。其結果，則以一八四六年三月二十日之上諭，許可此二事云。」中法《黃埔條約》於 1844 年由耆英和剌萼尼簽訂於廣州。

於此作者專加按語：「按：清國政府，僅將此上諭，公布於廣東及浙江之數縣，並不公布於全國，故地方官多不尊奉。道光十八年，處處有虐待教徒之事，至咸豐朝，則官民之嫌忌西教，更甚於前……」〔註387〕

另外，書中談風俗時述及清初的薩滿教，下文詳敘。

三、官　制

第三十九章《康熙朝之庶績》，第二目「封爵制度之創置」述：「康熙帝鑑於三藩之叛亂，平定以後，遂籍沒藩產，收回藩兵，不以兵權土地，世與臣下。即宗室之懿親，親王貝勒之元勳，亦使之居留北京。帝意在實行集權也可知。又宗室之爵，大加改革。親王以下，有十二等。功臣之爵，從一等以下，有二十六等。宗室至於遠孫，無爵，給以四品頂戴。對於特殊之懿親，則世襲罔替，而有永世承襲之制。即使後之襲封者，雖罪犯大逆，身陷重辟，亦必使其近支襲封。親王郡王之家，受此特典者：一、禮親王（太祖第二子）；二、睿親王（太祖第〔註388〕四子）；三、豫親王（聖祖第十三子〔註389〕）；四、肅親王（太宗長子）；五、鄭親王（顯祖之孫）；六、莊親王（太宗第五子）；七、順承郡王（太祖曾孫）；八、克勤郡王（太祖之孫）；九、怡親王（聖祖第十三子）。自第一迄克勤郡王，計六親王二郡王家，為國家之勳勞顯著者，定為世襲罔替。此制乾隆帝，始公示之，俗謂八大王為鐵帽子，即累世罔替之意也。怡親王原封者為允祥，及雍正帝立，盡瘁國務，故於其死也，得與此特典。至光緒朝，以上之外，復加醇親王、恭親王，晚年，慶親王家又列入焉。」〔註390〕睿親王多爾袞實為太祖第十四子，豫親王多鐸則為太祖第十五子，這在該書第十五章《金國諸王之不和》所附之諸王年齒表中均已標明，此處當為筆誤。

〔註387〕下四，第 2 頁。
〔註388〕漏「十」字。
〔註389〕誤。
〔註390〕上四，第 8 頁。

四、賦　稅

　　第八十四章《宣統帝退位》，第六目「財政之窘迫」述：「衰亡期之初期，即道光咸豐兩朝混亂之財政，吾人以不得詳語之機會為憾。同治末至光緒初，瘡痍漸愈，而財政又不得不驟然膨脹，然每年尚有些少之餘裕，得設七八百萬兩、至一千三百萬兩之預備金。中東戰爭（一八九五年）之前三年，上海英總領事都米生之報告，謂平均歲入合計八千八百九十七萬九千兩，歲出八千八百七十九萬七千兩。中東戰後至團匪事變，約六年間，前二年因賠償日本兵費，更負二億五千萬兩之義務，後四年則因外國要求鐵道敷設、土地租借、礦山開掘等之權利，且創立學校，興練新軍，增設電信鐵道，內外之經費，甚為膨脹，故財政頓告窮乏，支出常超過於收入，不得不募集內外債以拾補其缺漏，然戶部亦不將年年收支之狀況，布告國內，計前後六年間，曾有一回布告，而謬誤亦不少。茲據帕嘉氏搜羅各種報告之結果，歲出入合計一億零一百五十六萬七千兩之譜。自拳匪亂後至光緒三十二年六箇年間，國內雖疲弊，而經費頗膨脹，財政之困難，遠過於前期。因拳匪之亂，而北清國一帶邑里之蕭條，固不俟論，而列國又要求四億五千萬兩之賠償金，自一九〇一年起、至一九四〇年止之四十年間，每年須解本利一千九百萬兩至三千三百萬兩之鉅額。先是政府以收支不抵之故，每年尚募集六七百萬兩之公債、或義捐金，今則收入大減，支出大增，財務當局者，又大費躊躇，乃節減政費以期收入之增加，然支出之超過收入者，仍有一千二三百萬兩之數也。一九〇一年三月，赫德所調製之歲計收支概算凡歲入合計八千八百二十萬兩，歲支一億零一百十二萬兩內外。爾後國家平和，雖無大事，國力似漸次恢復，特以政務擴大，而財政終不能順調。或行加稅，或創新稅，尚告不足，乃至公許賭博，發行富籤，搜刮官吏中飽之陋規，策亦可謂窮矣，而支出之超過收入，年甚一年，每年終有三千餘萬兩之缺額。光緒三十二年，中央改革官制，政府編製預算以提出於議會，各省派監理官以清理財政。彼等清理各省財政二年，至宣統二年，始查出光緒三十四年之歲出入，以報告於中央政府，故政府於宣統三年所提出於資政院之豫算，原本於清理官之報告，頗為可信。該提出之原案，歲入二億九千餘萬兩，歲出三億五千萬兩，歲入不足額五千四百萬兩云。」〔註391〕所述「二億五千萬兩之義務」，當包括《馬關條約》規定的賠款二億兩、延期支付的利息約二千萬兩以及贖遼費三千萬

〔註391〕下四，第 51～52 頁。

兩。文中「團匪」「拳匪」均指義和團。

五、兵　制

　　該書第八章《奴兒哈赤勃興於建州》，第四節《內政》之第二目題為「八旗制度」：「八旗兵制，以旗色而辨所屬，始不過黃白藍紅四旗，後以兵數增加，乃鑲四旗而為八，共稱八旗。鑲者於四旗之緣邊施以他色也。旗之單位為一〔註392〕牛錄額真，領三百人，五牛錄即千五百人，置一甲喇額真，五甲喇即七千五百人，置一固山額真，每固山額真設兩梅勒額真。所謂八旗六屬〔註393〕者即是也。行軍之時，地廣則八旗並列，分行八路，地狹則八旗合行一路，不得亂其節次。其軍士，禁喧囂，禁擾越。行伍接戰之次第，以被堅甲、執長矛、操利刃者為前鋒，被輕甲而善射者由後衝擊，別有精銳騎兵，以備緩急。滿洲制度稱堅甲曰鐵甲，輕甲曰棉甲。鐵甲係以緞子或木棉作衣裳，其裏綴合以二寸至一寸四分之薄鍛鐵葉。棉甲雖有種種階級，然實為緞製及棉製之兵服，不施鐵葉云。」〔註394〕八旗最初每旗七千五百人，合共六萬人。

　　第四十九章《嘉慶時之民亂》，第十三目名為「兵制漸變」：「吾人於本節之終，不得不一言者，清朝兵制，有漸次改變之傾向是也。清廷募集鄉勇，惟供給兵器，可輕減國家負擔，且一時陷於不可收拾之民亂，藉鄉勇之力，得以掃平，然窺漢人內情，第一皆熟練使用兵器之法，第二知官兵之無能，此豈清廷之大計耶？地方官中，亦早有預料出此恐怖之傾向者。時陝西總督長麟，謂團練有益於今日，有大害於將來，民氣日趨強悍，或聚眾鬥爭，抗官拒捕，不可不防其漸，請乘此設委員，稽查兵器實數，及賊氛一靖，不難按籍稽查。不可謂非卓見。此議亂後實行，民間兵器，一時收買，又謂非毀堡壘則不可行。總之教匪之亂，甚斲喪國家之元氣、愛親覺羅之威望，民亂自此無已時矣。」〔註395〕長麟，嘉慶五年至六年任陝甘總督，非「陝西」。

六、幣　制

　　該書第四十六章《盛運期之財政》，第十二目「銀貨之變化」述：「今當篇

〔註392〕原文誤加句讀。
〔註393〕應為「萬」。
〔註394〕上一，第 101 頁。
〔註395〕下一，第 33~34 頁。

終之際，就金融狀況言，尚有一大變動，影響於中國經濟全體者，即銀之價值變化是也。清初銀一兩換銅錢七八百文。據馮桂芬之言，當今之銀價十分之四五。即順治時至咸豐同治年間，銀價忽倍。是清朝財政上甚困難之事也。以兵餉論，清初一日五分，自長髮之亂，義勇兵起，成為常備兵，其時兵餉一日二錢。又如治河，清初黃河氾濫時，一回用費百萬兩，至道咸時，黃河氾濫一次，必須千萬兩之費。凡費用日加多，而政府進項，毫不增長，清國財政之所以日困歟。」〔註396〕所引馮桂芬之言，在其所著《校邠廬抗議》中。

七、風　俗

第八章《奴兒哈赤勃興於建州》，第四節《內政》之第四目題為「女真之風俗」：「當時之女真人，語言文字，取範於蒙古，已於前節言之，至其宗教，則頗不同化於蒙古。彼等固有薩滿教，日常生活，奉其教儀惟謹。薩滿教儀，始自金代，彼等之吉凶禍福，悉委之於薩滿。薩滿者，女巫也，巧能降神，因神之託言，以決行事。此可想見其民族思想之幼稚矣。又從一面觀察之，則一般人民，尚存有純樸不偽之習俗。薩滿之主神有種種，因民族而殊其禮儀，不可一律論也。就愛親覺羅氏所奉行者推之，以堂子立杆大祭為最重。其例祭以春秋二季行之，其祭法先於堂子中立石坐〔註397〕，於石坐上立松樹之神杆，從亭中請出神主於此而祀之。凡親征必祭堂子，至後世不渝。堂子有特設者，有不特設者。凡祀諸神祇之室，亦得稱堂子。堂子之神位，為釋迦牟尼佛、觀世音菩薩、及關聖帝君等，後又以鄧將軍配祀之。相傳鄧將軍為明之一將軍，以與太祖有故而奉祀之，然實誤也，此殆以明將軍鄧佐為痘神而祀之歟。然又祀馬神及貂神。其降神之巫，則曰跳神。樂器之種類，有木絃、箏、月琴，女巫則懸鈴於腰，把鑾刀於手，又束七鈴於樺木，以為儀式。至於民間，則薦生豚於俎上以為牲，又以酒澆牲之耳，牲耳動，則謂神已領牲，即割供於神位。又嘗供生肉以祀如來、觀音，因用豚祭天，乃彼民族最古之習慣，不足怪也。庭中及屋前常安置神杆，設圓斗於竿之上部，以載牲肉，是為祭天之儀。就上所述，總之明代女真人，無強固之宗教，其知識之低下可知也。關羽之崇拜，已盛行於元朝，在明代原不受其影響，但考關聖帝君之名，則在萬曆之時，已早受彼族之信仰矣。相傳太祖微時，從明

〔註396〕上四，第 132 頁。
〔註397〕應用「座」，下同。

－175－

之某邊將，得伏魔大帝及土地之神像。伏魔大帝，即關羽也。萬曆四十三年夏，太祖建設七大廟於今興京城東阜上，清記錄謂此時始建佛寺及道家玉皇諸廟云。斯時宗教之狀況，亦可見一斑矣。」〔註398〕「明之某邊將」，或指李成梁。

第五節 《清朝全史》中的圖、表及附錄

在筆者先後詳細介紹的五種日本清史專著中，《清史全史》是唯一有配圖和附錄的，且附錄中有一張年表，正文中還有一些史表。這些都可謂是清史撰修體裁體例上的創新之舉。

一、《清朝全史》中的清史圖片

該書上冊正文之前有18幅圖，其說明為：清太祖、清太宗、清世祖（順治帝）、清聖祖（康熙帝）、清世宗（雍正帝）、崇謨閣所藏之滿文老檔、滿文老檔之內容、光顯寺之戰、宗喀巴、達賴剌麻畫像、清世宗御用玉璽、清世宗之詩及字、熱河行宮風景之一（舍利塔）、熱河行宮風景之二（花神廟）、太和門、太和殿、保和殿、圓明園故址。

下冊正文之前則有31幅圖，其說明為：清高宗（乾隆帝）、清仁宗（嘉慶帝）、清宣宗（道光帝）、清文宗（咸豐帝）、清德宗（光緒帝）、隆裕太后、大阿哥溥儁、攝政王載灃（右立者為宣統帝）、清高宗所書字、清高宗之熱河接見英使馬加特尼、馬加特尼、恭親王、洪秀全、太平天國天王所用之玉璽、太平天國正軍政司之印、太平天國忠王李秀成發給之護照、曾國藩、左宗棠、戈登、曾紀澤、天津談判、光緒朝各國使臣之覲見、德宗梓宮奉移山陵、馬如龍別墅、慶親王奕劻、瀛臺全景、正陽門庚子亂後之修理、頤和園正面、頤和園石舫、頤和園萬壽山巔之佛香閣、萬壽山俯視北京全景。

此外，正文中還有一張插圖，即第三章《女真種族之遷徙》中的「女真文字」〔註399〕圖。另有一張示意圖，為第四十五章《擴大外藩及治藩事業》中的車騎營陣型圖〔註400〕。

這些配圖為《清朝全史》增色不少，但部分圖片說明中存在敘述不準確

〔註398〕上一，第103～104頁。
〔註399〕上一，第20頁。
〔註400〕上四，第74頁。

之處。如圖中的人物肖像，清前中期多為畫像，晚清出現了照片，其中只有「達賴刺麻畫像」一張做了說明。又如最後一張附圖，照片上為頤和園中的亭臺樓閣及附近景物，標為「萬壽山俯視北京全景」易對讀者造成誤導，其時頤和園距離北京城區尚遠，所見當為海淀鎮周邊區域。

二、《清朝全史》中的《附錄》及史表

全書正文之後另有兩個附錄：《太平黨之揚子江日記》《國際大事年表》。

（一）《太平黨之揚子江日記》

稻葉君山介紹：「英國人令利，曾作太平黨之參謀，既而著一書，名曰《太平天國》，此日記即從此書鈔譯而來者也。彼書於一八六六年，即同治五年，出版於英京。」〔註401〕令利（1840～1873），亦譯為吟唎、吟俐、伶俐，英國海軍軍官，1861年加入太平軍，其書中譯本名為《太平天國革命親歷記》。

（二）《國際大事年表》

「《清朝全史》附錄二則是《國際大事年表》，這是站在世界的角度來看中國，所記載大事年表的內容其實就是中國的對外關係。」〔註402〕該表記事上自明正德十一年（1516），下至清咸豐十年（1860），並未延至清末。表後有個說明：「本表道光十三年以下所揭之月日，皆太陽曆。」〔註403〕可見道光十三年以前所用為農曆，格式未能統一。

除了《附錄》中的這張年表，該書正文中還有六張附表，包括第七章《清朝之祖先》中的三張世系表〔註404〕，第十五章《金國諸王之不和》中的諸王年齒表〔註405〕，第三十七章《西洋文明東漸》中的明末清初在中國之耶穌會士及著書一覽表〔註406〕，第六十二章《太平軍之大起》中的太平天國曆表〔註407〕。這些史表和前述的圖片，以及附錄的形式，都是《清朝全史》的創新之處，有效擴充了該書的歷史信息和學術含量。

〔註401〕附錄，第1頁。
〔註402〕李森《蕭一山的史學理論與實踐》，淮北師範大學2014年碩士論文，第20頁。
〔註403〕附錄，第38頁。
〔註404〕上一，第72、73、81頁。
〔註405〕上二，第33～35頁。
〔註406〕上三，第169～177頁。
〔註407〕下二，第87～88頁。

第三章 《支那近三百年史》及《清朝全史》的對華影響

第一節 《支那近三百年史》的對華影響

2009 年，李孝遷老師指出，晚清「學堂急需當代史教材，為此我國從日本引進出版若干種清史著作，如增田貢的《清史攬要》，河野通之、石村貞一合著的《最近支那史》，三島雄太郎的《支那近三百年史》、佐藤楚材的《清朝史略》，這些清史作品具有一定的影響面」〔註1〕。

2020 年，程洋洋同學進一步指出：晚清「新學書目作者除在外國學者所著的世界史、萬國史中凸顯鮮明的民族意識外，他們在外國學者所著的中國史著作中亦表達了深厚的愛國情感。《支那近三百年史》為日本三島雄太郎所著，關於此書，顧燮光明確表達了自己的情感：『我華掌故自有專書可讀，不必乞諸其鄰，轉貽數典忘祖之誚。』中國史學自古發達，歷史著述連篇累牘，中國人絕不可『數典忘祖』，在這樣的評論中，顧燮光將自己的民族本位意識體現得淋漓盡致。沈兆褘對此書也有類似的評價：『然中國人欲知本朝掌故，自有典籍可籍，不必籍重於此，要非世所急讀也。』」〔註2〕

1904 年清廷推行「癸卯學制」改革，正式將歷史課作為獨立學科納入近

〔註1〕李孝遷《晚清中小學國史教科書述論》，《歷史教學問題》2009 年第 5 期，第 48 頁。

〔註2〕程洋洋《晚清「新學書目」歷史類書目提要研究》，河南師範大學 2020 年碩士論文，第 38 頁。

代學校教育。「面對國內歷史教科書直接譯自日本這種狀況，從日本留學歸來在京師譯學館教授近代史課的汪榮寶，決心結合自己在日本所接觸到的『新史學』理論知識，在參考三島雄太郎的《支那〔註3〕三百年史》和桑原騭藏的《東洋史要》的基礎上編寫一部歷史教科書——《本朝史講義》。」〔註4〕《本朝史講義》後來擴展為《清史講義》。〔註5〕「汪榮寶的《清史講義》在很大程度上是仿照三島雄太郎的《支那三百年史》和桑原騭藏的《東洋史要》所編撰而成。該書在結構、內容及史料方面都受到日本因素的極大影響。從汪榮寶的《清史講義》中，可以清楚的看到日本史學思想對於中國歷史教科書的影響。」〔註6〕「如汪榮寶所編的《本朝史》，從歷史分期至章節內容，就多直接取自《支那近三百年史》。」〔註7〕

關於1903年《支那近三百年史》引入國內時的版本，當即為2008年國家圖書舘出版社影印使用的上海群誼譯社〔註8〕版，該版本亦被標註為「開明書店」〔註9〕或「上海開明」〔註10〕。該書1904年曾再版〔註11〕，可見銷量不錯。加上其對前述《本朝史講義》《清史講義》成書的貢獻，《支那近三百年史》的總體對華影響當至少與《清史攬要》在伯仲之間，遠遠超過《清朝史略》及《滿清史略》。

〔註 3〕漏「近」字，下同。
〔註 4〕熊愛文《汪榮寶與近代中日交流（1901～1931）》，湖北大學 2017 年碩士論文，第 14 頁。
〔註 5〕參見趙晨嶺《汪榮寶、許國英及其〈清史講義〉》，《清史參考》2021 年第 46 期，收入《清史鏡鑑》（第十五輯），國家圖書館出版社即將出版。
〔註 6〕熊愛文《汪榮寶與近代中日交流（1901～1931）》，湖北大學 2017 年碩士論文，第 15 頁。
〔註 7〕胡逢祥《二十世紀初日本近代史學在中國的傳播和影響》，《學術月刊》1984 年第 9 期，第 65 頁。
〔註 8〕溫曉靜《清末新政時期的歷史教育研究》，華東師範大學 2008 年碩士論文，第 23 頁誤作「群誼書社」。
〔註 9〕殷夢霞、李強選編《外國人著清史八種》，第二冊，第 567 頁；董說平《晚清時期日文史書在中國的翻譯與傳播》，北京師範大學 2004 年博士論文，第 99 頁；王荃《日本對清末歷史教育的影響》，湖南師範大學 2016 年碩士論文，第 29 頁。
〔註10〕董說平《晚清時期日文史書在中國的翻譯與傳播》，北京師範大學 2004 年博士論文，第 103 頁。
〔註11〕董說平《晚清時期日文史書在中國的翻譯與傳播》，北京師範大學 2004 年博士論文，第 109 頁。

第二節 《清朝全史》的對華影響

《清朝全史》「是第一部全面敘論清朝歷史的學術著作，對清朝的歷史地位作出了比較公允的評價。……對學術界是一個十分重要的貢獻。從它問世至今，一直受到學界的重視，被學者專家作為權威性的引徵之據，在學界長期享有它應得的學術地位，梁啟超曾將其列為瞭解清史的必讀書，梁漱溟、蕭公權等也都稱引及之。作者有深厚的學養，以時間為經，以清代的政治、軍事、經濟、文化等方面的重要事件為緯，完整清晰地展示了清代歷史發展的基本面貌；所記的史料十分豐富，尤其是對歷史細節的描述，更為他書所罕見；所述文字，精煉、形象、生動，絕無拖泥之筆」〔註12〕。

《清朝全史》對我國清史研究各方面產生的影響，從前一章的多處引述可見一斑，而其對華影響最深遠之處，當是推動了中國清史研究及編纂的進程。可以說是該書催生了蕭一山《清代通史》。蕭一山（1902～1978），名桂森，號非宇，以字行，江蘇銅山（今徐州市）人。其父文彬略通經史，以教讀為業。一山自幼隨父在塾讀書，喜聽《三國演義》《說岳全傳》，尤好《資治通鑒》《三國志》。1919年冬於山東濟寧省立第七中學畢業前夕，讀稻葉君山《清朝全史》，「以國人不自著書，而假手外人，真吾國學術界之恥也！稍長，乃埋頭致力，發奮著《清代通史》」。次年入山西大學預科，開始研究清史。1921年考入北京大學政治系，次年轉入史學系，師從孟森、蔣百里、朱希祖等。1922年，朱希祖、孟森倡導整理清內閣大庫檔案，蕭一山參與其中，得見相關史料，次年撰成《清代通史》上卷，時年21歲。是書一出，學界驚嘆。蔣百里在序言中稱：「余嘗以近人譯《清朝全史》於日文為恥。而蕭君一山乃見示以《清代通史》稿。初觀其目，而知其部署之法；繼觀其表，而知其鉤提之勤；終乃讀其內容，則知其搜討博而不雜，斷制簡而不偏。盛矣！絕後吾弗敢知，空前則可決也！」〔註13〕

從蔣百里的序言和蕭一山的自述，可見但燾譯訂稻葉君山《清朝全史》對當時中國學術界的刺激作用。「日人對清史若此關切，起步之早，鑽研之深，足令國人感到汗顏。」〔註14〕「20世紀初年的中國貧窮落後，事事落於人後。愛國人士從不同角度，以各種方式表露自己的民族主義情感。就史學

<hr />

〔註12〕《出版者的話》，稻葉君山著、但燾譯訂《清朝全史》，第一頁。
〔註13〕 蕭一山《清代通史》，華東師範大學出版社2006年版，第1頁。
〔註14〕 王家范《蕭一山與〈清代通史〉》，《歷史研究》2006年第2期，第155頁。

界來說，奪回國際漢學的中心地位，史學研究上超越外人，是學者獲得民族尊嚴的主要途徑。」〔註15〕「類似於蕭氏這種樸素的民族情感撰史幾乎是時人的普遍之舉：1922年陳訓慈對稻葉君山以外人著清史，也有此情感，他認為『夫以一國最近之事跡，求之外史，奇恥大辱，寧下喪師割地？矧假手他人，抑揚由彼，推尋失實，又在所不免乎？』『豈惟邦家之辱，抑亦世界文化之憾也。』」〔註16〕

　　終於1963年完成的三卷本《清代通史》，全書四百餘萬字，「在中國第一代清史研究成果中，蕭氏《清代通史》，耗時最長，用力最苦，內容最富，水平最高」〔註17〕。「蕭一山以數十年心血編纂的《清代通史》，發揚了古代歷史編纂學的優良傳統，把『史表』的編纂作為一個重要的組成部分，表現出其可貴的創新精神。以簡明的七篇史表釐清了清朝三百年複雜紛繁的史事，反映了清朝的時代特點，突出了三百年的時代變遷和歷史演進脈絡。」〔註18〕同為章節體史書的《清代通史》，篇幅是《清朝全史》的七倍，其七篇史表包含的歷史信息也是《清朝全史》中的史表所無法比擬的。雖然亦有學者對其史表的龐雜及訛誤提出批評，指出其外交史內容大量沿襲了《清朝全史》的缺漏和錯誤〔註19〕，我們還是必須承認稻葉君山和但燾對蕭一山的啟迪之功。

　　綜上所述，《支那近三百年史》和《清朝全史》雖然均有不少疏舛之處，但作為清末及民初日本學者編撰的章節體清史的代表之作，都在歷史編纂學上有其開創性意義。在百多年來清史纂修與研究的學術歷程中，兩書和之前編年體的《清史攬要》、綱目體的《滿清史略》、紀傳體的《清朝史略》一起，構成了清史學科大廈上或大或小的基石，其作者和譯者的功績當為學界所銘記。

〔註15〕張光華《蕭一山史學研究》，南開大學2009年博士論文，第53頁。
〔註16〕趙廣軍《民國時期蕭一山的史觀構建與評析》，《史學史研究》2022年第2期，第46頁。
〔註17〕劉海峰《百年清史纂修史》，安徽人民出版社2014年版，第170頁。
〔註18〕陳其泰、張愛芳《現代史家對史表的成功運用——以蕭一山〈清代通史〉為例》，《人文雜志》2013年第11期，第70頁。
〔註19〕參見戴海斌《「批評」如何可能？——陳恭祿與蕭一山筆戰述評》（上篇），《中國文化》第五十五期（2022年春季號），第293～325頁。

主要參考文獻

1. 稻葉君山著、但燾譯訂《清朝全史》，上海社會科學院出版社 2006 年版。

2. 三島雄太郎《支那近三百年史》，見殷夢霞、李強選編《外國人著清史八種》，第二冊，國家圖書館出版社 2008 年版。

3. 佐藤楚材《清朝史略》，同上書，第三、四冊。

4. 增田貢《清史攬要》，同上書，第五冊。

5. 增田貢《滿清史略》，同上書，第二冊。

6. 新修《清史》送審稿，國家清史編纂委員會內部資料，2018 年。

7. 《清史稿校註》，臺灣商務印書館 1999 年版。

8. 蕭一山《清代通史》，華東師範大學出版社 2006 年版。

9. 戴逸、李文海主編《清通鑑》，山西人民出版社 1999 年版。

10. 李文海主編《清史編年》，中國人民大學出版社 2000 年版。

11. 徐珂編撰《清稗類鈔》，中華書局 2003 年版。

12. 譚其驤主編《中國歷史地圖集》，中國地圖出版社 1982 年版。

13. 馮爾康《清史史料學》，故宮出版社 2013 年版。

14. 劉海峰《百年清史纂修史》，安徽人民出版社 2014 年版。

15. 張德澤《清代國家機關考略》，學苑出版社 2001 年版。

16. 侯楊方《清朝那些事：大清帝國的崛起與衰敗》，天地出版社 2022 年版。

17. 閻崇年《清太祖漢譯名考》，見《北京歷史文化研究》，人民出版社 2012 年版。

18. 孟曉旭《漂流事件與清初中日關係》，《民族史研究》（第 8 輯），中央民族大學出版社 2008 年版。

19. 吉辰《〈清日戰爭實記〉編纂考》,《大連近代史研究》第 12 卷,遼寧人民出版社 2015 年版。

20. 朱滸《時代變革與清史研究的成長契機》,《歷史研究》2020 年第 1 期。

21. 何齡修《清史研究的世紀回顧與展望》,《中國史研究動態》2002 年第 1 期。

22. 楊愛芹《日本官、民使用「支那」一詞的特點及原因分析》,《河北師範大學學報》(哲學社會科學版) 2007 年第 6 期。

23. 鄭毅《近代日本知識人的滿蒙史觀研究——以稻葉岩吉的「東亞史觀」為中心》,《北華大學學報(社會科學版)》2017 年第 3 期。

24. 文春美《滿鐵「歷史地理調查部」與滿鮮史觀》,《史學理論研究》2018 年第 3 期。

25. 張杰《清朝皇帝稱謂宜用「廟號」論》,《瀋陽故宮學刊》(第二十四輯),2021 年。

26. 肖景全、鍾長山《清太祖努爾哈赤祖系與姓氏問題考論》,《東北史地》2014 年第 2 期。

27. 朱令《天聰、崇德年間皇太極、多爾袞和多鐸政治關係的演變》,《安陽師範學院學報》2019 年第 3 期。

28. 劉勇剛《李雯為攝政王多爾袞捉刀致史可法書考論》,《貴州文史叢刊》2011 年第 2 期。

29. 徐凱《吳三桂討清〈檄文〉原文本考》,《清史研究》2017 年第 3 期。

30. 楊啟樵《〈活計檔〉暴露清宮秘史》,《清史研究》1997 年第 3 期。

31. 蔡香玉《乾隆末年荷蘭使團表文重譯始末》,《清史研究》2018 年第 2 期。

32. 劉浦江《太平天國史觀的歷史語境解構——兼論國民黨與洪楊、曾胡之間的複雜糾葛》,《近代史研究》2014 年第 2 期。

33. 趙少峰《略論廣智書局的日本史書譯介活動》,《史學史研究》2016 年第 3 期。

34. 蔣海波《上海大同譯書局譯著述略》,《漢語言文學研究》2021 年第 4 期。

35. 李孝遷《晚清中小學國史教科書述論》,《歷史教學問題》2009 年第 5 期。

36. 胡逢祥《二十世紀初日本近代史學在中國的傳播和影響》,《學術月刊》1984 年第 9 期。

37. 王家范《蕭一山與〈清代通史〉》,《歷史研究》2006 年第 2 期。

38. 趙廣軍《民國時期蕭一山的史觀構建與評析》，《史學史研究》2022 年第 2 期。

39. 陳其泰、張愛芳《現代史家對史表的成功運用──以蕭一山〈清代通史〉為例》，《人文雜志》2013 年第 11 期。

40. 戴海斌《「批評」如何可能？──陳恭祿與蕭一山筆戰述評》（上篇），《中國文化》第五十五期（2022 年春季號）。

41. 張光華《蕭一山史學研究》，南開大學 2009 年博士論文。

42. 劉超《民族主義與中國歷史書寫──清末民國時期中學中國歷史教科書研究》，復旦大學 2005 年博士論文。

43. 董說平《晚清時期日文史書在中國的翻譯與傳播》，北京師範大學 2004 年博士論文。

44. 華明月《但燾史學研究》，寧波大學 2018 年碩士論文。

45. 李森《蕭一山的史學理論與實踐》，淮北師範大學 2014 年碩士論文。

46. 程洋洋《晚清「新學書目」歷史類書目提要研究》，河南師範大學 2020 年碩士論文。

47. 劉愛廣《知識旅行：埃及亡國史在晚清中國》，華中師範大學 2019 年碩士論文。

48. 熊愛文《汪榮寶與近代中日交流（1901～1931）》，湖北大學 2017 年碩士論文。

49. 王荃《日本對清末歷史教育的影響》，湖南師範大學 2016 年碩士論文。

50. 溫曉靜《清末新政時期的歷史教育研究》，華東師範大學 2008 年碩士論文。

跋：關於時光的遐想

《清史攬要》成書，
已近一百五十年；
《清朝史略》成書，
已超一百四十年；
《清朝全史》成書，
已有一百一十年；
《清史稿》成書，
大約九十五年前。
第一堂清史專業課，
依稀二十五年前；
本作開始構思，
差不多在三年前；
距我光榮退休，
估計還有二十年。

再次感謝領導同仁！
感謝師友親人！
人生苦短，
歲月綿長，
我將在這方寸之地，
繼續耕作，
耕作不輟。

2023 年 3 月於萬泉寺圃